인 식 중 국 · 이 해 중 국 도 서 시 리 즈

빈곤퇴치

消除贫困

중국의 약속

인식 중국·이해 중국 도서 시리즈

빈곤퇴치 消除貧困

중국의 약속

초판 1쇄 인쇄 2023년 3월 03일
초판 1쇄 발행 2023년 3월 10일
발행인   김승일(金勝一)·전영매(全英梅)
디자인   조경미
출판사   경지출판사
출판등록   제 2015-000026호

잘못된 책은 바꿔드립니다.
가격은 표지 뒷면에 있습니다.

ISBN   979-11-90159-91-3 (03330)

판매 및 공급처 경지출판사

주소: 서울시 도봉구 도봉로117길 5-14 Tel: 02-2268-9410   Fax: 0502-989-9415
블로그: https://blog.naver.com/jojojo4

※ 이 도서의 국립중앙도서관 출판시 도서목록(CIP)은 서지정보유통지원시스템 홈페이지(http://seoji.nl.go.kr)와 국가자료공동목록시스템에서
    이용하실 수 있습니다.

인 식 중 국 · 이 해 중 국 도 서 시 리 즈

빈곤퇴치 消除貧困

중국의 약속

왕싼꿰이(汪三貴) 지음 | 김승일(金勝一)·전영매(全英梅) 옮김

🌳 경지출판사
Korea Wisdom China

contents

contents

제8장
2020년 이후에도 중국은 빈곤구제가 필요한가?

제9장
'상대적 빈곤'의 완화: 더욱 평등한 사회의 건설

빈곤퇴치는 전 세계의 영원한 과제이며, 인류가 공동으로 직면하고 있는 도전이다. 신 중국이 창건된 이래, 중국 공산주의자들은 시종일관 "빈곤을 퇴치하고, 민생을 개선하며, 공동부유를 점진적으로 실현하자"는 초심을 잃지 않고, 생존을 중요시하던 데로부터 발전을 강조하기에 이르렀다. 그러는 과정에서 빈곤퇴치를 위한 실천을 지속적으로 전개해 왔다. 다년간의 빈곤구제 사업을 거쳐 중국 빈곤의 특징에는 뚜렷한 변화가 일어났으니, 그것은 기존의 빈곤구제 방식으로는 현 단계의 빈곤경감 목표를 실현할 수 없다는 것을 알게 되었다는 점이다. 이러한 문제를 극복하기 위해 2013년 11월 시진핑(習近平) 총서기가 후난(湖南)성의 샹시(湘西)지역을 시찰하면서 빈곤구제의 정밀화 개념을 제시하게 되었다. 이 개념은 이후 현 단계 빈곤구제 사업개발의 기본 방침이 되었다.

2015년 중공중앙(중국공산당 중앙위원회)과 국무원이 「빈곤퇴치 난관돌파전 승리를 거두는 문제에 관한 결정」을 발표하면서 중국의 빈곤구제 개발사업은 정식으로 빈곤퇴치 난관돌파단계에 진입하였다. 8년 동안의 노력을 거쳐 전국 832개 빈곤현(縣)들이 모두 빈곤이라는 딱지를 떼어버림으로써 전체 지역의 빈곤이 철저히 해결되었으며, 샤오캉사회(小康. 중국에서 의식주를 걱정하지 않는 비교적 잘사는 중산층 사회를 지칭함)를 전면적으로 실현했다는 위대한 역사적 성과를 거두게 되면서 빈곤퇴치 난관돌파전은 결국 결정적인 승리를 이루었다.

이러한 결과를 마무리하는 단계에 들어선 지금 다년간 '빈곤구제 개발사업'에서 이룩한 중국인민의 기여도를 체계적으로 종합하는 것은 너무나도 필요한 일이 되었다. 특히 이러한 노력들을 통속적이고 알기 쉽게 독자들에게 보여주는 것은 빈곤퇴치의 난관을 돌파하는데 있었던 이야기를 잘 알게 해줌으로써 인민들에게 자긍심을 불어넣어 주고자 하려는 것이 바로 이 책을 집필하게 된 목적이다.

이 책은 인류 역사상 거대한 규모의 빈곤구제 사업을 실천했던 과정을 알기 쉽게 소개하면서 한편으로는 2020년 이후 중국의 빈곤구제 사업에 대해서도 전망해 보았다. 첫째, 전 세계의 빈곤 상황에 대한 서술과 세계적으로 대규모 빈곤이 나타난 원인에 대한 분석을 통해 전 세계 빈곤문제에 대한 독자들의 이해를 돕고, 빈곤 완화를 위한 국제사회의 공동노력의 필요성을 제기하였다. 둘째, 중국의 빈곤경감 성과는 어떠한 것인지, 이처럼 큰 빈곤경감 성과는 진실하고 효과적인 것이었는지, 그 원인은 무엇이었는지, 중국의 빈곤퇴치기준은 무엇이고, 그것이 세계의 빈곤퇴치기준과 비교했을 때 어떠한 차이가 있는지 등에 대해 대답해줌으로써 독자들에게 샤오캉사회를 전면적으로 실현시켰다는 위대한 역사적 성과를 깊이 이해할 수 있도록 하였다. 셋째, 기정의 빈곤경감 목표를 실현하려면 왜 빈곤구제에 대한 정밀화 전략을 취해야 하며, 또 왜 일반적인 빈곤퇴치 난관돌파전의 상규(常規)를 뛰어넘는 조치를 취해야 했는지, 빈곤구제의 정밀화 문제에서 어려운 점은 어떤 것이 있었는지, 이런 방식이 효과는 있는 것이었는지, 빈곤퇴치의 난관돌파와 빈곤구제의 정밀화는 어떻게 진행되었는지, 세계 빈곤경감에 대한 기여도는 있었는지 등의 문제에 답을 줌으로써 독자들에게 빈곤구제의 정밀화와 빈곤퇴치 난관돌파의 의의를 전면적이고 체계적으로 이해할 수 있도록 하였다. 넷째, 절대빈곤을 퇴치한 후에도 중국은 빈곤구제를 계속할 필요가 있는지, '상대적 빈곤'의 실질은 무엇이고, 이를 어떻게 해야 완화시킬 수 있는지, 농촌진흥과 도시화의 관계는 또 어떠해야 하는지 등의 문제에 대해 답해줌으로써 독자들에게 2020년 이후 중국의 빈곤구제 개발사업에 대한 발전방향과 빈곤퇴치의 난관돌파 성과를 어떻게 공고히 하여 농촌진흥전략과 효과적으로 연결시켜야 하는지를 이해할 수 있도록 하였다.

이 책은 중국인민대학 중국빈곤구제연구원 원장인 왕싼꿰이(汪三貴) 교수가 책임연구자가 되어 저우위안샹(周園祥), 바이쩡버(白增博), 황이제(黃奕杰), 리아오(李傲), 마란(馬蘭), 정리쥐안(鄭麗娟) 등이 공동저자로 참여하였다. 왕싼꿰이 교수는 장기간 빈곤구제 분야에서 깊은 연구를 꾸준히 이어왔다. 그는 30여 년간 빈곤문제의 연구에 몰두해오면서 중국 극빈지역에 대한 빈곤구제 책략을 제기해왔고, 중국의 대규모 빈곤경감의 경험과 추진력 및 제도적 요인에 대해 전면적이고 체계적으로 분석하였으며, 시진핑 총서기의 빈곤구제 사업과 연관된 중요한 논술과 빈곤구제의 정밀화를 실천하는 데에 대해 구체적으로 논하였으며, 빈곤퇴치에 대한 난관돌파와 농촌진흥전략을 유기적으로 연결시키는 논리 및 그것이 갖는 의미, 그리고 그 중점 내용이 어떤 것이어야 하는지 등을 전망하면서 연구하였다. 특히 국가사회과학기금 중대 프로젝트인 「빈곤구제 정밀화, 빈곤퇴치 정밀화의 실시 메커니즘과 정책 연구」(프로젝트 비준번호: 15ZDC026)의 연구성과가 이 책에 수록되게 됨으로써 이 책의 완성도를 높이는데 중대한 기여를 하게 하였다.

저자들마다의 여러 제약 상 문제로 인해 이 책을 서술하는데 미흡하거나 타당하지 않은 점이 있을 것으로 생각됨으로 독자들의 비평과 지적을 고대하는 바이다.

제1장

빈곤문제
전 세계적 도전

제1장

빈곤문제: 전 세계적 도전

1. 세계의 빈곤 상황

(1) 빈곤의 정의와 평가

전 세계의 빈곤 상황을 파악하기 위해서는 우선 빈곤이 무엇이고, 빈곤의 기준은 무엇인지를 분명히 알 필요가 있다. 빈곤은 예로부터 존재해 왔다. "고관대작의 집 안에서는 술과 고기가 썩는 냄새가 진동하는데 길거리엔 얼어 죽은 사람의 시체가 널려 있네."(朱門酒肉臭, 路有凍死骨) 이는 시성(詩聖) 두보(杜甫)가 당시 사회의 극심한 불평등과 극심한 빈곤에 대해 묘사한 생생한 모습이다. 보편적으로 빈곤문제는 인류사회발전의 전 과정에서 줄곧 존재해 왔다고 할 수 있으며, 산업혁명 이후 생산력의 대폭적인 증대로 빈곤은 대규모적으로 완화되기 시작했다고 할 수 있다.

빈곤현상은 매우 오래된 현상이지만 빈곤문제에 대한 체계적인 연구는 19세기 말에서 20세기 초에야 비로소 시작되었다. 1902년 영국 학자 벤자민 라운트리(Benjamin Rowntree)는 「빈곤: 도시생활에 대한 연구(Poverty: A Study of Town Life)」라는 제목의 논문을 발표하면서 빈곤에 대한 연구가 시작되었다. 그는 빈곤에 대해 "만약 한 가정의 총 소득이 그 가정 인구의 가장 기본적인 생존활동을 유지하기에 충분하지 못할 경우, 그 가정은 기본적으로 빈곤에 처한 것"이라고 정의하였다. 빈곤은 인간의 기본 생존 욕구가 충족되지 못하는 형상을 가리킨다. 사람이 살기 위해서는 먼저 배불리 먹고, 따뜻하게 입고, 거주할 곳이 있어야 한다. 그래서 의·식·주 문제가 해결되어야 한다. 다음은 사람의 기본적인 건강상황이 유지되어야 한다. 사람은 병에 걸릴 수 있고 병이 나면 기본의료서비스를 받아야만 건강을 유지할 수 있다. 그래서 빈곤이란 사실상 사람의 의(입는 것)·식(먹는 것)·주(거주하는 것)·의료방면의 최소한의 욕구가 충족되지 못한 상태를 말하는 것이다. 이것이 최초의 절대적 빈곤개념이었다. 그런데 사회에서 생활하고 있는 인간이 정상적인 생활을 하려면 단지 기본적인 생존수요가 충족되는 것만으로는 부족하다. 예를 들면 사람은 가정 구성원 및 기타 사람들과 소통하고 교류해야 하며 다양한 사회활동에 참여해야 하는데, 사회활동에 참가하려면 일정한 능력과 지출이 필요하다. 따라서 빈곤의 정의는 인간의 생존욕구에서 기본적인 욕구로까지 확대시킬 필요가 있다. 즉 사람은 자신이 생활하고 있는 사회 환경 속에서 활동하며 살아갈 수 있어야만 빈곤에서 벗어났다고 할 수 있다. 따라서 절대적 빈곤이란 바로 인간의 기본적인 욕구가 충족되고 있지 못한 것을 말한다. 기본적인 욕구에는 의·식·주·식수 안전·기본 교육·기본 의료·문화오락 등이 포함된다.

　기본적인 욕구가 충족되면 절대적 빈곤에서 벗어났다고 볼 수 있는 기준은 무엇인가? 그 기준에 있어서는 나라별 또는 지역별 실제 생활수준과 상황에 근거하여 빈곤선을 확정해야 한다. 그 빈곤선 이상에서는 인간의 기본적인 욕구가 충족되었다는 지표가 되어 절대적 빈곤에서 벗어났다고 할 수 있다. 그리고 그 빈곤선 이하에서는 기본적인 욕구가 충족되지 못하고 있기 때문에 빈곤 속에서 생활하고 있다고 한다. 한 나라 심지어 전 세계적으로 기본 욕구가 충족되지 못한 빈곤인구가 얼마나 되는지를 판단하려면 합리적인 빈곤선을 확정하는 것이 매우 중요하다. 그러나 유감스럽게도 빈곤선을 정확하게 확정하는 것은 그리 쉬운 일이 아니다. 왜냐하면 사람들의 기본 욕구가 매우 많고, 매 방면의 기본 욕구의 최저 기준이 도대체 얼마인가를 정밀하게 가늠하고 공감대를 형성하는 것은 매우 어려운 일이기 때문이다. 예를 들면, 사람은 매년 몇 벌의 옷을 필요로 할까? 어떤 옷을 필요로 할까? 얼마나 크고 어떤 구조의 집에서 살아야 할까? 이런 기본적인 생존문제에 대해서는 사람마다 견해가 다르므로 아마도 과학적으로 평가하기란 너무 어려운 것이다. 그러나 빈곤인구를 판단하려면 반드시 빈곤선을 확정해야 한다. 이에 대하여 빈곤문제를 연구하는 학자들은 각기 다른 방법을 제기하였다. 현재 보편적으로 기본수요원가법을 채용하여 빈곤선을 확정하고 있다. 기본수요원가법은 사람의 기본 생존욕구를 충족시키기 위한 최저 지출금액, 즉 최저 원가를 계산해야 하는데 그 최저 원가가 바로 빈곤선이다.

기본적인 욕구를 충족시키는 데 드는 최소한의 비용을 계산하기 위해서는 보통 사람의 기본적인 욕구를 음식물 욕구와 비(非)음식물 욕구로 나눈다. 이렇게 구분하는 것은 사람이 생존을 유지하려면 도대체 얼마의 음식물이 필요한가 하는 문제에 대해 이미 많은 과학연구와 데이터분석이 있기 때문이다. 음식물에 대한 사람들의 첫 번째 수요는 열량이다. 열량 섭취 기준은 개체별로 큰 차이가 있지만 평균적으로 합리적인 범위가 있다. 세계보건기구(WHO)가 출판한 『열량과 단백질 섭취량』이라는 책에는 건강한 성인여성은 매일 1,800~1,900cal의 열량을 섭취해야 하고 남성은 1,980~2,340cal의 열량을 섭취해야 한다. 빈곤선을 확정함에 있어서 중국과 같은 나라에서는 2,100cal를 열량 섭취의 평균 기준으로 삼고 있다. 즉 한 사람은 음식으로 하루에 적어도 2,100cal의 열량을 섭취해야 한다는 것을 말한다.

열량 섭취 기준에 이어 또 어떤 음식물로 그 기준을 충족시켜야 하는지도 알아야 한다. 음식물마다 함유된 열량이 다르고 가격차이도 크다. 음식물의 종류와 구성에 따라 비용도 천양지차이다. 이론적으로 우리는 가격이 저렴하고 열량이 높은 음식물(예를 들면 옥수수와 같은 곡물)로 2,100cal 열량의 수요를 충족시킬 수 있다. 그러나 실제생활 속에서 그리고 인류의 장기적인 역사적 진화과정에서 다양한 소비습관이 이미 형성되었다. 빈곤인구의 소비습관을 고려하지 않고 영양학자나 또 다른 학자들이 빈곤인구 소비 음식물(또는 음식물 바구니)을 지정한다면 결국에는 최저 열량 수요에 미달하게 될 것이다. 그것은 사람들이 일반적으로 전문가의 조언에 따라 음식물을 소비하지 않기 때문이다. 통용되는 방법은 나라별 또는 지역별 빈곤인구의 실제 음식물 소비 구조에 근거하여 음식물 바구니를 확정하여 빈곤인구의 생활습관에 부합되게 하는 것이다.

음식물 바구니에 어떤 음식물이 담길지를 확정한 뒤 또 여러 음식물의 시장가격도 알아야 한다. 그런 다음 음식물 바구니에 있는 여러 가지 음식물의 수량에 그 음식물의 가격을 곱하면 매개 음식물에 들어가는 비용이 얼마인지를 계산해낼 수 있다. 그리고 여러 가지 음식물에 들어가는 비용들을 모두 합치면 기본 음식물 욕구를 충족시키는 데 드는 최소 비용을 얻을 수 있다. 이를 음식물 빈곤선이라고도 부른다.

비(非)음식물 소비의 최소 비용은 음식물 소비 비용과 같은 방법으로 계산할 수 없다. 그것은 비음식물 종류가 너무 많아 매 부류의 비음식물 소비의 최저기준을 확정하기 어렵기 때문이다. 그러므로 간접적이고도 더욱 간단한 방법으로 확정하는 수밖에 없다. 엥겔계수법이라는 방법과 소비효용법이라는 방법이 있다. 19세기 독일의 통계학자 엥겔(Engel)은 통계자료에 근거하여 소비구조의 변화에 대해 통계하고 분석한 결과 다음과 같은 법칙을 얻어냈다. 한 가정의 소득이 낮을수록 음식물 소비지출이 가계 총지출에서 차지하는 비중이 크며, 가정소득이 늘어남에 따라 음식물 소비지출이 가계 총지출에서 차지하는 비중이 계속 줄어든다. 이 법칙의 배후에는 깊은 생리학적 토대가 있다. 즉, 음식물 소비는 누구에게나 다 제한되어 있다는 것이다. 많이 먹을수록 좋은 것이 아니며 과도한 음식물소비는 오히려 건강에 해롭다. 그러나 비음식물 소비는 한도가 없다. 예를 들면 주택은 물론 클수록 좋고 옷은 더 고급스러울수록 좋으며 교육에 대한 투자는 클수록 더 좋다는 것이다. 어느 나라에서나 엥겔계수는 가난한 가정일수록 높고, 부유한 가정일수록 상대적으로 낮게 나타난다. 국제적으로 엥겔계수가 대표하는 한 나라의 빈부정도에 대한 하나의 기본 기준이 있다. 즉 한 나라 평균 가정 엥겔계수가 60% 이상이면 가난함으로 분류되고, 50%~60%이면 최저생계 유지수준으로, 40%~50%이면 샤오캉(小康, 중등 정도의 생활)수준으로, 30%~40%이면 상대적 부유수준으로, 20%~30%이면 넉넉한 수준으로, 20%이하이면 매우 부유함으로 분류된다. 이에 따라 일부 국가에서는 엥겔계수를 기준으로 빈곤인구가 도달해야 할 비음식물 소비지출을 40%로 확정하였다. 즉, 비음식물 빈곤선을 전체 빈곤선의 40%로 정하였다. 소비효용법칙은 음식물소비와 총소비효용의 방정식에 근거하여 비음식물빈곤선을 유도해낸다. 구체적인 방법은 음식물 빈곤선이 주어진 상황에서 가정의 1인당 소비지출이 음식물 빈곤선과 같거나 근접한 가구를 찾아 이들 가구의 1인당 비음식물 소비지출이 얼마인지를 알아보는 것이다. 가정의 1인당 총 소비지출이 음식물 빈곤선 수준에 그칠 경우 모든 돈을 식비에 쏟아 부어야만 열량(영양) 욕구를 겨우 충족시킬 수 있다. 그러나 이들 가구 역시 밥만 먹고 옷, 주택 등 다른 소비를 하지 않을 수는 없는 것이다. 그들은 배불리 먹지 못할지언정 일부 돈을 절약하여 비음식물 소비지출에 쓰려고 한다. 이로부터 알 수 있는 것은 이처럼 음식물 소비의 희생으로 바꾸어오는 비음식물소비는 가장 필수불가결한 것으로서 이를 최저 비음식물 빈곤선이라고 한다. 소비효용법의 두 번째 응용은 1인당 음식물 소비지출이 음식물빈곤선과 같거나 이에 근접한 가구를 찾아 그들의 비음식물 소비지출이 얼마인지를 알아보는 것이다. 이들 가구의 음식물 소비가 음식물빈곤선과 같거나 이에 근접하였기 때문에 그들의 열량(영양) 욕구가 기본적으로 충족되고 비(非)음식물 소비지출은 최저 음식물 욕구가 충족된 후의 정상적인 비음식물 욕구로서 이를 고(高)비음식물빈곤선이라고 한다.

기본수요원가법에 따라 빈곤선을 계산함에 있어서 3가지 계산방법이 있지만 모두 음식물빈곤선을 토대로 한다. 첫 번째 계산법은 음식물빈곤선에 40%의 비음식물소비지출(음식물빈곤선을 0.6으로 나눈 값)을 합치는 것이고, 두 번째 계산법은 음식물빈곤선에 최저 비음식물빈곤선을 합치는 것이며, 세 번째 계산법은 음식물빈곤선에 고(高)비음식물빈곤선을 합치는 것이다. 한 나라가 어떤 계산방법을 취할지는 일반적으로 그 나라의 통계당국과 빈곤구제당국의 필요에 근거하여 확정한다. 예를 들어, 미국은 엥겔계수법을 사용하여 빈곤선을 계산하지만 엥겔계수는 33.3%로 확정하였다. 즉 그 빈곤선은 빈곤가구의 비음식물 소비지출이 전체 소비지출의 2/3를 차지할 수 있도록 허용한다. 그 기준은 미국이 선진국이라는 현실을 반영한 것으로서 개발도상국처럼 지나치게 낮은 빈곤선을 확정해서는 안 된다.

세계 다수 나라들은 자국의 사회경제 발전수준과 인민의 실제생활수준에 근거하여 자국의 빈곤선기준을 확정한다. 생활습관이 다르고 생활수준의 차이가 크기 때문에 나라별 기본생활수요를 충족시키는 최저 비용이 다르다. 이에 따라 나라별 빈곤선의 차이도 아주 커지기 마련이다. 그래서 이를 근거로 추정한 빈곤인구는 국가 간에 비교성이 없다. 상대적으로 부유한 일부 나라의 빈곤선기준을 빈곤한 나라에 적용하게 되면 샤오캉사회의 기준이 될 수도 있다. 따라서 전 세계의 빈곤상황을 파악하는 데 도전을 가져다주게 된다. 어떻게 해야 비교 가능한 통일된 국제빈곤선을 확정하여 전 세계 빈곤인구가 도대체 얼마나 되는지, 어디에 분포되었는지를 추산할 수 있을까?

국제빈곤선은 세계은행이 정한다. 그러나 세계은행은 기본수요원가법으로 국제빈곤선을 계산하지 않는다. 나라별 차이가 너무 커서 발전 정도에 있어서나 소비 습관에 있어서나 천양지차이기 때문에 모든 나라가 받아들일 수 있고, 또 의미 있는 음식물 바구니를 확정하고, 또 하나의 동일 수준의 음식물빈곤선을 계산하는 것은 불가능하다. 그래서 세계은행은 더욱 직접적인 방법을 채택하였다. 즉 매 나라의 자체 빈곤선을 토대로 하여 국제빈곤선을 제정하였다. 세계 각국의 발전정도에 큰 차이가 있기 때문에 하나의 빈곤선으로는 실제상황을 반영하지 못한다는 점을 고려하여 각기 다른 발전정도에 근거하여 세 개의 국제빈곤선을 확정하였다. 첫 번째 국제빈곤선은 극빈선이라고 하며 가장 발달하지 못한 15개 국가의 빈곤선을 토대로 제정한 것이다. 두 번째 국제빈곤선을 중등빈곤선이라고 하며 중·저소득국가의 빈곤선에 근거하여 제정한 것이다. 세 번째 국제빈곤선은 고(高)빈곤선이라고 하며 중·고소득국가의 빈곤선에 근거하여 제정한 것이다.

국제빈곤선을 제정할 때 또 하나의 중요한 문제에 대해 고려하고 처리해야 한다. 즉 매 나라마다 공식통화가 다르기 때문에 물가수준에 큰 차이가 있다는 점이다. 만약 시장의 환율로 환산해 본다면, 같은 물건의 국가별 가격차이가 상당히 크다는 사실을 발견할 수 있을 것이다. 이는 같은 돈으로 각기 다른 나라에서 물건을 살 수 있는 정도가 서로 다름을 의미한다. 국제적으로 빈곤에 대해 비교하기 위해서는 통화의 다양성과 부등가 문제를 마주하지 않으면 안 된다. 해결책은 하나는 모두 미국 달러화로 계산하는 것이고, 다른 하나는 매개 나라의 화폐를 시장 환율이 아닌 그 화폐의 실제구매력을 기준으로 비교 가능한 미 달러화로 환산하는 것으로서 구매력평가지수(purchasing power parity·PPP)라고도 부른다. 예를 들어 2011년 말 중국 위안화의 시장 환율은 1달러 당 6.3위안이었지만, 세계은행이 추산한 2011년 위안화 PPP는 3.7위안으로 즉 1달러와 3.7위안의 구매력이 같다는 것이다. 중국은 물가수준이 미국보다 낮아 PPP를 기준으로 계산한 위안화 가치는 시장 환율보다 41%나 높다. 중국은 대국으로서 도시와 농촌 간 격차가 크며 물가수준도 도시와 농촌 간에 현저한 차이가 있다. 세계은행이 중국의 도시와 농촌의 물가수준에 근거하여 진일보적으로 농촌과 도시의 PPP를 계산한 결과 농촌은 3.04위안이었고 도시는 3.9위안이었다. 이는 중국 농촌의 물가수준이 더욱 낮고 농촌에서 위안화의 구매력 가치가 시장 환율로 계산된 가치보다 1배 이상 높다는 것을 의미한다.

　세계은행이 각국의 화폐를 PPP로 전환한 후 세 개의 국제 빈곤선을 계산해낼 수 있다. 국제 극빈선은 아프리카의 말라위·말리·에티오피아·시에라리온·니제르·우간다·감비아·르완다·기니비사우·탄자니아·모잠비크·차드·가나 및 아시아의 네팔·타지키스탄 15개국의 국정 빈곤선을 2011년의 비교 가능한 달러화로 환산한 후 평균수를 계산하여 얻은 것으로서 1인당 하루 1.9달러이다. 마찬가지로 중·저소득 국가의 국정 빈곤선을 2011년의 비교 가능한 달러화로 전환한 후 평균수를 계산하여 국제 중등 빈곤선을 얻었는데 1인당 하루 3.2달러이다. 중·고소득국가의 국정 빈곤선을 2011년의 비교 가능한 달러화로 전환한 후 평균수를 계산하여 국제 고(高)빈곤선을 얻었는데 1인당 하루 5.5달러였다.

(2) 세계의 빈곤상황 및 분포

국제 극빈선에 따르면 2015년에 전 세계적으로 7억3,600만 명의 극빈인구가 있었는데 이는 전 세계 총인구의 10%를 차지하는 숫자로서 다시 말하면 10명 당 1명이 극빈자인 셈이다. 극빈인구의 전 세계적 분포는 매우 불균형적인데 아프리카와 남아시아에 주로 집중되어 있다. 사하라이남 아프리카지역의 극빈층 인구가 4억1천만 명으로 전 세계 극빈층 인구의 약 56%를 차지하며, 평균 빈곤 발생률은 약 41%로 매 2.4명 당 1명이 극빈상태에서 생활하고 있다. 예를 들어 2016년 말라위에서는 70%의 인구가 극빈선 아래에서 살고 있었다. 남아시아지역의 극빈층 인구는 2억2,000만 명으로 전 세계 극빈층 인구의 30%를 차지한다. 동아시아태평양지역의 극빈층 인구는 4,720만 명으로 전 세계 극빈층 인구의 6%를 차지한다.(그래프 1-1를 참조).

그래프 1-1 세계 극빈인구 분포

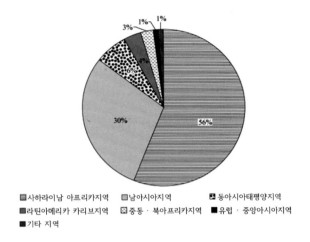

자료 출처: 세계은행

  국제 중등 빈곤선에 따르면 2015년에 전 세계에는 19억5,000만 명
의 중등 빈곤인구가 있었다. 이는 전 세계 총인구의 26.46%를 차지하
는 수치이며 매 4명 중 약 1명이 중등빈곤에 처해 있는 꼴이다. 사하
라이남 아프리카지역과 동아시아태평양지역은 중등 빈곤인구가 가장
많아 각각 6억7,800만 명과 2억4,400만 명에 달하며 전 세계 중등 빈
곤인구의 34.77%와 12.51%를 각각 차지하였다. 유럽·중앙아시아지역
은 중등빈곤인구가 가장 적어 전 세계 중등빈곤인구의 1.33%을 차지
하였다. 빈곤 발생률 각도에서 보면 사하라이남 아프리카지역은 빈곤
발생률이 68.15%로 가장 높았으며, 매 3명 중 2명이 중등 빈곤상태에

처해있었다.[1] 중동·북아프리카지역의 빈곤 발생률은 13.20%에 달하여 사하라이남 아프리카지역보다 현저히 낮다. 유럽·중앙아시아의 빈곤 발생률이 2.86%로 가장 낮다.

국제 고(高)빈곤선에 따르면 2015년 전 세계에는 33억9,100만 명의 일반 빈곤인구가 있었다. 이는 전 세계 총인구의 46.01%를 차지하는 수치이며, 거의 2명당 1명이 일반 빈곤자인 꼴이다. 사하라이남 아프리카지역이 전 세계 일반빈곤인구 중에서 차지하는 비중이 더욱 줄어들어 25.35%에 이르렀다. 동아시아태평양지역의 빈곤인구가 전 세계 일반빈곤인구 중에서 차지하는 비중은 20.64%에 달하였다. 이 기준으로 보면 사하라이남 아프리카지역과 동아시아태평양지역이 차지하는 비중은 비슷하다. 빈곤 발생률 각도에서 보면 사하라이남 아프리카지역의 일반 빈곤 발생률은 86.34%로 평균 매 10명 중 9명 가까이가 일반빈곤 수준에 처해 있다. 동아시아 태평양지역의 일반빈곤 발생률도 30.65%에 달해 평균 3명 중 1명이 일반빈곤상태에 처해 있다.

2. 대규모 빈곤은 왜 발생하는가?

전 세계 10분의 1 인구가 하루 소비수준이 1.9달러 미만(비교 가능한 달러화로 계산)인 극빈상태에서 생활하고 있고, 4분의 1 인구가 하루 소비수준이 3.2달러 미만인 중등 빈곤상태에서 생활하고 있으며, 절반 가까이 되는 인구가 하루 소비수준이 5.5달러 미만인 일반

---

1) 남아시아지역의 중등빈곤인구의 데이터를 입수하지 못해서 여기서는 비교대상에 포함시키지 않았다.

빈곤상태에서 생활하고 있다. 과학기술이 급속하게 발전하고 있고, 생산력 수준이 꾸준히 향상되고 있으며 물질이 엄청나게 풍부한 현대사회에서 왜 이처럼 대량의 빈곤인구가 생겨나는 것일까? 전 세계의 대규모 빈곤을 초래하는 원인은 무엇일까?

국가별 또는 지역별 빈곤 발생 요소 중에는 같은 점도 있고 다른 점도 있으며 역사시기별 빈곤을 초래하는 원인도 각기 다르다. 총체적으로 빈곤은 일종의 복잡한 사회경제 현상으로 체계적으로 깊이 이해하기는 쉽지 않다. 빈곤문제가 나타나는 것은 여러 가지 요소가 공동으로 작용한 결과이다. 거시적 차원에서 볼 때 빈곤을 초래하는 요소에는 지리·환경·경제·사회·정치·인구·문화 등 여러 가지가 포함된다. 모든 빈곤인구가 대체로 이런 불리한 요소의 영향에 직면하기 마련이다. 자신의 노력만으로는 이런 불리한 대 환경을 바꾸기가 어렵다. 미시적 차원에서 보면 빈곤가구는 대체로 다음과 같은 특징을 보인다. 즉, 유능한 노동인구가 부족하고, 노인·아이 또는 노동능력을 상실한 사람이 많아 부양비율이 높아진다. 가족 구성원의 교육 정도가 낮고 종합적인 자질이 낮으며 내적 원동력이 부족하다. 영양실조, 열악한 위생조건, 안전하지 못한 식수와 각종 질병으로 건강상태가 악화된다. 자산의 축적이 부족하여 가정이 각종 자연재해와 인재에 효과적으로 대처하기가 어렵다. 생산수단과 시장기회의 부족으로 소득수준의 저하와 생활조건의 격차를 더욱 야기 시킨다. 이런 요소들이 겹쳐 빈곤의 악순환이 이어진다. 빈곤가구와 인구는 한번 빈곤에 빠져들면 스스로의 노력만으로는 지속적으로 빈곤에서 벗어나기가 어렵다. 더욱 중요한 것은 미시적인 빈곤 유발요소는 대부분 거시적 요소와 관련되어 있으며, 거시적으로 불리한 자연·경제·사회 환경은 미시적인 빈곤 유발 요소를 강화시킨다.

불리한 지리조건과 열악한 자연생태환경은 개발도상국의 빈곤에 심각한 영향을 끼친다. 전 세계 극빈인구의 절반 이상이 사하라 이남의 아프리카지역에 분포되어 있는데 사하라사막은 세계 최대 모래질(모래 성분으로 되어 있는 토질—역자 주) 사막으로서 면적이 약 960만㎢에 달한다. 그 지역은 기후조건이 매우 열악하며 지구상에서 생물이 살기에 가장 부적합한 곳 중 하나로 알려져 있다. 사하라이남의 아프리카지역은 사하라사막 중부 이남의 아프리카를 지칭하는 것으로 대부분의 지역은 열대 초원에 속한다. 그러나 우기와 건기가 분명하며 건기의 지속 시간이 길고 기온이 높아 농업과 목축업 생산에 심각한 영향을 끼치며 지속적인 가뭄은 늘 기근을 초래한다. 중국에서는 빈곤인구의 지역분포도 매우 뚜렷하다. 중국의 빈곤선기준으로 추산하면 2016년 중국 농촌의 빈곤인구 4천335만 명 중 52%가 서부지역에 분포되어 있고, 37%가 중부지역에 분포되어 있어 중서부 빈곤인구는 전국 빈곤인구의 89%를 차지한다. 중국의 빈곤인구가 주로 서부와 중부의 일부 편벽한 산간지대에 분포되어 있는 현실은 지리적 위치, 생태환경과 밀접한 관계가 있다. 첫째는 편벽(偏僻)하고 경제 중심지와 멀리 떨어져 있는 지리적 위치로 인해 외부시장에 의존해야 하기 때문에 경제활동 비용이 많이 들고 경쟁력이 없다. 둘째는 생태환경이 취약하고 농업적으로 이용할 수 있는 자원이 제한되어 있다.

무역을 통해 상품경제를 발전시킬 수 없는 상황에서 농업과 목축업의 자급자족에 의지하는 것이 생존의 유일한 선택이지만, 서부의 많은 지역은 농업과 목축업 생산조건도 매우 유리하지 않다. 예를 들어 서북지역은 가물고 비가 적게 와 살아가는 환경이 매우 악조건이다. 황토고원은 골짜기가 종횡으로 얽혀 있고 수토 유실이 심각하며 일부 지역은 사막화가 심각하다. 서남지역은 비록 강우량이 충족하지만 카르스트지형으로 인해 빗물의 저장이 어렵고 경작지가 심각할 정도로 부족하며 일부 지방은 지나친 개간으로 심각한 석막화(石漠化, 토양 유실로 인해 지표면 밑 암석이 표면으로 돌출되는 현상─역자 주)가 초래되기까지 하였다. 칭짱(靑藏)고원은 해발고도가 너무 높고 적산온도(성숙도. Maturity) 가 부족하다. 셋째는 서부지역도 자연재해가 빈발하는 지역으로 홍수·가뭄·우박·설해·산사태·지진이 번갈아 발생한다. 이런 불리한 자연요소들이 농업과 목축업의 생산능률을 저하시켜 소득과 생활수준의 향상이 어렵게 된다.

경제제도와 사회정책은 현대사회에서 중요한 역할을 하며 매개인의 생활에 중요한 영향을 준다. 유감스럽게도 현대사회의 많은 경제제도와 사회정책은 모두 빈곤인구에게 불리하며 심지어 빈곤을 초래하는 주 요인이 된다. 전 세계의 극빈인구는 주로 농촌에서 생활한다. 농업(목축업·임업·어업 및 이들 산업과 관련된 수공업 등)은 농촌인구가 의존하여 생존하는 주요 산업이다. 그런데 농업이 토지자원 의존도가 매우 높은데 반해 많은 개발도상국은 토지제도가 지극히 불평등하다. 토지가 지주·농장주·부자의 수중에 고도로 집중되어 있다.

빈곤인구는 농업에 의지하여 생계를 유지하지만 땅을 가지고 있지 않거나 극히 적게 가지고 있으며, 생산한 식량이나 기타 농산물로는 가정의 기본 수요를 충족시킬 수 없다. 토지자원이 고도로 집중된 상황에서 빈곤인구는 생계를 위해서 지주의 토지를 소작해야 하는데 일반적으로 심각한 착취를 받게 된다. 불평등한 토지제도는 남아시아·라틴아메리카 등 지역의 농촌이 가난해지는 중요한 요인 중의 하나이다. 1949년 이전에 중국에 존재했던 심각하고 보편적인 극빈문제가 바로 불평등한 토지제도와 매우 큰 관계가 있었다. 토지자원의 집중도가 높은 쓰촨(四川) 등 지역의 소작농들은 지주의 땅을 소작하였는데, 보통 소출의 70%를 지주에게 바쳐야 하고 자신에게 차례가 가는 나머지 30%로는 기본 생계조차 유지할 수가 없었다.

불합리적인 재정세수제도와 정책도 빈곤층의 발생에 불리한 영향을 줄 수 있다. 불합리한인 세수제도로 인해 빈곤층은 소득이 엄청나게 낮음에도 불구하고 때로는 지나치게 높은 세금 부담을 감당해야 하기 때문에 빈곤상황이 심해지곤 한다. 중국에서 농업세를 전면 폐지하기 이전에 소득이 낮은 빈곤가구가 부담해야 하는 세금의 비중이 고소득가구보다 훨씬 높았고 소득이 낮을수록 세율이 더 높았다. 그래프 1-2는 국가통계국이 2002년에 592개 빈곤구제 중점 현(縣)의 거주 가구 그룹별 데이터에 근거하여 계산한 각기 다른 소득 그룹으로 분류된 농가들이 세금을 납부한 상황이다. 농가의 세율(세금이 순소득에서 차지하는 비율)은 소득의 증가에 따라 계속 낮아졌다. 중국의 농업세는 토지를 토대로 하였기 때문에 장기간 세금부담은 누감(累減)되는 성격을 띠고 있었다. 즉 농업으로 생계를 유지하는 빈곤가구일수록 납부하는 세금이 소득에서 차지하는 비율이 높았다. 1인당 가처분소득이 100위안 미만인 소득그룹으로 분류된 농가들이 1인당 납부한 세금이 순소득에서 차지하는 비율은 101%나 되어 농가의 연간 소득으로는 세금을 납부하기도 모자랐다. 1인당 가처분소득이 100~300위안인 소득그룹으로 분류된 농가들이 1인당 납부한 세금은 1인당 순소득의 24.65%를 차지하였다. 그리고 1인당 소득이 3,000위안 이상인 최고 소득그룹의 1인당 평균 세금 납부액은 순소득의 2.32%밖에 차지하지 않았다. 실제로 세율만 누감되는 성격을 띠고 있는 것이 아니라 절대적 빈곤가구가 납부한 세금의 절대치도 낮지 않다. 최저 소득그룹(0~100위안)으로 분류된 농가들의 1인당 평균 세금 납부액은 59.2위안으로, '2,000~2,500위안 미만'의 기타 소득그룹보다 높았다. 두 번째로 낮은 소득그룹(100~300위안)으로 분류된 농가의 1인당 세금 납부액은 54.4위안으로, '1,500~2,000위안(포함) 미만의 4개 소득그룹보다 높았다.

그래프 1-2 빈곤구제 중점 현 소득그룹별 농가의 세금 부담, 2002년

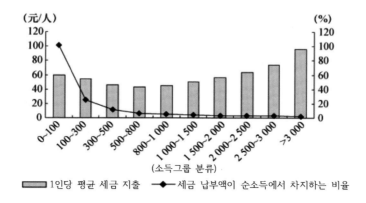

자료 출처: 중국발전연구기금회, 『발전과정에서의 빈곤퇴치』, 베이징, 중국발전출판사, 2007.

공공지출의 지나친 도시 편향과 현대화의 발전방향도 빈곤지역과 빈곤인구의 발전에 영향을 준다. 국가의 현대화를 실현하는 것은 모든 개발도상국이 추구하는 목표이며, 공업화와 도시화는 현대화를 실현하는 주요 경로라는 것이 보편적인 주장이다. 개발도상국은 공공정책과 투자의 선택에서 도시와 공업을 중시하고 빈곤인구가 거주하는 농촌과 농업을 경시하기 쉽다. 농촌의 도로·전력·통신·물류 등 각종 인프라의 심각한 부족으로 인해 외진 빈곤지역의 산업발전이 지장을 받고 자원이 충분히 이용되지 못하여 생산효율이 낮고 현지 취업기회가 부족하다. 인프라시설의 부족도 빈곤인구의 정보접근에 영향을 주며 교통과 정보의 소통이 원활하지 않은 것도 그들이 외지로 진출하여 취업을 통해 소득을 얻는데 지장을 준다. 빈곤구제에 대한 중국의 보편적인 인식 즉, "치부하려면 길부터 닦아야 한다."라

는 인식이 제시한 법칙처럼 한 지역의 경제가 발전하고 생활이 개선되려면 인프라 건설이 선행되어야 한다. 인프라시설의 미비는 빈곤지역과 빈곤인구가 직면한 주요 문제 중의 하나이다.

"빈곤자를 꺼리고 부유한 자를 선호하는 현대 금융서비스체계의 특징"이 많은 비난을 받고 있지만, 빈곤지역과 빈곤층일수록 금융서비스를 받지 못한다. 신용대출은 창업과 경제발전의 촉진제이고, 보험은 리스크를 방지하는 중요한 역할을 한다. 이 두 가지 금융서비스의 보편적 부족으로 인해 빈곤가구가 창업하거나 투자를 늘릴 수 있는 자본이 없을 뿐만 아니라 또 다양한 리스크에도 취약한 결과를 초래하게 된다. 어렵게 애써 가난에서 벗어났다가도 천재나 인재만 닥치면 바로 가난으로 되돌아가는 가구도 일부 있다. 1970년대 이래 일부 국가가 시범적으로 실시한 소액신용대출과 소액보험 등 소형 금융서비스는 빈곤경감의 효과적인 방식 중의 하나임이 증명되었다.

인적자본 건설과 축적은 한 가정이 빈곤에서 벗어나는 가장 효과적인 방식이다. 왜냐하면 인적자본이 향상된 후 생산능률이 향상될 뿐만 아니라 시장에서 여러 가지 기회를 이용하여 빈곤에서 벗어날 수 있는 능력이 더욱 강해지기 때문이다. 인적자본은 주로 여러 가지 사회서비스를 통해 제공되는데 특히 교육과 위생·의료서비스를 통해 제공된다. 개발도상국의 빈곤인구가 직면한 보편적인 문제는 효과적인 교육과 의료서비스를 받기 어렵거나 서비스의 질이 너무 낮음으로 인해 빈곤가구의 인적자본이 장기간 낮은 수준에 머물게 되는 것이다. 농촌과 빈곤지역의 공공서비스 질이 떨어지는 데는 여러 방면의 원인이 있다. 첫째, 지방정부의 재력이 제한되어 있어 기초교육과 기본 의료서비스에 투입할 수 있는 충분한 자금을 내놓을 수 없다는 것이다. 둘째, 관리문제이다. 일부 개발도상국은 빈곤한 농촌에 학교와 위생소를 설립하였지만 교사와 의료인원이 부족한 문제가 심각하여 빈곤가구들이 공립학교교육과 공립의료기구의 서비스를 받는 것에 대한 믿음을 잃게 된다. 셋째, 교사와 의료인원의 기능이 낮고 제공하는 서비스의 질이 낮아 아이들이 학교교육을 받더라도 유용한 지식과 기능을 배울 수 없거나 시간과 돈을 투자하고도 일부 기본적인 질병도 치료 받을 수 없다는 점이다.

한 나라의 정치체제와 사회 관리는 빈곤한 가정과 인구에 매우 많은 직간접적인 영향을 준다. 자유자본주의 체제에서 자본과 자본의 주인이 최대 정치적 권리를 누릴 수 있는 반면에 빈곤층의 권리는 매우 제한되어 있다. 서구의 민주정치는 민주적 선거를 통해 자본이 절대 권력을 장악하는 상황을 완화시키려 한다. 그러나 자본가와 그 엘리트계층은 자신이 지배하는 언론과 대리인 등 다양한 방식으로 선거와 공공정책에 영향을 줌으로써 국가의 중요한 정책을 자신들에게 유리하게 만든다. 이 같은 행태는 미국에서 가장 두드러진다. 그래서 글로벌 금융위기를 초래한 월가의 자본가들을 위해 국가가 납세자의 돈으로 자금을 대주는 현상이 나타났다. 미국의 유명한 투자가이자 자선가인 워런 버핏(Warren Buffett)은 "가난한 미국인과 중산층은 아프가니스탄에서 나라를 위해 싸우고 있다. 대다수 미국인들이 궁핍함 속에서 허덕이고 있지만 나 같은 부자들은 여전히 특별 세금 감면 혜택을 누리고 있다. 워싱턴의 의원들은 우리를 보호하겠다고 맹세하고 우리에게 너무나도 많은 혜택을 주고 있다. 우리를 마치 희귀한 점박이부엉이처럼 진귀하게 여기고 있다. '조정에 아는 사람이 있다는 것'은 정말 좋은 일이다."라고 비꼬았다. 워런 버핏 스스로 밝힌 자신의 소득세율은 겨우 17.4%이다. 이에 반해 그의 사무실에 고용된 직원들의 소득세율은 33%~41%이며 평균 36%로 워런 버핏보다 배나 더 높다. 워런 버핏은 부자들의 자본소득에 부과하는 세금을 더 늘릴 것을 정부에 여러 차례 제안하였지만, 그 제안이 의회에서 통과될 리가 없었다. 1970년대 이래 미국의 불평등 정도가 계속 깊어져 2018년에 이르러서는 지니계수가 이미 0.482에 이르러 50년 만에 최고치를 기록하였다. 미국은 최대 자본주의 강국으로 경제성장의 성과를 부자들이 갈수록 더 많이 누리고 있다.

아프리카의 일부 나라들은 국가관리 문제가 두드러지고 충돌이 끊이지 않아 효과적인 발전과 빈곤구제 책략을 제정하고 실시하기가 어렵다. 여러 가지 충돌은 또 사회에 심각한 파괴를 가져다주는데 가장 큰 상처를 받는 것은 흔히 빈곤층이다. 많은 아프리카 국가의 국경은 유럽열강이 식민시기에 구획한 것이다. 한 나라에는 여러 부족이 있는데 많은 부족이 낙후한 원시사회 상태에 처해 있고 부족 간에는 공동 이익이 별로 없다. 국가의식과 공동문화가 없으면, 이익이나 자원분배 문제로 인해 부족 간 충돌을 초래하기 쉽다. 유럽열강의 경솔한 국경 구획으로 많은 민족을 분열시켰다. 이 또한 아프리카 일부 국가 간에 종족 충돌과 영토분쟁이 일어나는 근원 중의 하나이다.

나라를 효과적으로 다스리지 못하면 부족 간 분쟁이 잦아 대규모 빈곤문제를 초래할 수 있다. 세계은행의 보고서에 따르면 세기 교체시기에 세계 극빈층의 5분의 1 인구가 취약하고 충돌 중인 정세 속에서 생활하고 있다. 그때부터 취약하고 충돌 중인 정세의 영향을 받지 않은 경제체의 빈곤 발생률이 안정적으로 하락하였지만, 빈곤인구는 여전히 지속적으로 늘어났다. 그 결과 오늘날 세계 빈곤층의 약 절반 인구가 여전히 취약하고 충돌 중인 정세 속에서 살고 있다. 현 추세가 지속된다면 2030년에 이르러서 취약하고 충돌 중인 정세 속에서 살아가는 인구가 전 세계 인구의 10%에 불과하게 될 것이지만, 세계 빈곤층에서 차지하는 비율은 3분의 2나 될 것이다. 인도의 카스트제도(인도의 신분등급제도) 역시 '하등' 카스트들의 대규모 빈곤을 초래하는 제도적 원인이다.

인구의 과다 증가도 일부 나라들에서는 대규모 빈곤이 나타나는 원인 중의 하나이다. 신체가 건강하고 양호한 교육을 받은 사람은 주어진 환경에서 일자리를 찾거나 스스로 창업을 할 수 있다. 중국 개혁개방 이후의 고속발전은 바로 인구에 의한 혜택에 힘입은 것이다. 그러나 인구의 증가 규모가 자원과 환경이 감당할 수 있는 능력을 초과하고 또 출생 인구가 기타 자원의 배합으로 효과적인 생산력을 형성할 수 없다면, 인구의 증가는 빈곤의 근원 중 하나가 될 것이다. 현대의학의 진보, 건강지식의 보급, 백신의 보급 및 전염병의 통제와 더불어 영아의 사망률이 꾸준히 낮아지고 1인당 예상 수명이 늘어나고 있다. 아프리카 인구의 빠른 성장을 예로 들어보자. 유엔의 통계에 따르면 아프리카 인구의 연평균 성장률이 1960~1965년에는 2.3%, 1965~1970년에는 2.6%, 1975~1980년에는 2.7%, 1985~1990년에는 3%에 달하였다. 이에 따라 아프리카의 인구 규모도 꾸준히 팽창하여 1960년에는 2억7,000만 명, 1970년에는 3억4,400만 명, 1980년에는 4억 6,000만 명, 1990년에는 6억4,200만 명에 이르렀으며, 현재 아프리카 총인구는 12억8,600만 명에 이르렀다. 아프리카 인구가 세계 총인구 중에서 차지하는 비중이 점차 상승하여 현재는 세계 총인구의 17% 를 차지하고 있다. 유감스럽게도 인구의 증가가 경제의 동반성장을 가져오지 못하였고, 오히려 일부 아프리카국가에서는 인민의 생활수 준이 장기적인 하락을 불러왔다. 게다가 전쟁과 충돌로 인해 빈곤인 구가 빠르게 증가하였다. 중국 민족지역 인구의 지나치게 빠른 증가 도 현지의 빈곤상황을 악화시켰다.

문화와 풍속도 일부 국가나 지역에서 빈곤상황의 유지와 악화를 초래할 수 있다. 물론 그런 문화와 풍속은 또 장기적인 빈곤의 결과 이기도 하다. 문화와 풍속은 생활환경과 생활 상태와 관련된다. 장 기간 지속되어온 가난한 환경과 생활은 그 생활환경과 상태에 적응 한 문화와 풍속을 낳게 된다. 이러한 문화와 풍속은 또 역으로 사람 들의 사상과 행위에 영향을 주게 된다. 그중 일부 문화와 풍속은 한 지역의 발전과 빈곤가구의 빈곤퇴치를 방해하여 빈곤의 함정을 강화 하게 된다. 예를 들어, 아프리카·동남아시아·남아메리카의 일부 열 대지역은 사시장철 동식물의 생장과 번식에 적합하여 음식물의 종 류가 풍부하므로 음식물을 저장하지 않는 습관이 형성되었으며, 또 어떠한 재산도 축적하지 않는다. 일단 인구증가가 지나치게 빠르거나 극단적인 기후·자연재해가 발생하게 되면 대규모의 극빈 심지어는 기황으로까지 이어지게 된다. 빈곤이 생기는 것은 바로 이러한 여러 요소들이 함께 작용한 결과이다. 전형적인 빈곤가구는 보통 편벽하고 외진 곳에서 생활하고 있고(생태가 취약하고 자원이 제한적임), 가족 식구가 많으며, 부양비(扶養比, 총인구 중 생산이 가능한 15~64세의 연령층 인구 대비 15세 미만이거나 65세 이상의 비생산 연령층 인구의 백분율. 생산 가능한 연령층의 인구가 부양해야 하는 경제적인 부담을 나타내는 지표−역자 주)가 높고, 교육을 받지 못하였으며, 건강문제가 두드러지고, 수입원이 단일하며, 안정성이 떨어지고, 소비가 비이성적이며, 자산이 없고 현 상황을 바꿀 수 있는 능력과 동력이 부족하다는 등의 특징을 띤다. 물론 "행복한 가정은 다 비슷하고 불행한 가정은 각기 다른 불행이 있다"라고 한 레프 톨스토이(Leo Tolstoy)의 말처럼 가난한 가정은 한 가지 유형만 있는 것이 아니라 다양할 수밖에 없다. 그것은 빈곤을 초래하는 요소들이 매우 많은데 몇 개 요소가 함께 작용하여 한 가정을 빈곤에 빠뜨리기 때문이며, 따라서 각양각색의 조합이 존재하게 된다. 빈곤을 초래하는 요소가 많을수록 그 가정의 빈곤정도가 더욱 심해지며 빈곤에서 벗어나기도 더욱 어렵게 되는 것이다.

사례 1-1

• 사례 배경

채 모 씨, 여, 48세, 후난(湖南)성의 모 농촌에 살고 있으며 식구는 5명, 주거면적은 24㎡이고 간단한 가구만 갖춰져 있다. 난소낭종, 자궁근종 등 질병을 앓고 있으며 미취업 상태이다. 그리고 질병에 따른 약값 지출 때문에 가뜩이나 넉넉하지 못한 생활이 더욱 어려워졌다. 남편 왕 모 씨(56)는 20세기 말부터 정리실업, 노점상, 임시직 등을 잇달아 해왔지만 제한적인 자체능력으로 인해 가정소득이 안정적이지 않다. 2005년 남편이 다리 통증과 목 디스크를 앓기 시작하면서 병원에 입원하면 치료비용이 많이 들까봐 외래진료에 의존하여 약만지어다 쓰곤 하였다. 그러다가 병세가 악화되어 현(縣)립·시(市)립 병원을 잇달아 찾아 치료를 받았다. 2010년에 수술을 받느라고 7만 위안을 썼는데 친척, 친구의 도움을 받아 겨우 의료비를 납부하고 마을에 돌아가 집에서 요양하게 되어 그 때문에 많은 빚을 졌다. 남편은 원래 생활에 불만을 안고 있었는데 이때부터 좌절하고 주저앉아 늘 운명이 불공평하다고 불평만 하였다. 최근 몇 년은 성격이 난폭해져 어떤 때는 화가 나면 기물을 부수기도 한다. 남편이 병이 난 후 채 모 씨는 외지에 나가 날품팔이를 하였는데 매달 평균 1천200위안의 변변찮은 수입을 벌어들일 뿐이었다. 그녀는 가정의 안주인으로서 벌써 힘에 부치는 것을 느꼈다. 게다가 그녀에게는 각각 20세, 18세, 15세인 세 자녀가 있다. 세 자녀 모두 학교에 다니고 있다. 그중 대학에 다니는 큰아들의 학비는 적지 않은 지출이다. 그래도 아들이 대학에 들어간 것이 그녀에게는 큰 힘이 되고 있다. 그녀는 앞으로 아들이 안정된 직업을 얻어 온 식구가 화목하게 살 수 있기를 기대하고 있다.

• 빈곤의 원인

(1) 안정적인 수입원이 없다. 채 모 씨의 남편은 정리해고를 당한 후 노점상·임시직 등 사회적 이동성이 큰 직업을 전전하였는데, 취업시장에서 경쟁력이 별로 없고 자체 능력이 제한적이다. 채 모 씨 본인 역시 질병 때문에 안정적인 수입원이 없고, 남편이 수술을 받은 후 날품팔이로 변변찮은 수입을 벌고 있을 뿐이다. 수입의 불안정이 가정의 경제생활에 불리한 영향을 끼쳤다.

(2) 건강요소가 노동능력을 제한하여 빈곤을 가중시켰다. 채 모 씨는 갱년기임에도 막중한 생활압력 때문에 생계를 위해 동분서주하다 보니 질병이 있음에도 제때에 치료를 받지 못하고 있었다. 더욱이 남편이 병에 걸려 가정의 주요 노동력을 잃게 되면서 경제수입은 줄어든 반면에 의료 지출은 대폭 늘어났다. 이 가구는 병 때문에 가난해지고 병 때문에 가난으로 되돌아간 전형적인 케이스이다. 이밖에 남편의 심리상 건강문제도 가난에서 벗어나 부유해질 수 있다는 자신감을 갖는데 영향을 끼쳤다. 채 모 씨의 남편은 질병과 빈곤에 장기

간 시달려 오다보니 생활에 대한 자신감이 사라지고 열등감이 생겼으며, 자아보호의식이 강해지고 다른 사람의 이해도 바라지 않게 되었으며, 사람들에게 무시당할까봐 두려워하고 있었다. 채 모 씨 남편과의 접촉을 통해 그가 가정의 영향을 크게 받고 있다는 사실을 발견하였다. 그는 다른 사람이 자신을 이해해주기를 원하지 않고, 낯선 사람에 대한 경계심도 클 뿐 아니라 자신의 처지를 직시하려 하지 않고, 생활과 모든 일에 대한 일종의 부정적 감정을 갖고 있으며, 집에 있어야만 일정한 안전감을 얻을 수 있어 외부와의 접촉을 기피하기에까지 이르렀다.

채 모 씨 남편의 자기보호로 인해 외부와의 연계가 차단되어 사회자원과 감정적 지원을 얻을 수 있는 경로가 줄어들게 됨으로써 그는 생활을 더욱 중시할 수 없게 되었고 자신감을 다시 수립할 수 없게 되었다.

(3) 교육지출이 빈곤을 가일층 악화시켰다. 채 모 씨네 세 자녀의 학비지출도 적지 않은 숫자이다. 비록 의무교육단계에서 많은 비용이 감면되었지만 큰아들의 대학교 교육지출은 여전히 많았다. 가정의 미래를 위해서는 자녀들이 좋은 교육을 받을 수 있게 하지 않으면 안 되었다. 그래야 자녀들이 수입이 안정적인 일자리를 얻을 수 있을 것이고 그래야 가정의 빈곤상황을 개선할 수 있기 때문이다.

주: 이 책 속의 모든 사례자료는 모두 저자 팀이 조사 연구하는 과

정에서 얻은 원시자료이며 밝힌 출처 단위도 이 책을 쓰는데 기여하
였다.

3. 빈곤의 완화: 국제사회의 노력

유엔은 세계 빈곤퇴치를 추진하는 주요한 기구 메커니즘이자 플랫
폼이다. 1961년 유엔 총회에서 10년 발전전략을 제정하기로 결정한 이
래, 국제사회는 개발도상국의 빈곤을 퇴치하기 위해 줄곧 세계 빈곤
문제 해결을 위한 협력에 전력해 왔다. 그중 유엔개발계획(UNDP)은
「유엔 밀레니엄 선언」과 유엔 「2030년 지속가능 발전어젠다」 등 개발
계획의 이행을 책임지며 빈곤경감을 위한 컨설팅 건의, 훈련 및 기타
지원조치를 제공해왔다. 이와 동시에 대량의 국제기구와 조직들도 세
계 빈곤퇴치 과정에 공동으로 참여하였다.

(1) 유엔의 밀레니엄개발목표

2000년 9월에 열린 유엔 밀레니엄 정상회담에서는 빈궁·기아·질
병·문맹·환경 악화 및 여성에 대한 차별을 없애는 것과 관련한 한
가지 행동계획을 만장일치로 통과시켰다. 즉, 극심한 빈곤과 기아
를 소멸시키고, 초등교육을 보급시키며, 남녀평등을 촉진시키고 여
성에게 권리를 부여하며, 아동의 사망률을 낮추고, 임산부의 보건
을 개선하며, 에이즈·말라리아 및 기타 질병과 싸우고, 환경의 지
속가능 능력을 확보하며 발전을 촉진하기 위한 글로벌 파트너십을
구축하는 것이었다. 유엔은 "2015년 말 전에 전 세계 빈곤수준을

50%(1990년의 수준을 기준으로 함) 줄일 것"을 공식적으로 약속하였다. 이 목표들을 세계 어젠다의 핵심 내용으로 삼아 밀레니엄개발목표(Millennium Development Goals, MDGs)라고 부른다. 「유엔 밀레니엄 선언」은 웅대한 인류개발 청사진을 확립하였다. 즉 빈곤 경감을 핵심으로 하는 밀레니엄개발목표이다. 「유엔 밀레니엄 선언」은 다음과 같이 제기하였다. "우리는 10억이 넘는 우리 남녀노소 동포가 비참하고 불쌍하며 존엄을 완전 상실한 극빈상태에서 벗어날 수 있도록 도와주기 위해 노력을 아끼지 않을 것이다. 우리는 모든 사람의 발전 권리를 실현하고 전 인류가 기근에서 벗어나도록 할 것을 다짐한다. 동시에 2015년 말 전에 전 세계에서 일일 소득이 1달러 미만인 인구와 기아에 허덕이는 인구의 비례를 반으로 줄이고, 또 같은 기한 전에 안전한 식수를 얻을 수 없거나 감당할 수 없는 인구의 비례를 반으로 줄일 것이다."

2015년은 유엔밀레니엄개발목표를 실현하는 마지막 기한이다. 15년 동안 세계적으로 밀레니엄개발목표를 이행하기 위한 노력이 뚜렷한 진전을 이룩하여 억 단위로 헤아리는 민중들을 빈곤에서 벗어나도록 하고 빈곤경감, 아동사망률 저하 등 목표를 실현하였거나 기본적으로 실현하였다. 하루 생활 소비지출이 1.25달러 미만인 극빈층 인구의 숫자가 1990년의 19억 명에서 2015년의 8억3,600만 명으로 줄어들었고, 극빈자 비율이 1990년의 약 50%에서 2015년의 14%로 하락하였다. 비록 많은 성과를 이루고 세계적으로 밀레니엄개발목표를 전반적으로 실현하였지만 인구의 팽창, 자원의 부족, 환경의 퇴화, 사회 불공평의 가중 등과 같은 세계 경제와 정치 구도의 심각한 변화 및 일련의 새로운 세계적 도전 앞에서 국제사회는 지속가능한 발전의 이념과 내용에 대해 재검토하여 글로벌 지속가능발전 거버넌스의 새로운 틀을 구축하고 발전방식의 근본적인 전환을 촉진토록 하는 것이 절실히 요구된다.

(2) 유엔의 지속가능 발전목표

유엔밀레니엄개발목표 기한이 만료된 후, 국제사회가 인류발전의 새로운 정세와 도전에 따라 깊이 있는 협력을 계속 전개할 수 있도록 추진하고자 2015년 9월 유엔 지속가능발전 정상회의를 뉴욕의 본부에서 개최하였다. 유엔 회원국들은 이번 역사적인 정상회의에서 중요한 성과 문서, 즉 「2030년 지속가능 발전어젠다」를 공동으로 성사시켰다. 이 강령적인 문서에서는 17개의 지속가능발전목표(Sustainable Development Goals, SDGs)와 169개의 구체적인 목표를 제시하였다. 지속가능발전목표는 세계적으로 2030년까지 세계 역사상 유례가 없는 세 가지 획기적인 시도, 즉 극빈인구의 소멸, 불평등과 불공정의 퇴치 및 기후변화의 억제를 추진하는데 취지를 두었다. 「2030년 지속가능 발전어젠다」는 다음과 같이 제기하였다. "우리는 지금부터 2030년까지 세계 각지에서 빈곤과 기아를 퇴치하고, 각 나라 안에서와 각 나라들 간의 불평등을 없애며, 평화롭고 정의로우며 포용적인 사회를 건설하고, 인권을 보호하고 남녀평등을 촉진하여 여성과 여아의 권리를 강화하며, 지구와 그 자연자원을 영구적으로 보호할 결심을 다진다. 우리는 또 조건을 마련하여 지속가능하고 포용적이며 지속적인 경제성장을 실현함으로써 모든 사람이 번영을 공유하고 적성에 맞는 일자리를 얻을 수 있도록 하며 국가별 각이한 발전수준과 능력을 동시에 고려하고자 다짐한다." 이들 목표에서는 선진국과 개발도상국 국민의 요구에 대해 언급하면서 한 사람도 빠뜨리지 않을 것이라고 강조하였다. 많은 목표들 중 첫 순위가 "2030년까지 모든 형태와 표현의 빈곤과 기아를 없애고 모든 사람이 평등하고 존엄 받는 건강한 환경에서 자신의 잠재력을 충분히 발휘할 수 있도록 한다."는 것이었다.

「2030년 지속가능 발전어젠다」는 전 세계적으로 모든 형태와 표현의 빈곤과 기아를 퇴치하는 목표의 시점을 제시하여 인류의 극빈문제 해결을 위한 목표를 제정해주었다. 중국은 세계 최대 개발도상국으로서 빈곤인구 규모가 방대하여 특별히 막중한 빈곤경감 임무와도전에 직면해 있다. 중국이 지속가능 발전목표라는 지침을 제한된시간 내에 막중하고도 복잡한 임무를 완수하려면 반드시 "시간은 기다려주지 않는다는 책임의식"을 수립하고 백방으로 지혜와 힘을 모아빈곤인구가 하루 빨리 빈곤에서 벗어날 수 있도록 하여 전 세계 빈곤퇴치 목표를 실현하는데 중요한 기여를 해야 한다.

현재 세계적으로 여전히 7억 명이 넘는 인구가 극빈선 아래에서 생활하고 있어 빈곤경감은 임무가 막중하고 갈 길이 멀다. 전 인류가손잡고 빈곤에 선전포고를 하려는 결심을 확고히 세우고 인류운명공동체를 이념으로 삼고 빈곤퇴치를 목표방향으로 삼아 빈곤경감 행동을 적극 전개하고 빈곤경감협력을 강화하면서 빈곤 형세가 심각한 지역의 극빈문제를 해결하는데 진력해야 한다. 글로벌 빈곤경감 목표를 향해 향후 10년간은 글로벌 빈곤경감 협력을 계속 강화하고 빈곤경감 행동을 적극 전개해야 한다. "발이 차가우면 심장이 상하고, 백성이 추우면 나라가 상한다." 세계 빈곤경감목표의 실현은 여전히 임무가 막중하고 갈 길이 멀다. 현재 세계인구의 10%가 여전히 극심한 빈곤상태에서 생활하고 있으며 의료·교육·용수 및 위생시설 등 가장 기본적인 욕구가 충족되지 못하고 있다. 2030년에 이르렀을 때도 전 세계적으로 1억6천만 명이 넘는 아동이 여전히 극빈상태에서 생활하고 있을 것이다. 2030년까지라는 약속 실현 기한까지 이제 몇 년밖에 남지 않았다. 세계 빈곤경감 목표를 달성하기 위해 취한 행동은 아직 필요한 속도와 규모로 추진되고 있지 않다. 더 많은 정부와 사회 및 기업의 힘을 동원해야 하며, 모든 사람들이 '글로벌 목표'를 달성하기 위해 함께 전력을 다할 것을 호소해야 한다.

참고 문헌

[1] PARK A, WANG. S. Community development and poverty
    alleviation: an evaluation of China's poor village investment
    program. Journal of public economics, 2010.
[2] ROWNTREE S. Poverty: a study of town life. Charity organisation
    review, 1902, 11(65).
[3] 2030년 지속가능발전 어젠다. (2015-09-25). https://www.un.org/
    sustainable development/zh/development-agenda/.
[4] 유엔 밀레니엄 선언. (2020-09-08). https://www.un.org/chinese/
    esa/deva-genda/millennium.html.

빈곤퇴치
중국의 성과

제2장

빈곤퇴치: 중국의 성과

1. 중국의 대규모 빈곤경감 성과

신(新) 중국이 창건된 후 특히 개혁개방이래 중국은 빈곤경감에서 세인이 주목하는 성과를 거두었다. 어느 빈곤선기준으로 평가하든 지간에 중국의 대규모 빈곤경감 성과는 의심할 여지가 없다. 2010년 국가 빈곤선기준으로 평가하면 1978~2020년 사이에 중국은 7억7천만 명의 절대적 빈곤인구가 모두 빈곤에서 벗어났고, 빈곤 발생률은 97.5% 하락하였다. 1978년에 중국 농촌은 매 100명 중 빈곤인구가 아닌 사람은 3명도 안 되었었다. 그런데 2020년에 이르러 중국은 절대적 빈곤을 전부 소멸시켰다.(표 2-1 참조).

표 2-1 1978~2020년 중국 농촌 빈곤인구와 빈곤 발생률

연도	1978년 기준		2008년 기준		2010년 기준	
	빈곤인구 (만)	빈곤 발생률 (%)	빈곤인구 (만)	빈곤 발생률 (%)	빈곤인구 (만)	빈곤 발생률 (%)
1978	25 000	30.7			77 039	97.5
1980	22 000	26.8			76 542	96.2
1981	15 200	18.5				
1982	14 500	17.5				
1983	13 500	16.2				
1984	12 800	15.1				
1985	12 500	14.8			66 101	78.3
1986	13 100	15.5				
1987	12 200	14.3				
1988	9 600	11.1				
1989	10 200	11.6				
1990	8 500	9.4			65 849	73.5
1991	9 400	10.4				
1992	8 000	8.8				
1993	7 500	8.2				
1994	7 000	7.7				
1995	6 540	7.1			55 463	60.5
1996	5 800	6.3				
1997	4 962	5.4				
1998	4 210	4.6				
1999	3 412	3.7				
2000	3 209	3.5	9 422	10.2	46 224	49.8

주: (1) 1978년 기준: 1978~1999년을 농촌 빈곤구제 기준이라고 부르고 2000~2007년을 농촌의 절대적 빈곤기준이라고 부른다. (2) 2008년 기준: 2000~2007년을 농촌 저소득기준이라고 부르고 2008~2010년을 농촌의 빈곤기준이라고 부른다. (3) 2010년 기준: 2011년에 최신 확정한 농촌 빈곤구제 기준이다. 즉 농민 1인당 순소득 2,300위안(元, 2010년 불변가격)이다. (자료 출처: 예년의「중국 농촌 빈곤 모니터링 보고서」, 국무원 빈곤구제 판공실(辦公室)이 제공한 자료를 근거로 정리하였다.)

중국의 빈곤경감 속도는 시기별 차이가 뚜렷하다. 빈곤구제 정밀화 전략을 실시한 이래 중국 농촌 빈곤인구의 감소속도가 꾸준히 가속되는 추세를 보이고 있다. 2010년의 불변가격 2,300위안의 빈곤선 기준으로 추산하면 1978년에 중국 농촌 빈곤인구가 7억7,000만 명이던 데서 2012년에 이르러 9,899만 명으로 줄어 34년간 약 6억7,000만 명이 줄었으며, 농촌 빈곤인구가 연평균 5.9% 준 셈이다. 2012~2020년 9,899만 명의 빈곤인구가 전부 빈곤에서 벗어났다. 빈곤인구 감소속도가 꾸준히 빨라지는 추세를 보였다. 2013년 빈곤인구가 16.7% 줄고, 2014년은 14.9%, 2015년은 20.6%, 2016년은 22.2%, 2017년은 29.7%, 2018년은 45.5%, 2019년은 66.8%, 2020년은 100% 줄었다.(그래프 2-1 참조) 중국과 세계 각국의 빈곤경감 경험이 보여주다시피 좋은 조건과 강한 능력을 갖춘 빈곤인구가 먼저 빈곤에서 벗어나기 때문에 뒤로 갈수록 빈곤구제는 어려움이 크고 빈곤경감 속도도 더디어지게 마련이다. 최근 몇 년간 중국 빈곤경감 속도가 총체적으로 갈수록 빨라진 사실로부터 빈곤구제 정밀화 책략이 성공적이고 빈곤구제 방식이 효과적이어서 빈곤인구에 대한 빈곤퇴치의 진척을 크게 뒷받침했음을 알 수 있다.

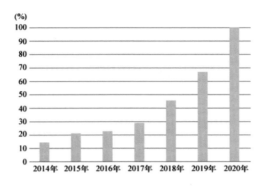

자료 출처: 국가통계국.

　빈곤지역 농촌주민의 소득이 빠른 성장을 실현하였다. 2020년 빈곤지역 농촌주민의 1인당 가처분소득이 12,588위안에 달하였다.

　2014~2020년 연평균 명목성장률은 11.0%로 같은 시기 전국 농촌의 연평균 명목성장률보다 2.1% 높았다. 그중 빈곤밀집 극빈지역은 연평균 명목성장률이 11.1%로 전국 농촌 연평균 명목성장률보다 2.2% 높았다. 2020년, 빈곤지역 농촌 주민 1인당 가처분소득은 전국 농촌 평균 수준의 73.5%에 달해 2013년보다 9.0% 제고되고 전국 농촌 평균 수준과의 격차가 진일보 축소되었다.

　빈곤지역 농촌 주민의 소비수준이 꾸준히 향상되고 있다. 2014~2020년, 연평균 명목성장률은 10.1%로서 같은 시기 전국 농촌의 연평균 명목성장률보다 1.1% 높았다. 그중 빈곤밀집지역의 명목성장률은 연평균 10.4%로 전국 농촌 연평균 명목성장률보다 1.3% 높았다. 2020년 빈곤지역 농촌 주민 1인당 소비지출은 전국 농촌 평균 수준의 77.4%에 달해 2013년보다 5.0% 제고되고 전국 농촌 평균 수준과의 격차가 진일보 축소되었다.

빈곤지역 농촌 주민의 생활조건이 꾸준히 개선되고 있다. 거주조건을 보면 2019년 빈곤지역 농가들 중 대나무집·초가집·토벽집에 거주하는 농가 비중이 1.2%로 2013년보다 5.8% 하락하였다. 수돗물을 사용하는 농가의 비중은 89.5%로 2013년보다 35.9% 상승하였고 정화처리를 거친 수돗물을 사용하는 농가 비중은 60.9%에 달하여 2013년보다 30.3% 상승하였다. 식수난을 겪지 않는 농가 비중은 95.9%로 2013년보다 14.9% 상승하였다. 그리고 단독 화장실을 사용하는 농가의 비중은 96.6%로 2013년보다 3.9% 상승하였다. 밥 지을 때 장작과 건초를 땔감으로 쓰는 농가의 비중은 34.8%로 2013년보다 23.8% 하락하였다. 가정 내구재 소비품 상황을 보면 빈곤지역 농촌 주민의 가정 내구재 소비품이 무에서 유의 변화를 이루었고, 제품의 업그레이드와 세대교체를 실현하였다. 2019년 빈곤지역 농촌에서 매 100가구당 냉장고·세탁기·휴대전화 등 전통 내구재 소비품 보유량이 각각 60.9대, 71.1대, 267.6대로 2014년보다 각각 31.1대, 19.5대, 72.8대가 증가하였고, 보유량이 지속적으로 증가하면서 전국 농촌 평균 수준과의 격차를 점차 좁혀가고 있다. 매 100가구당 자동차·컴퓨터 등 현대 내구재 소비품 보유량은 각각 20.2대, 17.7대로 각각 2014년의 3.0배와 1.6배에 달하며 빠른 성장을 실현하였다.

빈곤지역의 인프라조건이 꾸준히 개선되고 있다. 2019년 말까지 빈곤지역 자연촌에 도로와 전화가 통하는 농가가 100%에 달하였다. 자연촌에서 케이블텔레비전 신호를 받을 수 있는 농가와 마을로 통하는 간선 도로의 포장도로 보급 농가의 비중은 각각 99.1%와 99.5%로 거의 전체적으로 보급된 셈으로서 2013년보다 각각 19.5%와 10.6% 증가하였다. 소재한 자연촌에서 공공버스를 편리하게 이용할 수 있는 농가의 비중은 76.5%로 2013년보다 20.4% 증가하였다. 그리고 소재한 자연촌에 광대역 인터넷이 보급된 농가의 비중은 97.3%로 2015년보다 25.5% 증가하였다.

빈곤지역의 공공서비스 수준이 꾸준히 향상되고 있다. 2019년 빈곤지역의 89.8%의 농가가 소재한 자연촌에서 유치원에 다니기 편리해졌고, 91.9%의 농가가 소재한 자연촌에서 소학교에 다니기 편리해졌는데, 이는 2013년보다 각각 18.4%와 12.1% 증가한 비중이다. 그리고 86.4%의 농가가 소재한 자연촌에서 쓰레기 집중 처리를 실현하였는데 이는 2013년보다 56.5% 증가한 비중이다. 2018년 빈곤지역에서 문화활동실이 갖춰진 행정촌(村, 중국 행정구역 단위로, '현'아래 속함)의 비중이 90.7%로 2012년보다 16.2% 증가하였다. 빈곤지역에서 합법적인 의료자격을 갖춘 의사 또는 위생원을 보유한 행정촌의 비중은 92.4%로 2012년에 비해 9.0% 증가하였으며 93.2%의 농가가 소재한 자연촌에 위생소가 갖춰져 있는데 이는 2013년에 비해 8.8% 증가한 비중이었다.

2. 중국은 어떻게 대규모로 빈곤을 경감시켰을까?

40여 년간 중국 빈곤경감의 효과를 돌이켜보면 빈곤구제 개발이 갈수록 정밀해졌음을 볼 수 있다. 그래서 더욱 많은 진정한 빈곤인구에게 혜택이 돌아갈 수 있었던 것이다. 중국의 빈곤구제 사업은 단번에 이루어진 것이 아니라 점진적으로 진행되었으며 매 단계마다 각기 다른 구체적인 빈곤구제 목표와 빈곤구제 임무를 제정 실시하였다. 중국정부는 어려운 문제를 해결하고 한 단계의 기정빈곤 구제임무를 완수한 후 또 합리적인 빈곤기준을 확정하고 중점구제 범위를 구분, 계획하여 연도별 구체적인 임무와 조치를 제정하고 새로운 빈곤구제 사업을 시작하는 등 하여 전반적으로 빈곤구제 사업이 장기적인 특징을 띠었다. 빈곤문제의 해결은 사회경제 발전 특히 농촌의 사회경제 발전과 상당한 정도에서 서로 맞물려야 한다. "무차별적 지원"에서 "빈곤구제의 정밀화"에 이르고, '보편적 특혜식' 평균 분배에서 '특혜식' 정밀 분배에 이르기까지 중국의 빈곤구제 개발지원정책조합이 다양하고 투입하는 자원의 전달도 더욱 효과적이었다. 중국의 대규모 빈곤경감의 중요한 기반과 추진력은 경제의 지속적인 고속성장과 지속적인 빈곤구제 개발에 있었다. 비록 40여 년 동안 빈곤 발생률의 하락 정도가 매년 똑같지는 않았지만 경제발전이 마련한 튼튼한 토대와 중국 농촌 빈곤구제정책의 실시에 힘입어 생산능력, 시장참여, 취약성 완화 등 각도에서 빈곤지역 농민들이 경제성장을 공유할 수 있는 기회와 능력을 개선하였으며 빈곤구제자원의 투입에 힘입어 매 단계별 빈곤구제 목표와 임무를 제때에 효과적으로 완성할 수 있도록 확보하였다. 당과 정부는 빈곤구제 사업을 고도로 중시하여 매우 중요하고, 영향 범위가 넓으며, 여러 부서를 아우르고, 장기적 빈곤구제 개발의사조율기구를 장기적으로 보유하고, 빈곤퇴치 방식을 꾸준히 개선하고 있다. 중국의 빈곤구제 개발사업기구, 개발식 빈곤구제 기본 방침, 빈곤구제 특별자금의 투입강도와 투입구조가 시종일관 기본적인 안정을 유지해 온 것에 힘입어 중국의 많은 빈곤구제정책들이 지속될 수 있었고, 점차 제도화, 상시화로 나아갈 수 있었으며, 많은 정책들이 답습 과정에서 꾸준히 변화 발전하여 빈곤구제관리행동에서 유종의 미를 구현할 수 있었다. 중국정부가 제정한 빈곤구제정책은 갈수록 엄밀해지고 있으며, 실천과정에서 발견된 문제를 꾸준히 보완하고자 시도하여 빈곤구제자원의 배치에서 상대적으로 합리적이고 규범적이 되도록 확보함으로써 대량의 빈곤인구가 혜택을 받을 수 있게 되었던 것이다.

(1) 확고한 정치적 결심

빈곤인구에게 혜택을 줄 수 있는 경제성장정책과 사회정책을 채택하려면 흔히 이익관계의 조정에 직면하게 되는데 대규모 빈곤구제를 진행하려면 더욱이 대량의 공공자원이 투입되어야 한다. 확고한 정치적 결심이 없었다면 빈곤지역과 빈곤인구에 대한 장기적 지원은 불가능한 일이었을 것이다. 중국이 빈곤경감 성과를 이룰 수 있었던 것은 무엇보다도 중국공산당이 이끄는 중국정부가 빈곤퇴치에 대한 확고한 정치적 결심이 있었기 때문에 가능하였던 것이다.

중국공산당은 창당 이래 줄곧 전국 인민을 인솔하여 빈곤하고 낙후한 면모를 벗어버리고 최종 공동 부유를 실현하기 위해 애써왔다.

빈곤지역과 빈곤인구를 도와 빈곤에서 벗어나게 하는 것은 시종일관 당과 각급 정부의 중요한 정치적 임무이자 끊임없이 경험을 종합한 토대 위에서 빈곤구제 전략을 제정하고 빈곤구제 개발을 지속적으로 진행하는 원동력이기도 하다. 중국공산당의 취지는 중국공산주의자들이 반드시 인민대중의 이익을 최우선 자리에 놓고 인민이 바라는 바를 염두에 두고 깊은 조사연구를 거쳐 빈곤에서 벗어나고 민생을 개선할 수 있는 정책조치를 제정할 수밖에 없음을 결정하였다. "성심성의 것 인민을 위해 봉사한다는 것"은 마르크스주의와 중화의 우수한 전통문화가 결합된 성과이다. 마르크스주의 경전 작가들은 "사회발전의 목적은 매개인의 생활을 보장하는 것이고, 인간의 자유로우면서도 전면적인 발전을 추구하고 실현하는 것은 사회발전의 최종 목표이자 본질적 요구이다"라고 지적하였다. 중국의 전통문화는 줄곧 "인간 중심"을 강조하면서 "정치는 민심을 따르는데서 흥하고 민심을 거스르는데서 망한다", "나라를 다스리는 길은 백성을 안정시키는데서 찾아서는 안 된다. 백성을 안정시키는 길은 백성의 질고를 헤아리는 데 있다", "대도가 행해지면 천하는 모든 사람이 공유하는 것이 된다. 현명하고 어질며 능력 있는 자를 선발 등용하고 모든 사람이 성실함을 추구하면 화목한 분위기가 형성될 수 있다. 그래서 사람들이 자기 부모만 부모로 여기거나 자기 자식만 자식으로 여기거나 하지 않음으로써 노인은 천수를 다 누릴 수 있고, 성인은 사회에 기여할 수 있으며 어린이는 잘 성장할 수 있도록 하며 홀아비, 과부, 고아, 자녀가 없는 노인, 장애인, 병든 자 모두가 부양을 받을 수 있어야 한다."라고 주장하는 것이다.

중국공산당은 "성심성의로 인민을 위해 봉사한다"는 취지를 받들어 중국인민을 인솔하여 더할 나위 없이 힘든 혁명투쟁과 부지런하고 꾸준한 경제건설을 진행하여 중국인민의 행복을 도모하고 중화민족의 부흥을 도모하려면 반드시 빈곤한 대중을 빈곤에서 벗어나게 하고 공동부유를 실현하는데서 취약한 부분을 보완해야 한다. 창당 100년 동안 인민의 행복과 민족의 부흥을 위해 중국공산주의자들은 초심을 잃지 않고 사명을 잊지 않았다. 신 중국 창건 초기에 마오쩌둥(毛澤東) 동지를 주요 대표로 하는 중국공산주의자들은 중국인민을 인솔하여 가난을 떨쳐버리고자 "현대 농업, 현대 공업, 현대 국방 및 현대 과학기술을 갖춘 사회주의 강국을 건설할 것"을 제시하였다. 개혁개방시기에 덩샤오핑(鄧小平) 동지를 주요 대표로 하는 중국공산주의자들은 실사구시에 입각하여 조기 사회주의 경제건설의 경험과 교훈을 종합하여 "가난은 사회주의가 아니다."라고 지적함과 아울러 현지의 실정에 맞게 '3단계'전략계획을 제정하여 빈곤 대중의 최저 생계문제를 해결한 다음 샤오캉(小康)사회에 도달하고 점차 중등의 발달 국가(중진국) 수준에 도달할 것을 명확히 요구하였다. 그 이후 장쩌민(江澤民) 동지를 주요 대표로 하는 중국공산주의자들은 "두 개의 백년" 분투목표를 제시하였고, 후진타오(胡錦濤) 동지를 주요 대표로 하는 중국공산주의자들은 샤오캉사회의 전면 실현 관련 구체적 목표를 제시하고 민생을 중점으로 하는 사회건설을 가속할 것을 요구하였다. 18차 당 대회(중국공산당 18차 전국대표대회) 이래 시진핑(習近

平) 동지를 핵심으로 하는 당 중앙은 빈곤퇴치 난관돌파전을 개시하고 샤오캉사회의 전면 실현에서 그 어떤 빈곤 대중도 빠뜨려서는 안 된다고 제기하였으며, '두 단계'를 거쳐 사회주의 현대화 강국을 전면 실현하고 공동 부유를 실현할 것을 제시하였다. 중국공산주의자들은 시종일관 초심을 잃지 않고 중국인민을 인솔하여 빈곤에서 벗어나 풍요로운 생활을 향해 나아가고 있다.

(2) 빈곤을 초래하는 제도적 요소를 제거하다

1) 토지제도

마르크스는 토지가 "모든 생산과 모든 존재의 원천"이라고 말하였다. 가장 기본적인 농업생산수단의 하나인 토지는 농민이 마음 편히 생활할 수 있는 근본이며 토지제도는 농민의 실제 이익과 관계되며 특히 농업생산에 극도로 의존하는 빈곤인구의 이익과 관계된다. 봉건토지소유제 하에서 "부자는 끝없이 이어진 논밭을 소유하고 있지만 빈자는 송곳을 세울 만한 땅조차 없어" 많은 농민들이 봉건정권과 지주에게 착취를 당하여 장기적인 빈곤에 빠지게 되었다. 중국공산당은 중국인민을 인솔하여 신민주주의혁명을 진행하면서 시종일관 토지혁명을 중요한 위치에 놓음으로써 광범위한 인민대중의 옹호를 받았다. 신 중국 창건 초기에 「중화인민공화국토지개혁법」을 반포하여 "지주계급 봉건 착취의 토지소유제를 폐지하고 농민의 토지소유제를 실행함으로써 농촌 생산력을 해방시키고 농업생산을 발전시킬 것"을 명확히 규정하였다. 사회주의토지공유제의 수립은 농촌 토지의 평균 분배를 실현하여 토지사유제로 인한 토지집중문제를 해결하였다. 그 역사적 변화로 농민들이 토지를 평등하게 소유하게 되면서 중국 농민들이 빈곤에서 벗어날 수 있는 튼튼한 기반을 닦아놓았다. 표 2–2는 중국 토지개혁 전과 후의 농촌 여러 계층 인구의 비중 및 그들이 점유한 경작지의 비중을 보여주고 있다.

표 2-2 토지개혁 전과 후 농촌 여러 계층의 경작지 점유 상황 (%)

	토지개혁 전		토지개혁 후	
	인구 비중	경작지 점유 비중	인구 비중	경작지 점유 비중
빈농과 고농	52.37	14.28	52.22	47.1
중농	33.13	30.94	39.9	44.3
부농	4.66	13.66	5.3	6.4
지주	4.75	38.26	2.6	2.2
기타	5.09	2.86	–	–

자료 출처: 뚜륀성(杜潤生), 『중국의 토지개혁』, 베이징, 당대중국출판사, 1996, 360쪽.

개혁개방 이후 세대별 생산량 도급 책임제가 실시됨에 따라 모든 농가들이 토지의 장기사용권을 획득하게 되었으며 농가들은 자주적으로 경영할 수 있을 뿐만 아니라 토지에서 얻은 절대다수의 수익을 얻을 수 있게 되었다. 이는 농업성장이 빈곤가정에 혜택을 가져다주고 비교적 높은 빈곤경감 효과를 가져다줄 수 있었던 중요한 원인이었다.

2) 최초 소득분배제도

신 중국 창건 초기, 국가는 방치되었던 모든 사업을 다시 시작해야 하는 상황이었으며, 소득분배의 격차가 상대적으로 컸다. 생산력을 철저히 해방시키고 발전시키기 위하여 중국공산당은 인민대중을 인솔하여 사회주의 개조를 진행하고, 사회주의 기본 제도를 수립하였다. 사회주의 개조의 중요한 내용으로서 농업과 농촌도 일련의 개조정책을 맞이하게 되었다. 여기에는 농업합작화운동, 인민공사운동 등이 포함되었다. 이에 따라 평균주의가 성행하면서 소득 분배의 격차가 대폭 축소되었다. 1953년 사회주의 개조시기에 전국의 지니계수는 0.558이었는데 1964년 인민공사 시기에 0.305로 하락하였고, 1970년 "문화대혁명" 시기에는 0.279로 떨어졌다가 1978년 개혁개방 시기에 0.317이 되었으며, 같은 기간 전국 농촌의 지니계수는 0.212였다. 개혁개방 초기에는 중국의 소득분배 격차가 매우 작아 지니계수가 세계적으로도 비교적 낮은 수준이었다. (그래프 2-2 참조) 그래서 중국의 경제성장(특히 농업성장)에 의한 빈곤경감 효과가 매우 뚜렷하였다.

1978~1984년 기간에 1차 산업의 성장률이 7.3%였고 농민의 1인당 순수입의 성장률은 16.5%에 달하였으며, 1978년의 빈곤선기준에 따르면 같은 시기 빈곤인구의 하락률은 10.6%에 달하였다.

그래프 2-2 1978년 일부 국가의 지니계수

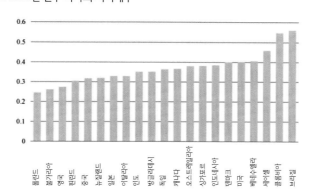

자료 출처: Branko Milanovic의 지니계수 데이터베이스(2016)에 근거해 정리함.

3) 공공서비스

저명한 발전경제학자이자 노벨경제학상 수상자인 아마르티아 센(Amartya Kumar Sen)은 "인간은 사회적 동물이기 때문에 빈곤인구에 대한 관심을 소득과 물질 수준에만 둘 것이 아니라 선거권과 피선거권과 같은 여러 가지 권리를 자유롭게 행사할 수 있는지, 그리고 건강과 충분한 지식수준 등 소득을 창조할 수 있는 조건을 갖추었는지를 포함한 가능한 능력에 주목해야 한다"고 주장하였다. 2011년 「중국 농촌 빈곤구제 개발요강(2011~2020년)」이 발표되어 의료와 교육이 "두 가지 근심 덜기, 세 가지 보장" 범위에 포함되어 빈곤인구 빈곤퇴치의 철칙지표가 되었다. 빈곤구제의 정밀화를 실시한 이래 각급 지방정부는 모두 의료와 교육을 빈곤구제 개발사업의 가장 중요한 중점 과업으로 삼고 있다. 기본 의료보장을 확보하기 위해 각 지방정부는 잇달아 다중 의료보장메커니즘을 구축하였는데 대다수는 "기본 의료험 + 중대질병구조 + 상업의료보험 + 기타 보조"의 형식으로 나타난다. 대부분 지역 빈곤인구의 의료비용 자체 부담비율은 10%를 초과하지 않았다. 거기에 "치료 후 비용 지급"과 "원스톱" 결제제도가 있어 빈곤인구의 "의료비용이 비싸다"는 문제가 효과적으로 해결되었다. 만성질병 방면에서 국가위생건강위원회는 만성질병 계약서비스제도를 수립하여 빈곤인구를 대상으로 모두 가정계약의사를 배치하여 정기적으로 서비스를 받을 수 있도록 하였다. 이와 동시에 "병을 진료하기 어려운" 문제를 해결하기 위해 각 지방 정부가 현(縣), 향(鄕, 중국 행정 구역 단위의 하나로 '현' 아래 있음), 촌(村, 중국 행정 구역 단위의 하나로 '현'정부 관할 하에 있음) 3급 의료체계의 구축을 강화하고, 촌 위생소(보건소) 소프트웨어와 하드웨어 건설을 보완함에 따라 빈곤촌 위생소의 서비스 조건을 뚜렷하게 개선하였다. 빈곤퇴치 난관돌파전을 개시하기 이전에 필자가 서부지역의 모 빈곤현에서 조사연구를 진행한 적이 있는데, 전 현의 거의 절반에 달하는 위생소가 사용 불가 상황임을 발견하였다. 위생소 건물은 거의가 붕괴 직전의 위험한 건물이었고 심지어 많은 위생소는 다년간 방치되어 잡초가 무성하였다. 2020년에 필자가 다시 그 현에 가서 조사연구를 진행하면서 보니 촌 위생소의 하드웨어와 소프트웨어 조건이 모두 완비되어 있고 모든 약품이 비치되어 있었으며, 관찰실, 진료실, 약제실, 수액실 "등 4개 실의 분리"가 실현되어 있었다. 촌 의사의 인원수가 충족하였으며, 교대근무제도까지 세워져 기층 의료보건위생서비스시스템이 기본적으로 갖춰진 상황이었다. 교육방면에서 의무교육보장사업을 잘하기 위해 각지 정부는 공안, 교육 당국과 연합하여 "중퇴 통제 취학 보장"시스템을 구축하여 한 사람도 빠뜨리지 않도록 확보하였다. 광범위한 교원 대오를 동원하여 특수교육을 보완하고 신체장애 등 원인으로 학교에 다닐 수 없지만 조건이 구비된 학령기 소년아동에 대해서는 가정으로 직접 찾아가는 교육서비스 조치를 실시하여 의무교육 단계에서의 특수교육을 보완할 수 있도록 확보하였다. 의무교육단계에는 학비와 잡비를 면제하고, "두 가지 면제 한 가지 보조" 우대정책을 실행하였다. 이러한 조치는 모두 아이가 있는 빈곤가정의 취학 부담을 실제적으로 경감시켜 주었다.

(3) 합리적인 빈곤경감 전략

1) 경제성장과 빈곤구제 개발

빈곤경감의 주요 원인은 무엇인가? 한 나라의 빈곤인구를 대폭 줄이려면 지속적인 경제성장이 없이는 불가능하다. 국제적으로 볼 때 최근 몇 년간 빈곤경감 속도가 가장 빠른 지역은 동아시아지역이며 동아시아지역은 또 경제성장이 가장 빠른 지역이기도 하다. 경제성장이 더딘 곳은 빈곤경감도 더디다. 이는 이해하기 어렵지 않다. 빈곤여부는 주로 경제복지지표로써 가늠하는데 첫째는 소비지출이고 둘째는 소득이다. 경제가 성장해야만 소득과 소비지출이 늘어 빈곤이 줄어들게 된다. 국제상의 일부 연구에 따르면 장기적으로 볼 때 95% 의 빈곤경감은 경제성장이 이룬 것이다. 한 나라가 경제를 발전시키지 않고 단순히 빈곤구제만 한다면 장기적으로 볼 때 효과가 없을 것이다. 빈곤구제는 돈이 필요하다. 경제성장과 재정수입의 증가 없이 가난구제에 필요한 돈은 어느 곳에서 충족할 수 있었는가? 그것은 바로 빈곤경감에 영향을 주는 다른 하나의 중요한 요소인 소득분배에 있는 것이다. 경제성장 속도가 같은 조건에서 소득분배가 공평할수록 빈곤경감에는 더욱 유리하다. 소득분배의 불평등 정도가 높을수록 빈곤경감에 가져다주는 부정적인 영향은 더 크다. 중국은 경제성장이 빠른 만큼 소득불평등 문제도 갈수록 심각해졌다. 다행히 경제성장 속도가 소득분배로 인한 부정적 영향을 상쇄하기에 충분하였기 때문에 지속적인 빈곤경감을 이룰 수 있었다.

중국의 1인당 GDP 성장률과 빈곤 발생률의 변화를 비교해 보면 양자 사이의 역 상관관계를 분명히 볼 수 있다. GDP 성장률이 높을수록 빈곤 발생률이 더 빨리 하락하였다. 빈곤경감에 대한 경제성장의 탄력을 계산할 수가 있는데, 그 값은 −0.52, 즉 GDP가 1% 성장할 때마다 빈곤 발생률이 0.52% 하락한다는 뜻이다. 세계은행의 두 학자가 이와 비슷한 연구를 진행하였다. 그들은 소비지출의 변화로 경제성장을 대표하였는데 소비지출의 증가에 따른 빈곤경감 효과가 더 뚜렷하였다. 1인당 소비가 1%씩 증가할 때마다 빈곤 발생률은 2.7% 하락하였고, 빈곤 갭은 2.9% 하락하였다.

경제성장은 3개의 서로 다른 산업 즉 1차, 2차, 3차 산업에 의해 이뤄지며 매개 산업의 성장이 빈곤경감에 미치는 영향은 각기 다르다. 중국과 기타 수많은 개발도상국들은 농업을 위주로 하는 1차 산업의 빈곤경감 효과가 가장 크다. 우선 중국의 빈곤인구는 주로 농촌에 있다. 동일한 빈곤선 기준으로 따져보면(생활비용 격차를 조정한 후) 빈곤인구의 99%가 농촌에 있다. 농촌의 유동인구를 도시인구로 계산하더라도 농촌 빈곤인구가 차지하는 비중은 95%나 된다. 빈곤인구가 주로 농촌에 있으므로 농촌의 경제성장이 빈곤인구에 미치는 영향이 더욱 큰 것은 당연하다. 1차 산업 성장의 빈곤경감 탄력은 −1.13으로 전반 경제성장의 빈곤경감 탄력의 2배 이상에 이르렀다. 세계은행의 두 학자가 추산한 1차 산업의 빈곤경감 탄력은 2차, 3차 산업의 빈곤경감 탄력의 4배나 된다.

　중국 농촌의 빈곤인구가 혜택을 받은 것은 중국의 토지제도와 아주 큰 연관이 있다. 중국 농촌에서 농업 토지는 평균 분배되며, 빈곤인구도 평등한 토지사용권을 누린다. 이는 기타 개발도상국들과 다른 점이다. 예를 들어 남아시아와 라틴아메리카의 많은 빈곤인구는 소유하고 있는 땅이 없거나 아주 적다. 빈곤인구가 땅을 가지고 있지 않거나 매우 적다면 농업성장의 혜택은 주로 지주에게 돌아간다. 신중국 창건 이전에 대량의 극빈인구 역시 땅이 없거나 적은 농민이었다. 농업의 빈곤경감 효과가 더 큰 것은 또 빈곤인구의 소득구조와도 관계된다. 빈곤가정일수록 농업에 의지하여 생활하게 된다. 2006년의 소득구조를 예로 들면 20%의 최저소득층 가운데서 농업소득이 54%

를 차지하였고 20%의 최고소득층 가운데서는 농업소득이 32%밖에 차지하지 않았다.[2] 저소득층 인구의 절반 이상 소득이 농업에서 오는 것이기 때문에 농업성장이 그들에게 주는 영향은 더 크기 마련이다.

농업성장은 빈곤가정에 대해 긍정적 외부성을 띤다. 국가적 차원에서 볼 때 발달한 나라일수록 농업의 GDP 비중이 낮아지지만 일단 농업에 문제가 생기면 심각한 문제를 초래하게 된다. 작게는 인플레이션 현상이 나타날 수 있고, 크게는 사회 불안을 일으킬 수 있다. 농산물 공급문제를 해결하기 전에는 기타 영역을 발전시키는 데 더 많은 자원을 사용할 수 없다. 먹는 문제를 해결하지 못한다면 먹는 문제를 해결하는데 대량의 자원을 사용해야 한다. 특히 중국과 같은 대국에서는 더욱 그러하다. 중국의 개혁이 성공할 수 있었던 것은 농촌개혁부터 시작하여 농산물공급문제를 우선적으로 해결한 것이 매우 중요한 원인이다. 가정적인 차원에서도 마찬가지이다. 농민에게 있어서는 오직 기본 생계문제가 해결되어야만 기타 방면의 발전에 더욱 많은 자원을 균형적으로 사용할 수 있다.

경제의 지속적 고속성장이 중국의 대규모 빈곤경감에 결정적인 역할을 하였지만, 1980년대 중반부터 시작된 빈곤구제 개발도 중요한 보충 역할을 하였으며, 빈곤구제 개발의 역할은 시간이 지남에 따라 점점 중요해지고 있다. 1986년에 '국무원 빈곤지역 경제개발지도 소조'(1993년에 국무원빈곤구제 개발지도소조로 개칭)가 설립되면서 대규모의 맞춤형 빈곤구제계획을 정식으로 가동하였는데, 지금까지 30여

---

2) 국가통계국의 가계조사 데이터에 근거하여 계산한 결과이다.

년을 전개해 왔다. 경제성장은 조건이 좋은 많은 지역과 능력이 강한 대부분의 인구를 이끌어 빈곤에서 벗어나게 할 수 있다. 그런데 중국은 지역 간 격차가 크다. 지리환경·자원우세·인프라·인력자본 등이 동중서부의 지역 간 격차기 매우 크게 존재하는데, 이런 격차는 지역 간 발전 속도의 차이를 초래하였다. 기초 조건이 열악하고 기점이 낮으며 발전이 더딘 지역에 대한 맞춤형 지원정책이 없었다면 다른 지역과의 격차가 계속 확대되었을 것이며 이들 지역에 사는 빈곤인구들은 궁극적으로 빈곤에서 벗어나기 어려웠을 것이다. 빈곤지역이 아닌 지역에도 일부 인구가 자체 원인과 가정의 원인으로 경제성장의 혜택을 받기 어려워 장기간 빈곤상태에 처해 있었다.

이런 어려운 지역과 사람의 경우, 완전히 내적 성장 메커니즘에 만의거해서는 빈곤에서 벗어날 수가 없다. 목적성 있는 맞춤형 빈곤구제 개발은 바로 빈곤지역이 더 빨리 발전하고 빈곤인구가 빈곤의 함정에서 벗어나도록 돕기 위한 조치이다. 30여 년간 나라에서는 빈곤구제 사업에서 많은 일을 하였고, 많은 빈곤구제정책을 실시하였다. 1983년부터 시작하여 일부 지역은 타지로의 이주에 의한 빈곤구제를 실시하기 시작하였다. 예를 들어 "3서(三西)"³지역의 소규모 시범으로부터 '13.5'기간에는 1천만 명 규모의 빈곤인구가 타지로의 이주를 실현하였다. 1984년부터 "일자리 제공에 의한 빈곤구제"(以工代賑)프로젝트를 실시하여 빈곤지역의 유휴 노동력이 소형 인프라시설 건설에

---

3) 간쑤(甘肅)성의 딩시(定西)·허시(河西) 및 닝샤(寧夏)의 시하이구(西海固) 세 지역을 통틀어 이르는 말.

참여하는 동시에 실물 또는 현금 수입을 얻을 수 있었다. 1986년부터 이자보조대출계획을 실시하여 빈곤지역과 빈곤인구에게 이자보조대출을 제공하였다. 1980~90년대의 빈곤구제 이자보조 대출 금리는 장기간 3%이하를 유지하였으며 현재 빈곤퇴치 난관돌파단계에서 빈곤가구의 빈곤구제 대출은 이자를 완전히 면제해주고 있다. 1986년에 재정발전기금을 설립하여 빈곤지역의 인프라, 공공서비스, 기술보급 등 분야에 사용하였다. 1986년부터 사회적 빈곤구제를 시작하여 당정기관, 사업단위, 국유기업 및 사회단체를 동원하여 지정 빈곤구제에 참여하도록 하였다.

빈곤지역의 의무교육을 개선하기 위하여 1995년부터 서부지역에서 빈곤지역 의무교육 프로젝트를 실시하기 시작하였다. 1996년에는 국외의 경험을 참고한 토대 위에서 소액신용대출계획을 가동하여 빈곤인구에게 대출을 제공하는 다른 한 경로를 탐색하기 시작하였다. 소액신용대출이 강조하는 것은 이자에 대한 보조가 아니다. 심지어 이자가 상업대출 이자보다도 더 높다. 빈곤인구의 대출 원가가 높기 때문에 빈곤인구에게 대출 기회를 제공할 것을 강조하였다. 2001년부터 "촌(村, 마을) 전체 개발 추진"을 실시하기 시작하였다. 빈곤촌을 대상으로 종합개발을 진행하여 마을의 생산·생활여건을 개선하고 생산능력을 향상시켰다. 2004년부터 노동력 훈련 이전 프로젝트를 실시하여 빈곤지역의 노동력에 대한 단기직업훈련을 진행하여 기능을 향상시킨 뒤 발달한 지역과 도시에 그들을 위한 취업기회를 마련하여 임금소득을 얻을 수 있게 하였다. 2004년에 산업에 의한 빈곤구제를 실시하여 빈곤지역의 농업 선도기업을 육성함과 동시에 그 기업들에 빈곤인구의 소득창출을 이끌 것을 요구하였다. 같은 해에 서부지역에서 "9년 의무교육의 기본적 보급, 청장년문맹의 기본적 퇴치"를 가리키는 "두 가지 기본적 난관돌파"사업을 가동하였다. 빈곤가구의 대출난 문제를 진일보로 완화하기 위하여 2006년부터 빈곤촌 촌급 호조자금 시범사업을 시작하여 빈곤촌 스스로 소액신용대출자금을 관리하도록 함으로써 빈곤가구의 대출 취득 가능성을 높이고 정보 비대칭으로 인한 대출상환위험을 낮추었다. 2007년의 최저생계보장정책이 농촌지역에서 전면 추진되고 농촌사회보장제도를 가동하였으며 따라서 개발식 빈곤구제를 위주로 하고 사회보장을 보조수단으로 하는 새로운 단계에 진입하였다. 중국의 농촌 빈곤구제는 장기간 개발식 빈곤구제를 위주로 하였다. 즉 직접 돈을 나눠주는 것이 아니라 사람들이 생산, 생활 조건을 개선하도록 도와주고 빈곤인구가 자신의 노력으로 수익을 얻도록 격려하였다. 그러나 농촌에는 언제나 노동력을 상실하여 사회보장으로 기본생계를 보장 받아야 하는 가정이 일부 있기 마련이다. 2011년에 진행한 중대한 정책 조정 중 하나가 구역별 개발의 실시였다. 전국적으로 14개의 극빈밀집지역을 지정하여 종합적인 개발을 진행하였다. 이 가운데 대형 인프라, 공공서비스, 생태환경 보호 및 산업발전 등에 중점을 두었으며, 전체 구역의 발전조건을 개선하는 것을 목표로 삼았다. 2013년부터 빈곤구제 정밀화를 실시하고 2015년부터 빈곤퇴치 난관돌파를 시작하였으며, 이에 따라 일련의 목적성 있는 빈곤구제 정밀화 프로젝트들을 실시하였다. 중국 빈곤구제 개발사업의 정책 변화로부터 알 수 있다시피 1980년대 초기부터 빈곤구제 책략과 정책은 빈곤 상황의 변화와 사회경제의 지속적인 발전에 따라 조정을 진행하여 여러 정책은 연속성이 있을 뿐만 아니라 꾸준히 혁신되었으며, 어떤 정책은 30년 이상 지속되었다.(예를 들면 재정발전자금, 일자리 제공에 의한 구제, 이자보조대출, 사회빈곤구제 등).

2) 실행 가능한 빈곤구제모델

당 제11기 제3차 전원회의는 개혁개방의 서막을 열었다. 회의의 중요한 결정 중의 하나가 당과 국가의 업무 중점을 경제 건설로 옮기는 일이었다. "일부 사람과 일부 지역이 먼저 부유해지게 한 뒤 최종적으로 공동 부유의 목표에 이르게 하는 것이다."라는 것이었다. 1978년 12월 덩샤오핑(鄧小平)은 다음과 같이 지적하였다. "물론 서북과 서남, 그리고 기타 일부 지역은 생산과 대중의 생활이 아직 매우 어려우므로 나라에서 여러 방면으로 도움을 주어야 한다. 특히 물질적으로 유력한 지원을 해주어야 한다."[4] 1979~1985년 중국경제 체제개혁이 경제의 전면적, 지속적 성장을 촉진케 하였다. 세대별 생산량 연동 도급 책임제(가정도급책임제)와 농산물 가격조정을 중요한 내용으로 하는 농촌의 체제개혁은 빈곤퇴치에 이로운(益貧式) 성장방식의 일종으로서 농민소득을 보편적으로 증가케 하고 농촌의 빈곤을 대규모로 줄였다. 소득증대효과로부터 보면 1978~1985년 기간에 농촌

---

4) 덩샤오핑(鄧小平), 『덩샤오핑문선』, 제2권, 제2판, 베이징, 인민출판사, 1994년: 152.

주민의 실제 1인당 순수입이 169% 늘었고 연평균 15.1% 성장하였다. 소득분배로 볼 때 농촌의 지니계수는 1980년의 0.241에서 1985년의 0.227로 떨어져 농촌 내부 소득격차가 더욱 균등해졌다. 1978년의 100 위안 빈곤선기준으로 추정하면 1978년 중국의 빈곤 발생률은 30.7% 이고 빈곤인구 규모는 2억5천만 명으로 세계 빈곤인구 중에서 차지하는 비중이 약 1/4이었다. 1985년에 이르러 중국은 그중 절반 인구의 최저생계를 해결하여 남은 농촌 빈곤인구가 1억2천500만 명에 이르렀고, 빈곤 발생률은 14.8%에 달하였으며, 연평균 1,786만 명의 빈곤 인구가 줄었다. 그러나 그 시기 빈곤지역에 대한 지원은 실물구제('수혈')가 위주였고, 구제형식이 단일하고 분산적이었으며, 강도가 약해 지역발전을 제약하는 중요한 문제를 집중적으로 해결하기는 어려웠다.

1980년대 중반부터 시작된 빈곤구제 개발 사업은 이전의 무상구제 위주의 지원정책을 바꿔 생산지원을 위주로 하고, 무상구제를 보조적 수단으로 하는 방향으로의 전환을 시도하였다. 그 주요 내용은 빈곤농가에 신용대출자금을 제공하고 일자리를 제공하는 방식으로 구제하며, 인프라시설을 건설하고, 기본 농지를 건설하며, 농업실용기술을 보급하며, 취업기회를 확대하는 것 등이었다. 1984년 당 중앙과 국무원은 「빈곤지역을 도와 하루 빨리 면모를 변화시키는 데에 관한 통지」를 발부하였다. 기본 목표는 빈곤지역의 기본생계문제를 해결하는 것이고, 대책은 경제개발이다. 당시 빈곤지역에 대한 자금과 물자지원은 주로 생산을 발전시키고 생산조건을 변화시키며 지역경제의 활력을 증강시키는데 사용되었다. 본질적으로는 지역 빈곤구제 개발정책의 일종으로서 경제개발, 다종경영, 상품경제 등의 문제를 중요시하였다. 80년대 노소변궁(老少邊窮. 원 혁명근거지, 소수민족지역, 국경지역, 빈곤지역)지역을 도와 빈곤하고 낙후한 면모를 하루 빨리 변화시키기 위하여 국가에서는 선후로 7가지 빈곤구제 전용자금을 설치하였다. 즉, 경제 미발달지역 발전지원자금, 노소변궁지역 지원 대출, 미발달지역 경제발전 지원 대출, '3서' 농업건설 특별 보조자금, 빈곤구제 특별 이자보조대출, 목축지역 빈곤구제지원 특별 이자보조 대출, 현 소유 기업 특별대출 등이다. 이들 자금총액이 매년 40억 위안에 이르렀으며, 그중 약 3/4이 저금리 또는 이자보조 신용대출자금에 속했다. '제7차 5개년계획'기간 매년 빈곤구제 특별 이자보조대출이 10억 위안씩 증가하여 일자리 제공에 의한 구제를 통해 빈곤지역의 수리·도로·전력 등 인프라시설을 발전시켰다. 당시 일자리 제공에 의한 구제로 인래 빈곤지역 대중의 기본 욕구를 직접 충족시켰으며 대량의 취업기회를 제공하고 일부 제품을 소화시켰다.

'제7차 5개년 계획' 빈곤구제 개발의 기본 목표는 최저 생계문제(입는 문제와 먹는 문제)를 해결하는 것이었다. '제8차 5개년 계획' 빈곤구제 개발 사업은 이러한 토대 위에서 두 가지 안정을 실현하는 것이었다. 첫째, 기본 농지건설을 강화하는 것이었다. 그때 당시 구상은 한 사람이 0.5무(畝) 내지 1무의 기본 농지를 개발해 곡물 생산량을 높이는 것이었다. 주요 방법은 물과 거름을 보존하고 토양을 보존하며 산과 골짜기를 다스리고 풀과 나무를 심는 것이었다. 그 주요 목적은 기본 농지건설을 통해 빈곤지역의 식량문제를 해결하고 나아가서는 먹는 문제와 소득증대를 해결하기 위한 것이었다. 둘째, 다종경영을 발전시키고 자원개발을 진행하며 지역적 기둥산업을 건설하는 것이었다. 그때 당시의 경험에 비추어 보면 한 가구에 경제림 몇 무또는 소 몇 마리, 양 한 무리만 있으면 최저생계를 안정하게 해결할수 있었으며 한 촌(마을)에서 한두 개의 우세한 사업만 잘 하게 되면, 1, 2년 내에 뚜렷한 효과를 거둘 수 있었다. 그 시기부터 빈곤구제 사업은 단순 구제 위주에서 경제개발을 중시하는 방향으로 전환하기 시작하였으며 과학기술진보와 농민자질 향상에 의거하기 시작하였다. 빈곤구제정책은 빈곤인구에 따라 자금을 평균 분배하던 데서부터 사업과 효익에 따라 분배하는 방향으로 전환하고, 단일한 자금수입에서 자금·기술·물자·육성·관리 등을 종합적으로 수입하는 방향으로 전환하는 방안을 점차 고려하기 시작하였다.

일련의 정책조치는 일정한 효과를 거두었다. 1992년에 중국의 농촌 빈곤인구는 1985년의 1억2천500만 명에서 1992년의 약 8천만 명으로 줄어들어 빈곤인구가 누계 약 4,500만 명 줄었으며, 이는 연평균 643만 명이 줄어든 셈이었다. 그러나 그 시기 빈곤인구의 감소속도는 개혁개방초기의 처음 7년보다 뚜렷하게 낮았다. 만약 특별 행동을 취하지 않는다면 중앙이 정한 20세기 말까지 농촌의 최저 생계문제를 해결한다는 임무를 완수하지 못할 수도 있었다. 1994년 중국정부는 「국가87빈곤구제난관돌파계획」을 발표하였다. 이는 중국의 빈곤구제 개발이 자원을 집중하여 7년의 시간을 들여 8천만 명 빈곤인구의 최저

생계문제를 해결하는 결전시기에 진입하였음을 의미했다. 구제대상 범위에 있어서는 조정 후의 592개 국가 지정 빈곤현을 중점 구제대상으로 하고 중앙재정, 신용대출, 일자리제공에 의한 구제 등 빈곤구제 자금을 주로 국가 지정 빈곤현에 집중 투입키로 하였다. 구제자금 투입에 있어서는 투입방향 조정 이후의 중서부지역의 성(省)과 자치구를 중점으로 하고 중대한 프로젝트를 빈곤지역에 편중시키로 하였다. 빈곤구제자금 투입 구조에 있어서는 중앙의 투입을 위주로 하고 성(省)과 직할시의 투입을 늘리기로 하였다. 빈곤구제 책임제에 있어서는 통일적으로 지도하고 등급을 나누어 책임지며 성(省)을 위주로 할 것을 강조하였다. 그때 당시 빈곤구제 사업의 목표는 빈곤가구의 최저 생계문제를 해결하는 것이었다. 실천이 증명하다시피 재배업·양식업 및 농산물을 원료로 하는 가공업은 당시 가장 효과적인 빈곤구제 산업이었으며, 대출 회수율도 상대적으로 높았다. 주요 방법은 빈곤구제 경제실체를 통해 경제개발을 조직하고 경제개발과 가구별 구제를 결합시키며 최저 생계문제를 해결하는 사업지표를 가구별로 구체적으로 계량화하여 자원개발의 수준과 효익을 제고하는 것이다. 빈곤구제 신용대출자금은 중국농업은행과 중국농업발전은행이 통일적으로 관리하면서 빈곤구제자금의 분배 사용을 효익과 직접 연결시켜 만기 대출 회수율을 빈곤구제 개발사업의 성과를 평가하는 중요한 지표로 삼았다. 농가에 직접 분산대출을 제공하는 방식을 취하지 않고 빈곤구제 경제실체가 빈곤구제 프로젝트를 도급 맡아 빈곤구제자금을 일괄 대출하고 일괄 상환하는 방식을 취하였다. 1994~2000년 사이에 중앙정부는 또 매년 일자리제공에 의한 구제자금 10억 위안, 빈곤구제 특별 이자보조대출금 10억 위안을 추가 증가하였다. 실제로 중국정부의 빈곤구제 투입은 1994년의 97억8,500만 위안에서 2000년의 248억1,500만 위안으로 증가되었으며, 투입된 중앙 빈곤구제자금이 누계 1,127억 위안으로 1986~1993년의 빈곤구제 투입 총 자금의 3배에 해당하는 수준에 달하였다. 다년간의 지원을 거쳐 빈곤인구의 구조와 분포상황에 큰 변화가 일어났고 자원 투입이 많은 중점 현들의 빈곤퇴치 속도가 뚜렷이 빨라졌다. 2000년에 이르러 전국적으로 최저 생계문제를 해결하지 못한 빈곤인구는 3,200만 명으로 줄어들어 농촌 빈곤인구 중에서 차지하는 비중이 3% 좌우로 내려갔다. 중앙이 확정한 빈곤구제 난관돌파 목표를 기본적으로 실현했던 것이다. 21세기 초에 이르러 중국 농촌 빈곤인구의 최저 생계문제가 기본적으로 해결되어 대면적의 절대적 빈곤 현상이 뚜렷하게 완화되었다. 새로운 단계의 빈곤구제 개발은 사회주의 시장경제 체제가 초보적으로 구축되고 국민경제와 사회발전이 새로운 단계에 들어선 배경하에서 진행되었다. 그때 당시는 주로 다음과 같은 상황에 직면하였다. 빈곤인구의 분포상황으로부터 볼 때 빈곤인구의 수량이 줄어들고 상대적으로 집중되었다. 외부환경으로부터 보면 시장경제 조건 하에서 빈곤구제 개발은 시장과 자원의 이중 제약을 받고 있다. 발전의 기회로부터 보면 서부대개발이라는 좋은 기회가 되었다. 경제성장에 따른 빈곤경감 효과가 줄어들고, 빈부격차가 끊임없이 확대되고 있으며, 일반적 지원정책이 효과를 보기 어려운 것이 그때 당시 직면한 일부 두드러진 문제였다. 최저 생계문제가 단계적인 승리를 이룩한 후 다음 단계인 빈곤구제 개발의 중점 대상과 범위를 확정해야 했다. 2001년에 발표된 「중국 농촌 빈곤구제 개발요강(2001~2010년)」에서 확정한 기본 목표는 "최저생계 해결의 성과를 공고히 하고, 샤오캉 수준에 도달하기 위한 조건을 마련하는 것"이라고 요약하였다. 21세기 초기 10년간의 빈곤구제 개발전략은 주로 "한 몸통 두 날개"였다. '한 몸통'은 마을 전체의 개발을 추진(整村推進)함으로써 14만 8천개 빈곤촌의 생산생활 생태조건을 개선하여 빈곤촌의 발전능력을 향상시키는 것을 가리켰다. '두 날개'는 빈곤지역 노동력 이전 훈련과 선도 기업의 산업화에 의한 빈곤구제를 가리키며, 주요 목적은 빈곤인구의 시장 참여를 촉진케 하는 것이었다. 빈곤지역 노동력 이전 훈련정책에 힘입어 빈곤 인구의 자질을 향상시켜 안정적인 취업을 실현할수 있었다. 이는 "비(非)농업 산업"의 빈곤퇴치수단의 일종이었다. 다양한 유형의 선도기업을 지원하는 목적은 빈곤지역의 농업 산업구조조정을 이끌어 산업화 발전을 촉진케 하며 직간접적으로 빈곤인구를이끌어 빈곤에서 벗어나게 하려는데 있다. "한 몸통 두 날개" 외에도적절한 공공이전 정책과 수많은 농민우대정책 그리고 농촌 최저생계보장제도의 전면적인 실시는 빈곤인구의 소득을 증대시키고 빈곤지역의 소득격차를 좁히는데 어느 정도 도움이 되었다.

이전의 빈곤선기준은 너무 낮았기 때문에 중국의 실제 발전수준에는 어울릴 수가 없었다. 2011년 중국정부는 빈곤선 기준을 대폭 향상시켜 농민들의 1인당 가처분소득 2,300위안(2010년 불변가격)을 국가의 새로운 빈곤구제 기준으로 삼았다. 각 성(자치구, 직할시)은 또 현지의 실제에 근거하여 국가의 빈곤지원기준보다 높은 지방의 빈곤 지원기준을 제정할 수 있도록 하였다. 새로운 단계에서 빈곤구제 사업의 총체적인 목표는 빈곤인구의 "두 가지 걱정 덜기, 세 가지 보장"을 안정적으로 실현하는 것이며 동시에 빈곤지역 농민의 1인당 순소득 성장폭이 전국의 평균 수준보다 높고 기본 공공서비스가 전국 평균 수준에 도달할 것을 요구하는 것이었다. 그중 "두 가지 걱정 덜기"는 최저 생계와 극빈문제를 해결하고, 전기의 빈곤퇴치 성과를 공고히 하는 것이었다. "세 가지 보장"은 인적 자본과 발전능력 문제의 해결에 편중한 것으로서 새 시기에 중점적으로 해결해야 할 문제였다. 빈곤지역의 소득증대와 공공서비스를 강조하는 것은 주로 지역 간의 격차를 한층 더 좁혀 지역적인 총체적 빈곤문제를 해결하기 위함이었다. 그 시기에는 현, 촌을 주요 단위로 하는 기존의 빈곤구제계획 이외에 국가는 또 14개 빈곤 밀집지역을 빈곤구제 개발단위의 하나로 확정하여 지역 간 차별정책을 이용하여 장기간 존재해오던 지역 발전의 걸림돌 문제를 해결하였다.

18차 당 대회 이후, 당 중앙과 국무원은 빈곤구제의 정밀화, 빈곤퇴치의 정밀화를 빈곤구제 개발의 기본 방략으로 삼았다. 빈곤구제 업무의 총체적인 목표는 "2020년까지 중국 현행 기준 아래 농촌 빈곤인구의 빈곤퇴치를 실현하고 모든 빈곤현이 빈곤의 딱지를 뗄 수 있도록 확보하여 전체의 지역성 빈곤을 해결하는 것"이었다. 새로운 단계의 중국 빈곤구제 사업은 더욱 정밀성을 중시하여 빈곤구제자원과 빈곤가구의 수요를 정확하게 연결시킬 것을 요구하였다. 시진핑 총서기는 "6가지 정밀화"의[5] 요구를 제시하였고, 나라에서 "5가지 일부"[6] 조치를 실시하고 "4가지 문제"[7]를 중점적으로 해결하였다. 중앙과 지방 정부는 빈곤구제 개발에 대한 투입강도를 높였다. 국무원의 통계에 따르면 2013~2019년 중앙재정 빈곤구제 특별자금 투입은 연평균 26.0% 증가하였고, 성·시·현 재정의 빈곤구제자금 투입도 대폭 증가하여 중국의 빈곤 규모를 대폭 축소시켰다. 빈곤경감 속도가 뚜렷이 빨라져 중국 농촌의 빈곤인구는 2012년 말의 9,899만 명에서 2019년 말의 551만 명으로 줄어 빈곤인구가 누계 9,348만 명 줄었으며, 이는 연평균 1,335만 명씩 줄어든 셈이었다. 또 빈곤 발생률도 10.2%에서 0.6%로 하락하여 누계 9.6% 하락함으로써 2020년에 절대적 빈곤을 완전히 제거하였던 것이다.

중국의 빈곤구제 개발과정을 돌이켜보면 중국의 대규모 빈곤경감의 주요 추진력은 경제성장, 특히 빈곤지역의 농업과 농촌경제의 지속적인 성장이었음을 알 수 있다. 그리고 농업과 농촌의 경제성장은 또 일련의 개혁개방 조치, 지속적인 인력과 물질자본의 축적과 꾸준한 기술진보 하에서 실현한 것이다. 목적성 있는 개발에 의한 빈곤구

---

5) 구제대상의 정밀화, 프로젝트 배치의 정밀화, 자금사용의 정밀화, 가구별 적용 조치의 정밀화, 촌(마을)별 인원 파견의 정밀화, 빈곤퇴치 효과의 정밀화.
6) 빈곤퇴치를 실현함에 있어서 "일부는 생산의 발전을 통해, 일부는 타지 이주에 의한 빈곤구제를 통해, 또 일부는 생태보상을 통해, 일부는 교육의 발전을 통해, 나머지 일부는 사회보장을 통해 모조리 빈곤에서 벗어나게 하는 것"(5가지 일부)을 가리킨다.
7) "누구를 구제하고, 누가 구제하며, 어떻게 구제하고, 어떻게 빈곤층 범위에서 퇴출시킬 것인지" 하는 "4가지 문제"를 가리킨다.

제는 지역적인 인프라 건설과 공공서비스 건설을 통해 빈곤지역의 사회경제 발전을 돕는 면에서 중요한 역할을 하였으며, 날로 확대되는 소득분배의 격차를 완화시키고, 빈곤지역과 일반지역의 발전격차를 좁히는데 도움이 되었다. 그리하여 원래 빈곤인구에게 유리하지 않은 경제성장 과정이 어떤 방면과 일정한 정도에서 빈곤인구에게 유리하도록 하였다. 그리고 빈곤구제의 정밀화는 빈곤인구를 빈곤구제 개발의 최우선 대상으로 함으로써 빈곤구제 사업의 효과를 대폭 제고시켰다.

40여 년 동안 중국 농촌 빈곤구제 사업은 빈곤지역개발을 위주로 하는 빈곤구제에서 빈곤 가구와 인구를 대상으로 하는 빈곤구제 정밀화의 길을 걷는 쪽으로 방향을 돌렸다. 1980년대부터 시작된 빈곤구제 개발의 주요 전략은 바로 빈곤지역의 지역발전을 촉진하여 빈곤인구의 빈곤퇴치를 간접적으로 이끈 것이다. 지역개발에 의한 빈곤구제는 본질적으로 빈곤인구가 밀집된 지역의 우선 발전을 촉진케 하는 것을 통해 빈곤경감을 실현하는 방법이었다. 연구에 따르면 중국의 빈곤구제 경험이 증명하였다시피 지역을 겨냥하는 것은 빈곤구제 자원이 빈곤인구에게 정확하게 닿을 수 있도록 보장하는 유용한 수단이었으며 빈곤지역 농가의 소득증대을 촉진하는 데도 큰 역할을 하였다.[8] 이는 주로 개발에 의한 빈곤구제가 모든 농가 특히 노동능력과 노동의 의지가 있는 농가에 자신의 능동적인 호응으로 소득을

---

8) PARK A, WANG S G, WU G B. Regional poverty targeting in China. Jounal of public economics. 2002 (1).

늘릴 수 있는 기회를 제공하였기 때문이었다.

개혁개방 초기에 중국정부는 빈곤 분포의 지역적 특징에 비추어 현(縣)을 단위로 국가지원의 중점을 확정하였다. 이는 지역별로 빈곤퇴치계획을 실시하는 토대가 되었다. 현을 빈곤구제 개발의 우선 단위로 삼은 주요 원인은 다음과 같다. 첫째, 중국은 빈곤의 지역적 분포가 비교적 분명하고 지역발전을 제약하는 요소가 많다. 그중 현 역내 경제에 대한 영향과 견인 요소가 중요한 의의가 있다. 현 역내 경제발전에 영향을 미치는 자연·자원·환경·교통·교육·인구 등 제한적으로 지역발전에 걸림돌이 되는 요소부터 우선적으로 해결함으로써 빈곤인구에게 더 많은 발전의 기회를 제공할 수 있다. 둘째, 중국의 행정체제에서 현은 위와 아래를 이어주는, 건너뛸 수 없는 중요한 계층으로 비교적 완전한 행정구획과 조직구조를 갖추고 있다. 현은 하나의 집행단위로서 빈곤구제 정책을 전달하고 빈곤구제 개발을 조직하며 빈곤구제자원을 분배하고 빈곤구제프로젝트를 실시, 감독 관리하는 면에서 비용 지출이 상대적으로 적다. 셋째, 그 어떤 빈곤기준으로 평가하든 빈곤현의 빈곤인구 수가 많고 전체 인구 중에서 차지하는 비중이 매우 큰 것은 개혁개방 초기에 직면한 두드러진 문제였다. 대규모의 빈곤인구가 나타나고 분포가 상대적으로 집중될 경우 대량의 인력·물자·재력을 소모하면서 조준할 필요가 없이 현급 조준의 빈곤구제정책으로 절대다수 빈곤지역을 아우를 수 있어 "투망식"방법으로도 대량의 빈곤인구를 포괄할 수 있기 때문에 대량의 식별 비용과 조직 비용을 절약할 수 있다. 넷째, 정부의 재정능력이 보통이고 대규모 투입을 실행할 수 있는 능력이 아직 갖추어지지 않았을 경우 빈곤정도가 비교적 심각한 일부 빈곤현을 선택하여 중점적으로 구제하고 현을 단위로 자원분배와 집중관리를 진행하는 것은 재정자금 투입과 이용 최대화의 요구에 부합된다.

「국가87빈곤구제난관돌파계획」 실시 기간에도 빈곤현은 여전히 주요 구제대상이었다. 그 원인은 다음과 같다. 첫째, 592개 빈곤현의 빈곤인구 수가 많아 1994년 국가 지정 빈곤현에 포함된 빈곤인구는 전국 8천만 명 빈곤인구의 71%를 차지한다. 둘째, 당시의 재정과 자금 능력으로는 빈곤인구가 많고 빈곤정도가 심각한 빈곤현의 두드러진 문제를 집중적으로 해결하기에 적합하였다. 셋째, 빈곤현 정책은 자원 혜택의 분배와 연결되어 있어 이해관계가 복잡하기 때문에 단시일 내에 즉각 취소할 수 없으며 적절한 성(省) 간 및 성(省) 내 정원의 '진퇴'로써 조정하는 수밖에 없었다. 그 시기 빈곤현(縣) 내의 빈곤구제 난관돌파전의 주전장은 빈곤가구가 집중된 빈곤 향(鄕)과 빈곤촌(村)이었다. 중앙의 빈곤구제자금을 국가가 중점적으로 지원하는 빈곤현에 전부 조달된 후 현 내에서 빈곤 정도가 더 심각한 빈곤 향과 빈곤촌을 프로젝트 적용 목표로 정함으로써 제한된 자원을 빈곤정도가 가장 심각한 지역을 돕는데 집중시킬 수 있도록 하였다. 1995년 25개 성(省)에 대한 통계에 따르면 1994년 이래 이미 빈곤구제 난관돌파 중점 향(鄕) 9천399개를 확정하였는데 이는 전국 향(鄕)·진(鎭), '현' 밑에 있는 행정 단위) 총수의 19.5%를 차지했다. 빈곤구제 난관돌파 중점 촌은 7만333개를 확정하였는데 전국 행정촌 총수의 8.8%를 차지했다. 21세기 첫 10년 동안의 빈곤구제 개발에서는 국가의 지원 중점을 현에서 현과 촌으로 돌렸다. 592개 국가빈곤구제 개발 중점 현 외에 전국적으로 14만8천 개의 빈곤촌을 확정하여 "마을을 전체적으로 개발 추진한다"는 조치를 실시하였다. 국가가 지원하는 지역범위가 빈곤현에서 비(非) 빈곤현의 일부 편벽한 빈곤마을까지 확대되었다. 빈곤구제 대상을 촌까지 확대한 원인은 단순히 빈곤현 만을 지원 대상으로 할 경우 많은 비 빈곤현의 빈곤인구가 누락되어 빈곤현과 그와 조건이 비슷한 비 빈곤현 간의 격차를 확대시킬 수 있기 때문이었다. 빈곤인구가 갈수록 줄어들게 되면서 빈곤현 내의 빈곤구제 자원이 비빈곤가구로 흘러가는 현상이 갈수록 불거지게 되는 반면에 비 빈곤현의 빈곤농가는 빈곤구제자원 혜택 대상에서 제외되어 빈곤구제 효율을 떨어뜨리게 된다. 빈곤정도가 심각한 촌을 단위로 하여 지원하는 것이 그때 당시에는 더 나은 선택이었던 것이다. 중국의 농촌에는 비교적 완전한 지역사회가 구성되어 있는데 중국 행정구획체계에서 가장 기층의 최저 급이었으나 상대적으로 완전한 조직구조를 갖추고 있었다. 촌급에서 빈곤구제프로젝트, 특히 인프라와 공공서비스 프로젝트를 실시하는 것은 빈곤촌의 생산, 생활 조건을 개선하는데 유리할 뿐만 아니라 촌 주민들의 직접적 참여에도 유리했다. 국가통계국의 빈곤 모니터링 조사에 따르면 빈곤촌에 대한 지원효과가 뚜렷했다. 2001~2009년, 빈곤촌 농민의 1인당 가처분소득의 성장 폭이 빈곤현보다 컸고, 인프라와 공공서비스의 개선도 빈곤현보다 빨랐다.

18차 당 대회 이래 시진핑 총서기는 빈곤구제 사업을 크게 중시하였다. 거시적 정세 변화의 수요와 2020년에 이르러 샤오캉사회의 전면적 건설에 따른 수요에 의해 중앙은 「빈곤퇴치 난관돌파전에서 승리를 거두는 데에 관한 결정」을 반포하였다. 빈곤퇴치 난관돌파전에서 승리를 거두기 위해 중앙은 이전의 지역개발을 위주로 하는 빈곤구제 개발방식을 조정하여 빈곤구제 정밀화와 빈곤퇴치 정밀화를 기본 방략으로 정하였다. 빈곤구제 정밀화는 바로 더 이상은 빈곤현과 빈곤촌을 지원하는 차원에만 머물러 있는 것이 아니라 빈곤가구와 빈곤인구를 주요 지원 대상으로 한다는 것이었다. 이런 전략적 조정은 현 단계 중국 빈곤인구가 소규모 집중, 대분산된 객관적 현실과 빈곤인구가 이전의 지역빈곤구제 개발에서 평등한 혜택을 받지 못하는 실제 상황에 근거한 것이었다. 빈곤인구가 분산 분포된 상황에서 현과 촌을 단위로 하는 빈곤구제 개발은 필연적으로 모든 빈곤인구를 포괄할 수 없었다. 그리고 제한된 재력은 또 일반 특혜식의 소득이전(전민사회보장) 방식으로는 대규모의 종합적 최저 수준 보장을 실현할 수 없음은 정해진 이치였다. 그렇기 때문에 모든 빈곤인구가 2020년에 이르러 빈곤에서 벗어날 수 있도록 확보하려면, 빈곤인구가 빈곤현과 빈곤촌에 속하는지 여하를 막론하고 모든 빈곤인구를 선별해내 지원해야 했다. 설령 빈곤지역 내에서도 빈곤인구가 여러 가지 요소의 제한을 받기 때문에 지역발전에서 평등하게 혜택을 받기는 어려웠다. 빈곤가구를 직접 겨냥하지 않은 상황에서 "마을 전체 개발 추진"과 같은 촌급 종합발전프로젝트도 부유층이 더 많은 혜택을 받고 빈곤인구가 받는 혜택은 제한적일 수 있었다. 지역 빈곤구제 개발은 지역 간 격차를 줄이는 동시에 빈곤지역 내부의 소득불평등을 격화시켰다. 지역개발에서 빈곤구제 정밀화로 전환하여 빈곤가구와 빈곤개체를 겨냥하여 가정별, 개인별 정책을 실시하는 것은 빈곤퇴치 난관돌파 목표를 완성하기 위한 필연적인 선택이었다. 빈곤구제의 정밀화는 동시에 경제성장률의 하행과 소득분배의 불평등으로 인한 빈곤경감 효과의 하락을 상쇄하기 위해 반드시 취해야 할 조치이기도 했다.

3. 대규모 빈곤경감은 중국의 제도적 우세를 보여주었다

(1) 조직 동원

역량을 집중하여 큰일을 해내는 것은 사회주의제도의 장점을 구현하는 중요한 요소이다. 시진핑 총서기는 "우리의 가장 큰 장점은 우리나라 사회주의제도에 힘입어 역량을 집중하여 큰일을 해낼 수 있다는 것이다. 이는 우리가 사업의 성공을 이룰 수 있는 중요한 법보이다." 라고 지적하였다.[9] 중국의 대규모 빈곤경감 성과는 중국공산당의 지도력과 밀접한 관계가 있다. 중앙이 빈곤구제정책을 수립하고서부터 지방의 각급, 각 부서에서 빈곤경감 조치를 실시하기에 이르기까지, 성·시·현·향·촌 5급 서기가 빈곤구제 사업을 틀어쥐기 시작해서부터 층층이 책임서약서를 체결하기에 이르기까지, 빈곤구제 업무평가에서부터 농촌 빈곤구제 운영에 이르기까지 중국 정부의 조직 동원 체계는 엄밀하고 효율적이다.

---

9) 시진핑, 『시진핑 국정운영을 논함(제2권)』, 베이징, 외국문출판사, 2017, 273쪽.

1) 중국 5급 빈곤구제체계 및 그 책임분담

중국의 행정체계는 5급으로 나뉜다. 각각 중앙, 성[자치구(自治區), 직할시(直轄市)], 시[지구(地區)·자치주(自治州)·맹(盟)], 현[구(區)·기(旗)·현급시·행위(行委)], 향[진(鎭)·가도(街道)]이다. 촌민자치위원회는 비록 행정단위에는 속하지 않지만 중국의 행정체계에서 촌민위원회는 매우 중요한 역할을 발휘하고 있다. 중국의 빈곤구제 개발은 행정체계에 따라 등급별 책임제를 실시한다. 중국의 대규모, 조직적, 계획적, 빈곤경감 행동이 1982년 '3서'지역의 빈곤구제에서 시작하여 1986년 국무원 빈곤지역경제개발지도소조를 결성하고, 「국가87빈곤구제난관돌파계획」, 「중국농촌빈곤구제 개발요강(2001~2010년)」, 「중국농촌빈곤구제 개발요강(2011~2020년)」, 빈곤퇴치 난관돌파 및 빈곤구제의 정밀화 등 중대한 빈곤구제 정책 결정을 실시하기에 이르기까지 중국정부는 시종일관 빈곤구제 사업에 관심을 기울여오면서 빈곤구제 개발을 국민경제와 사회발전 전망계획에 포함시켰다. 1997년부터 중국은 빈곤구제 개발사업을 전개함에 있어서 성(자치구, 직할시)책임제를 확립하였다. 당정 제1책임자가 총책임을 지고 "책임을 성까지, 임무를 성까지, 자금을 성까지, 권력을 성까지"를 가리키는 "4가지를 성까지"(四到省)원칙을 명확히 정하여 성에 조달된 모든 빈곤구제자금에 대해서 일률적으로 성급 인민정부가 통일적으로 배정하여 사용하도록 하였으며 빈곤구제 프로젝트의 심사권을 원칙상 현으로 이양시켜 성과 시가 감독 관리 책임을 이행하도록 하였다.

이와 동시에 중국정부는 행정체계에 의거하여 하향식의 완전한 빈곤구제 개발기구를 설립하여 정부 주도로 효과적인 빈곤경감 행동을 전개하도록 하였으며, 중앙의 차원에서 관련 행정기능부서로 구성된 국무원 빈곤구제 개발지도소조를 결성하여 국가의 빈곤구제 개발업무를 총괄하도록 하였다.(그래프 2-3 참조). 국무원 빈곤구제 개발지도소조 산하에 판공실, 즉 국무원 빈곤구제 개발지도소조판공실("국무원빈곤구제판공실"로 약칭)을 두어 지도소조의 일상 업무를 감당토록 하였다. 각급 지방정부도 이에 상응하는 빈곤구제 개발기구를 설립하여 본 지역의 빈곤구제 개발 사업을 통일적으로 지도하고 조율하도록 하였다. 빈곤퇴치 난관돌파를 시작한 이래 중국정부는 농촌 기층의 빈곤구제 운영이 상대적으로 취약한 현상에 비추어 빈곤촌에 제1서기와 촌 파견 주재 실무팀을 파견하여 빈곤퇴치 난관돌파를 전담하도록 하였다.

그래프 2-3 중국 각급 정부 빈곤구제기구 설명도

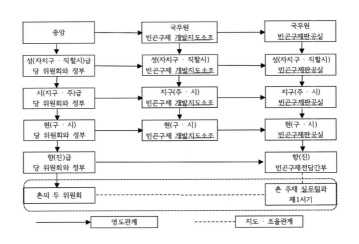

2) 빈곤퇴치 난관돌파 책임체계: 중앙에서 총괄하고, 성에서 총책임을
   지며, 시와 현에서 실행한다.

중국정부는 빈곤퇴치 난관돌파 책임제를 전면적으로 실행하였다. 중앙에서 총괄하고, 성에서 총책임을 지며, 시와 현에서 실행하는 업무 메커니즘에 따라 촌 파견주재 실무팀, 제1서기, 지원책임자 등 촌별 가구별 지원조치를 제정하였고 책임이 명확하고 각자 책임을 다하며 힘을 모아 난관을 돌파하는 책임체계를 구축하였으며 성·시·현·향·촌 5급 서기가 함께 빈곤구제업무를 책임지고 층층이 책임제를 실행하는 운영시스템을 구축하였다. 이와 동시에 층층이 빈곤퇴치 난관돌파 책임서약서를 체결하고 군령장을 작성하여 빈곤퇴치 난관돌파전에서 승리를 거둘 수 있도록 확보하였다.

당 중앙과 국무원은 주로 빈곤퇴치 난관돌파의 국정방침을 총괄 계획하고 제정하는 것을 책임지고 중대한 정책과 조치를 수립하고 체제와 메커니즘을 보완하였으며 중대한 프로젝트를 계획하고 전반적인 국면에 관계되는 중대한 문제와 전국적인 공통문제를 조율하고 성급 당 위원회와 정부의 빈곤구제 개발사업 성과에 대한 평가심사를 조직하고 실시하였다. 성급 당 위원회와 정부는 관할구역 내 빈곤퇴치 난관돌파사업에 대한 총책임을 지고 책임제가 층층이 실행되도록 확보하였으며, 빈곤구제자금 증가 메커니즘을 구축하고 빈곤현에 대한 관리를 강화하였다. 시급 당 위원회와 정부는 현과 현 간의 빈곤구제 프로젝트를 책임지고 조율하며 프로젝트의 실시, 자금의 사용과 관리, 빈곤퇴치 목표 임무의 완수 등의 업무에 대한 독촉, 검사

및 감독을 맡았다. 현급 당 위원회와 정부는 주체 책임을 지고 현급 당 위원회와 정부의 주요 책임자가 제1책임자로서 정확한 식별, 정밀화한 지원, 정밀화 빈곤퇴치 등의 업무를 책임졌다.

촌의 두 위원회(촌 당지부위원회와 촌민위원회)와 촌 파견주재 실무팀, 제1서기는 빈곤퇴치 난관돌파전의 최전선에 서서 빈곤 대중들에게 빈곤구제정책을 선전하고 빈곤구제조치를 실행하며 빈곤구제 업무를 조직케 하였다.

3) 현급 간부에 대한 심사와 임면 및 빈곤퇴치 난관돌파의 책임

중국은 빈곤퇴치 난관돌파 기간에 빈곤현의 당과 정부 주요 직무의 안정을 유지하여 빈곤에서 벗어나기 전에는 직무를 조정하지 않고 빈곤의 딱지를 떼기 전에는 전출하지 않도록 하는 간부 관리 제도를 실행하여 빈곤현 빈곤구제 개발의 연속성을 보장하였고 빈곤현의 당과 정부 지도부가 바른 치적관을 수립하도록 인도하였으며 빈곤현의 발전방식 전환을 촉진케 하였다. 「빈곤현 당정 지도부와 지도간부의 사회경제 발전 실적평가심사업무 개선에 대한 의견」에 따라 빈곤현 사회경제 발전이 뒤처진 실제로부터 출발하여 현급 간부 치적평가에서 단순 경제성장률로만 평가하지 않고 빈곤경감·빈곤퇴치와 밀접하게 관련되는 민생 개선, 사회사업의 발전 실적에 대한 평가에 주목하였다. 빈곤퇴치 난관돌파의 성과를 간부 선발 등용의 시금석으로 삼고 각급 지도간부들이 빈곤퇴치 난관돌파사업에 적극 뛰어들도록 이끌었다.

4) '3위 일체'의 대규모 빈곤구제 구도를 구축

빈곤구제 개발 사업은 종합적인 사업이다. 중국정부는 "특정 빈곤구제, 업종별 빈곤구제, 사회적 빈곤구제"의 "3위 일체" 빈곤구제 개발 사업의 구도를 구축하였다. 정부의 주도 이외에도 중국의 대규모 빈곤경감의 성과는 사회적 역량의 기여가 없이는 이룰 수 없다. 정부 주도의 빈곤구제는 주로 특정 빈곤구제와 업종별 빈곤구제 두 부분으로 나뉜다. 특정 빈곤구제는 주로 국가재정으로 특정 빈곤구제자금을 배정하여 빈곤구제부서가 책임지고 조직 실시하는 빈곤구제 프로젝트로서 빈곤지역과 빈곤대중을 직접 돕는 정책이다. 예를 들면 마을 전체에 대한 개발 추진, 일자리 제공에 의한 빈곤구제, 타지 이주에 의한 빈곤구제 등 일련의 특정 빈곤구제정책이 이에 속한다. 업종별 빈곤구제는 주로 농업·수리·교통·주택건설·교육·위생 등 행정기능 부서가 기능 분공에 따라 상응하는 빈곤구제 임무를 맡는 조치이다. 개혁개방 이후, 업종부문이 실시한 예를 들면 위험 주택 개조, 도로 건설, 농촌 식수 안전 프로젝트, 학생 영양 개선계획, 교육에 의한 빈곤구제, 건강수준 향상에 의한 빈곤구제, 생태 복원 프로젝트 등과 같은 업종별 빈곤구제조치는 빈곤지역과 빈곤대중의 생산과 생활여건을 크게 개선시켰다. 동시에 중국정부는 사회적 역량을 적극 동원하고 배치하여 빈곤구제 사업에 참여하도록 하였다. 1979년부터 6개 성(시)을 조직하여 국경지역과 민족지역에 대한 1:1 지원을 시작하였다. 1986년에는 중앙과 국가기관 지정 빈곤구제 사업을 시작하였다. 더욱이 사회 각계의 애심인사, 기업과 사업단위, 사회단체들이 언제나 중국의 빈곤구제 개발 사업을 위해 묵묵히 힘을 이바지하여 왔다. 개혁개방 이래 세계은행·아시아개발은행·유엔 등 국제기구들도 줄곧 중국의 빈곤경감 과정에 관심을 돌려왔다. 특히 중국정부는 줄곧 국제기구와 양호한 협력을 유지해오면서 단순히 원조를 받아들이는 데만 그치지 않고 선진 경험을 적극 학습하여 다른 나라들처럼 '원조의 덫'에 빠지지 않기 위해 노력하였다.

(2) 자원 동원

빈곤구제의 주요한 물질적 토대는 자금이고 자금 사용효과의 크기는 빈곤경감 효과의 크기와 직결되므로 빈곤구제자금은 반드시 잘 관리하고 잘 사용하도록 했다. 빈곤퇴치 난관돌파를 실시하기 이전에 프로젝트 제도의 "특정 자금의 전용화" 배경에서 농업 관련 자금은 각자 제멋대로 사용되어 "자금의 파편화 배정", "간장 살 돈으로 식초를 살 수 없는"(자금의 전용화)현상이 줄곧 존재해왔으며 지방정부는 현지 농촌 사회경제 발전의 취약한 부분이 무엇인지를 잘 알고 있으면서도 "처방전을 내놓을 수 없는 실정"이었다. 농업 관련 자금이 분산되어 있고 자금 사용 효과가 좋지 않은 문제를 해결하고자 국무원은 「빈곤현의 농업 관련 재정자금 총괄 통합사용 시행사업을 전개하는 데에 관한 의견」을 반포하여 시행사업을 통해 "여러 경로로 물을 끌어올려 한 곳으로 물을 모아 한 수도꼭지를 통해 방수하는 방식"의 새로운 빈곤구제 투입 구도를 형성하고 빈곤현이 두드러진 문제를 중점으로 빈곤의 딱지를 떼어버리는 것을 목표로 삼아 빈곤퇴치의 성과를 지향적하는 빈곤구제 계획의 선도 속에서 중점 빈곤구제프로젝트를 플랫폼으로 하여 농업 관련 재정자금을 통일적으로 계획하고 통합 사용함으로써 금융자본과 사회자금을 동원하여 빈곤구제 개발에 투입시켜 자금사용의 정밀도와 효익을 향상시켰다. 이밖에 「의견」은 또 자금사용방안과 빈곤퇴치 난관돌파계획을 서로 연결시킬 것을 요구하였으며, 또 엄격한 자금실적평가메커니즘을 구축하여 자금의 통합을 저애하는 관련 부서와 통합방안을 제대로 실행하지 못한 정부 주체를 정돈하고, 개혁할 것을 요구하고 각급 정부의 책임을 엄격하게 주문했다. 「의견」이 반포된 후, 현급 정부가 고차원적으로 추진하였다. 현지 빈곤퇴치 난관돌파사업의 취약한 부분에 근거하여 "처방전"을 제시해 다양한 경로, 다양한 용도의 농업 관련 재정자금을 한데 모아 통일적으로 계획하고 사용함으로써 자금의 규모화 효율을 충분히 살려 빈곤현의 산업발전과 인프라 건설의 자금규모를 보장하였으며 재정의 축적과 보유를 위한 길을 개척하였다. 이로써 빈곤퇴치 난관돌파전의 순조로운 승리를 보장하였다.

재정자금을 통일적으로 동원하는 것 외에 사회적 빈곤구제 중의 지정 빈곤구제와 동서부지역 간의 협력으로도 대량의 사회 자원을 동원하여 빈곤구제에 참여시켰다. 국무원 국유자산감독관리위원회(국자위)의 통계에 따르면 2020년 3월까지 중앙기업은 2015년 이래 각종 지원자금 총 206억 위안을 투입 또는 유치하였다. 중국 중앙텔레비전방송(CCTV) 뉴스보도에 따르면 2019년 한 해에만 동부지역이 재정원조자금 229억 위안을 투입하였고, 사회기부물자와 자금 65억 위안을 동원하였으며, 빈곤지역을 도와 판매한 농·특산물 매출이 483억 위안에 이르렀다. 또 중앙 단위가 지정 빈곤구제 현에 직접 투입한 지원자금이 67억 위안에 이르고 지원자금 유치금액이 63억 위안에 이르며, 빈곤지역을 도와 판매한 농·특산물 매출은 154억 위안에 달하였다. 그리고 동서부 협력과 지정 빈곤구제 사업을 통해 빈곤퇴치 난관돌파에 전력투구하였다. 직접 자금을 투입하여 빈곤지역 발전을 도왔을 뿐만 아니라 자체의 장점을 바탕으로 다양한 방식으로 빈곤지역 농산품 판매에서 "마지막 1㎞"를 돌파하였다.

산업기금에 의한 빈곤구제를 예로 들면 국투창익(國投創益)산업기금관리유한회사("국투창익"으로 약칭)은 빈곤지역 기업에 대한 지원을 통해 빈곤지역의 발전을 촉진케 하였다. 국투창익은 국가 민생류 기금의 관리를 위주로 하는 기금관리회사로서 현재 빈곤지역산업발전기금과 중앙기업빈곤지역산업투자기금 두 개의 국가급 산업빈곤구제기금을 주로 관리한다. 국투창익은 선두기업에 대한 투·융자를 통해 선두기업을 끌어들여 빈곤지역에서 산업을 발전시키도록 함으로써 빈곤지역의 산업개방정도를 높이고, 기업과 빈곤지역의 공동번영 발전 모델을 힘써 구축하여 기업의 발전능력과 빈곤지역 발전의 내적 원동력을 증강토록 하였다. 2020년 말까지 국투창익은 빈곤지역에서 총 160여 건의 프로젝트에 투자하였는데 투자금액이 340억 위안이 넘었다. 투자 프로젝트는 전국 27개 성(자치구·직할시), 159개 시(지구·주·맹), 349개 현(시·구·기)을 아우르고, 투자가 14개 극빈밀집지역 전역을 포괄하였다. 그중 "3구 3주" 등 극빈지역 투자 결정 프로젝트가 71개이며, 금액은 120억 위안에 달하였다. 사회자본 2천800억 위안을 인도 동원하였으며, 이미 투자한 프로젝트는 직접 또는 간접적으로 63만 명의 취업을 이끌 것으로 예상되고, 매년 취업인구를 위해 53억 위안의 수입을 마련하고, 지방정부를 위해 39억 위안의 세수수입을 창출할 것으로 추산하였다.

(3) 기층 운영

빈곤구제정책의 기층 실시단위로서 빈곤촌은 사회경제 발전이 상대적으로 뒤처져있고 일부 촌의 두 위원회(촌 당지부위원회와 촌민위원회) 간부들은 고효율적인 빈곤구제운영능력이 부족하여 기층조직이 무기력하고 해이한 빈곤촌들이 나타났다. 빈곤퇴치 난관돌파의 "마지막 1킬로미터"를 돌파하기 위한 필요에 따라 촌 파견주재 지원제도가 생겨났다. 「빈곤촌 주재 실무팀 선발 파견 관리 업무를 강화하는 데에 관한 지도의견」에 따라 현급 당 위원회와 정부는 빈곤촌의 실제 상황에 근거하여 촌 주재 실무팀과 제1서기를 선발 파견하여 빈곤구제의 정밀화, 빈곤퇴치 정밀화의 효과를 촌 파견주재 실무팀과 제1서기의 실적평가 근거로 삼았다. 동시에 엄격한 관리를 실시하여 촌 파견주재 실무팀마다 팀원이 3명 이상이어야 하고, 촌 파견주재 기간이 2년 이상이어야 한다고 규정하였다. 간부가 촌에 파견되어 주재하는 기간에는 원 단위의 업무를 담당하지 않으며, 당원의 조직관계는 주재하는 빈곤촌으로 옮겨 촌 파견주재 지원에 전념할 수 있도록 확보하였다. 빈곤퇴치 난관돌파 기간 내에는 빈곤촌에서 퇴출한 촌일지라도 촌 파견주재 실무팀은 철수시키지 않고, 빈곤에서 벗어나도 지원 업무는 끝내지 않도록 하여 빈곤으로 되돌아가는 것을 확실히 예방하고 빈곤퇴치 난관돌파의 질을 확보케 하였다.

촌 파견주재 실무팀제도 이외에도 빈곤가구가 빈곤구제정책을 더 잘 이해하고 누릴 수 있도록 하기 위해, 국가에서는 또 등록된 빈곤가구를 위해 지원책임자를 선발 파견하여 전국적으로 등록된 빈곤가구마다 지원책임자를 전면적으로 배치하였다. 지원책임자의 직책에는 주로 다음과 같은 내용이 포함되었다. 첫째, 가정 방문 연락 및 동적 관리 요구에 따라 지원대상의 가정 상황을 정확하게 파악하고 지원수첩을 꼼꼼히 작성하여 "사람, 사실, 재무"를 분명하게 한다. 둘째, "두 가지 걱정 덜기, 세 가지 보장"의 관련 요구에 따라 관련 정책을 잘 소개하고 취학상태 및 취학과 학교복귀 설득 업무의 실사를 협조하고 빈곤가구의 질병 치료와 치료비 결제를 도와주며 위험주택 개조 신청, 감정, 실시 및 검수 업무를 도와준다. 셋째, 빈곤가구의 소득증대와 빈곤퇴치가구의 공고화와 향상 요구를 관철시키고, 실제 상황과 결부시켜 빈곤가구의 산업경영을 도와주고 노동능력이 있는 빈곤인구의 안정적인 취업을 도와주며, 빈곤가구 발전의 내적 원동력을 향상시킨다. 빈곤에서 벗어난 후에도 지원을 멈추지 않고 빈곤가구들의 안정적인 수입을 보장하여 빈곤으로 되돌아가지 않도록 도와준다. 촌 파견주재 지원제도와 지원책임자제도의 수립으로 도시에서 일하는 간부들이 기층에 깊이 들어가 기층 상황을 충분히 파악할 수 있게 하여 많은 우수한 간부를 양성하였을 뿐만 아니라, 당원 간부들의 어려움과 고생을 참고 견디는 정신을 발양케 하여 간부와 대중 간의 관계를 개선하였다.

(4) 감독심사

1) 감독 메커니즘

감독심사는 빈곤퇴치 난관돌파 조직체계의 특색으로 빈곤퇴치 난관돌파의 순조로운 진행을 효과적으로 보장하였다. 감독 메커니즘에는 감독검사 순시, 민주감독 및 사회감독 세 종류가 포함되었다.

감독검사순시는 당내 감독의 중요한 형태였다. 감독검사업무는 목표방향을 견지하면서 사업의 실시를 추진하는데 중점을 두었다. 감독검사업무에는 종합감독검사와 특별감독검사가 포함되며, 감독검사의 중점 내용에는 빈곤퇴치 난관돌파 책임의 이행 상황, 특별계획과 중대 정책조치의 실행 상황, 빈곤경감임무 완수상황 및 극빈층 빈곤퇴치상황, 정확한 식별과 정확한 퇴출 상황, 업종빈곤구제·특별 빈곤구제·동서부 빈곤구제 협력·지정 빈곤구제·중점 빈곤구제 프로젝트의 실시, 농업 관련 재정자금 통합 등 상황이 포함되었다. 순시업무는 문제 지향적 방향을 견지하여 두드러진 문제를 해결하는데 중점을 두었다. 순시 범위에는 간부가 빈곤퇴치 난관돌파 목표와 임무를 수행하는 면에 존재하는 직무유기 행위, 마땅히 해야 할 일을 하지 않고 늑장을 부리거나 허위 조작하는 행위, 빈곤구제자금을 횡령 유용하는 행위, 빈곤구제프로젝트를 규정에 어긋나게 배치하는 행위, 빈곤 식별과 퇴출에서 사실과 크게 어긋나는 행위, "숫자로 빈곤퇴치"를 허위 조작하는 행위, 그리고 빈곤현 당정 기관 정직 지도간부 안정 규율 요구를 어겼거나 빈곤현 규제 메커니즘을 어긴 행위 등 중점 문제들이 포함된다.

민주감독은 중국특색사회주의 민주정치의 중요한 형태 중의 한 가지로서 주로 빈곤인구가 많고 빈곤 발생률이 높은 전국의 8개 중서부 지역에 대해 각 민주당파가 감독을 진행케 했다. 중국국민당혁명위원회 중앙위원회는 꿰이쩌우(貴州)에 대해, 중국민주동맹 중앙위원회는 허난(河南)에 대해, 중국민주건국회 중앙위원회는 광시(廣西)에 대해, 중국민주촉진회 중앙위원회는 후난(湖南)에 대해, 중국농공민주당 중앙위원회는 윈난(雲南)에 대해, 중국치공당(致公黨) 중앙위원회는 쓰촨(四川)에 대해, 구삼학사(九三學社) 중앙위원회는 산시(陝西)에 대해, 대만민주자치동맹 중앙위원회는 간쑤(甘肅)에 대해 각각 감독을 진행하였다. 민주감독에는 빈곤인구에 대한 정확한 식별 상황, 빈곤인구의 정밀화 빈곤퇴치 상황, 빈곤현의 빈곤 딱지 떼기 상황, 빈곤퇴치 난관돌파 책임제 이행 상황, 중대 정책조치 집행 상황, 빈곤구제자금프로젝트 관리 및 사용 상황 등의 내용들이 포함된다. 민주감독은 민주당파의 참정 의정기능을 효과적으로 발휘하였다. 각 민주당파는 지능·인재·경험·경로 방면의 우세에 입각하여 전문가와 학자의 역할을 충분히 살려 빈곤지역의 빈곤퇴치 난관돌파사업을 효과적으로 도왔다. 사회감독은 주로 매체와 개인 및 사회 기타 역량이 빈곤퇴치 난관돌파에 대해 감독하는 것이며, 주로 빈곤퇴치 난관돌파 중대 정책 공시공지제도, 민원감독 및 언론매체감독 세 가지 경로를 통해 진행된다. 예를 들면 빈곤퇴치 난관돌파 중대정책 공시공지제도를 통해 인민대중들은 자신의 이익에 관계되는 정부의 제반 정책결정에 대해 충분히 이해할 수 있고 문제가 있으면 수시로 반영할 수 있어 정보의 전달성과 광범위성을 보장하였다. 2017년 「국무원 빈곤구제판공실 민원처리 업무방법(시행)」은 기관 각 사(司)와 기관 당 위원회[인사사(司)]가 번갈아 민원접수 업무를 맡도록 명확히 규정하였다. 국무원 빈곤구제판공실의 민원방문 경로는 주로 당 중앙과 국무원 등 지도자들이 민원을 위탁처리하거나, 국가민원방문국 등 부서에 넘겨 처리하거나, 또 주임우편함, 신고전화, 대중이 편지를 쓰거나 방문하는 등의 경로가 포함된다. 이러한 경로를 통해 대중 감독의 경로를 효과적으로 확대하고 원활하게 소통하였다.

2) 심사평가 메커니즘

심사평가 메커니즘은 목표 지향적으로 빈곤퇴치 난관돌파 목표의 완성 여부 및 효과의 여하에 대해 검사하는 메커니즘이다. 총체적으로 볼 때 빈곤퇴치 난관돌파 심사평가메커니즘에 많은 사회역량을 도입하였는데, 이는 지방의 빈곤퇴치 난관돌파사업의 실행과 보완을 추진하는데 유리하다. 첫째, 성급 당 위원회와 정부의 빈곤구제 개발사업 성과에 대한 심사평가이다. 이번 심사평가는 2016~2020년 매년 1회씩 진행되었는데 국무원 빈곤구제 개발지도소조에서 조직 실시하였으며, 심사평가 내용에는 주로 정확한 식별, 빈곤구제 정밀화, 빈곤구제자금관리 등의 내용이 포함되었다. 빈곤퇴치 난관돌파를 시작한 이래 성급 당 위원회와 정부의 빈곤구제 개발사업의 성과에 대한 심사평가는 사업을 추진하는 중요한 방식으로 되었다. 둘째, 동서부지역의 협력에 대한 심사평가이다. 심사평가 대상에는 동부지역과 서부지역이 포함되고 심사평가 내용에는 조직지도, 인재지원, 자금지원, 산업협력, 노무협력, 손잡고 함께 샤오캉사회로 등 6개 방면의 내용이 포함된다. 그러나 동부지역은 주로 22가지 지표가 있고 서부지역은 지표가 14가지밖에 없다. 셋째는 중앙 단위 지정 빈곤구제업무에 대한 심사평가이다. 주로 지정 빈곤구제 사업단위와 중앙기업에 대해 심사평가를 진행한다. 심사평가 내용에는 주로 빈곤구제 성과, 조직지도, 간부 선발 파견, 독촉 검사, 기층 만족도 상황, 업무 혁신 등 6대 내용의 11가지 지표가 포함된다. 넷째, 빈곤현 퇴출에 대한 전문평가검사이다. 이 심사평가는 제3자 평가방식으로 진행되었다. 평가검사의 주요 내용 지표에는 종합 빈곤 발생률, 빈곤인구의 빈곤 퇴출 오류 비율, 빈곤인구 평가 누락률과 대중의 인정도 등이 포함되었고, 또 빈곤퇴치난관돌파사업의 배치, 중대한 정책조치의 이행, 인프라시설과 공공서비스의 개선, 후속 빈곤구제계획 및 공고화 향상 업무배치 상황 등이 포함된다. 2018년 이전에 퇴출하는 빈곤현에 대해서는 국무원 빈곤구제판공실이 검사를 조직하고, 2018년 이후에는 성 빈곤구제판공실이 전문 평가검사를 조직하였으며, 중앙은 빈곤현의 퇴출에 대해 추출 검사를 진행하였다.

참고 문헌

[1] "1963년도 국민경제계획과 1964년도 국민경제계획, 1963년도 국가예산과 1964년도 국가예산의 배정에 관한 결의"『인민일보』, 1963-12-04(2).

[2] 덩샤오핑.『덩샤오핑문선』. 제3권. 베이징, 인민출판사, 1993.

[3] 중공중앙문헌연구실.『제13차 당 대회 이래의 중요 문헌 문선(상)』, 베이징, 인민출판사, 1991.

[4] 장쩌민(江澤民). "덩샤오핑이론의 위대한 기치를 높이 들고 중국특색사회주의사업의 건설을 위한 21세기를 향해 본격적으로 뒷받침하자".『인민일보』, 1997-09-13(1).

[5] 후진타오(胡錦濤). "중국특색사회주의의 위대한 기치를 높이 들고 샤오캉사회 전면 건설의 새로운 승리를 이룩하기 위해 분투하자",『인민일보』, 2007-10-16(1).

[6] 시진핑. "샤오캉사회의 전면 실현 승리를 이루고, 신시대 중국특색사회주의 위대한 승리를 쟁취하자",『인민일보』, 2017-10-19(1).

[7] 마르크스·엥겔스.『마르크스엥겔스선집』: 제2권, 3판. 베이징, 인민출판사, 2012.

[8] 후성(胡繩).『중국공산당의 70년』. 베이징: 중공당사출판사, 1999.

[9] 유엔개발계획 주중 대표처.『중국인류발전보고서(2016)』, 베이징, 중역출판사(中譯出版社), 2016.

[10] 왕싼꿰이(汪三貴)·궈쯔하오(郭子豪).『중국 빈곤구제 정밀화에 대하여』, 꿰이쩌우(貴州)사회과학, 2015(5).

[11] 왕싼꿰이.「발전과정에서 빈곤을 전승: 중국 30년간의 대규모 빈곤경감경험에 대한 종합과 평가』,『경영세계(管理世界)』, 2008(11).

[12] 중공중앙과 국무원이 인쇄 발부한 「중국 농촌 빈곤구제 개발요강(2011-2020년)」. 중국 정부 사이트, http://www.gov.cn/gongbao/content/2011/content_2020905.htm.

[13] KRAAY A . When is growth pro-poor? Cross-country evidence. IMF working papers, 2004(47).

[14] CHEN S. RAVALLION M. China' s(uneven) progress against poverty. The World Bank, 2004.

[15] 세계은행. 빈곤지역에서 빈곤인구에 이르기까지: 중국 빈곤구제 어젠다의 발전변화: 중국빈곤과 불평등문제 평가. 2009.

[16] 덩샤오핑. "사상을 해방하고 실사구시하며 일치 단합하여 앞으로". 『인민일보』, 1983-07-01(1).

[17] 왕싼꿰이 · 쩌샤오시(曾小溪). 「지역 빈곤구제 개발에서 빈곤구제 정밀화까지: 개혁개방 40년 중국 빈곤구제 정책의 발전변화 및 빈곤퇴치 난제돌파의 난점과 대책」, 『농업경제문제』, 2018(8).

[18] "중국공산당 창당 95주년 경축대회 베이징에서 성대히 거행", 『인민일보』, 2016-7-2(1).

[19] 재정부 농업사(司) 빈곤구제처(處). 「'4가지가 성(省)까지' 에서 '4가지가 현까지' 로: 빈곤구제 개발사업책임제의 탐색 및 보완」. 『당대농촌재정경제』, 2008(7).

제3장

2020년의 절대적 빈곤퇴치의
기준은 무엇인가

제3장

2020년의 절대적 빈곤퇴치의 기준은 무엇인가

1. 빈곤구제의 효과는 진정한 것일까

빈곤구제 정밀화를 실시하기 시작한 이래 중국 빈곤인구는 2012년 말의 9천899만 명에서 0명으로 줄어들었고 전국 832개 빈곤현(縣)이 모두 빈곤의 딱지를 떼어버렸으며 지역성 빈곤문제가 효과적으로 해결되었다. 또 빈곤인구가 전부 빈곤에서 벗어나고 수 천 년간 중국을 괴롭혀오던 빈곤문제가 역사적으로 해결되었다.

정밀화 빈곤구제를 실시하기 시작하여 짧은 8년 동안에 약 1억 명 가까이 이르는 빈곤인구의 빈곤경감 임무를 실현한 것은 세계 역사에서도 놀라운 장거이다. 이처럼 큰 성과를 거둔 것에 대해 "빈곤구제 효과가 진실 된 것일까? 이런 빈곤구제는 단순히 빈곤가구에 돈을 나눠주는데 그쳤는가? 아니면 빈곤가구를 유발시키는 생활조건과 자체능력을 개선하여 내적 발전을 제고시키는 면에서 빈곤가구를 장기적으로 발전할 수 있도록 촉진시키고 있는가?" 하는 질문을 던지는 사람들도 있을 수 있다. 이런 질문에 대답하려면 반드시 중국 빈곤인구의 빈곤퇴치기준과 빈곤현이 빈곤의 딱지를 떼어버릴 수 있는 기준으로부터 말해야 한다.

2. 중국의 빈곤퇴치기준

(1) "한 가지 기준 도달, 두 가지 걱정 덜기, 세 가지 보장"이란 무엇인가?

2011년 중공중앙과 국무원이 「중국농촌빈곤구제 개발요강 (2011~2020년)」을 인쇄 발부하여 "2020년까지 빈곤구제 대상의 먹을 걱정과 입을 걱정을 덜어주고 의무교육·기본의료·주택안전을 보장해주는 목표를 안정적으로 실현할 것이다. 빈곤지역 농민의 1인당 순소득 증가폭이 전국 평균 수준을 웃돌게 하고 기본 공공서비스 주요 분야의 지표가 전국 평균 수준에 접근하도록 하며, 발전 격차가 확대되는 추세를 돌려세울 것이다."라고 제시하였다. 이 총체적 목표는 소득·교육·의료·주택 등 기본 공공서비스에 대해 명확한 요구를 제기하였는데 빈곤인구까지 아울러 구체화하였다. 빈곤퇴치기준은 "한 가지 기준 도달, 두 가지 걱정 덜기, 세 가지 보장"으로 종합할 수가 있다. "한 가지 기준 도달"이란 빈곤가구 1인당 평균 가처분소득이 당해 국가 빈곤선기준(2020년은 4천 위안)을 넘어서는 것을 가리킨다. "두 가지 걱정 덜기"란 빈곤인구의 먹을 걱정과 입을 걱정 두 가지 걱정을 덜어주는 것을 가리킨다. "세 가지 보장"은 의무교육·기본의료·주택안전 세 가지를 보장해주는 것을 가리킨다. "한 가지 기준 도달, 두 가지 걱정 덜기, 세 가지 보장"이라는 빈곤퇴치기준은 소득 면에서 빈곤인구가 기본 수준에 도달할 것을 요구할 뿐만 아니라 인류의 기본 생존조건으로부터 출발하여 전면적인 요구를 제기한 것이다. 평가검사 과정에서 현실적 상황으로 볼 때 소득지표를 약화시키고 빈곤퇴치기준을 "두 가지 걱정 덜기, 세 가지 보장"에 초점이 맞춰졌다. 이렇게 하는 원인은 주로 두 가지가 있다. 첫째, 구체적인 소득 수치를 조사하기가 어렵기 때문에, 농가들은 생산활동 중의 모든 수익과 원가를 명확히 계산하기 어려우므로 일반적으로 조사하고 확인하는 방식을 취하게 된다. 둘째, "두 가지 걱정 덜기, 세 가지 보장" 과정과 결과는 조사하고 확인하기가 비교적 쉽다는 것이다.

식수 안전과 주택의 안전 여부는 전문 기관을 통해 감정하고 감별할 수 있다. 조사연구인원이 현지 취수를 통해 취수하는데 걸리는 시간이 기준을 넘었는지의 여부를 검사할 수 있고 기본 의료는 빈곤인구의 보험가입 기록, 의료비용 청구 정산기록을 조사하는 것을 통해 확인할 수 있으며 의무교육단계에서 중퇴하는 소년아동이 있는지 여부는 소년아동과 그 부모와의 인터뷰, 취학 관련 흔적 조회, 그리고 이웃 사람들에게 알아보고 교육기관에 확인하는 등의 방식을 통해 판단할 수 있다. 이런 사항들은 파악하기가 비교적 쉽다. 더 중요한 것은 단순히 빈곤가구의 소득을 빈곤선 이상으로 끌어올리는 것은 장기적으로 볼 때 의미가 크지 않으며, 오직 빈곤가구의 자체 발전능력을 키울 수 있도록 지원함으로써 빈곤인구가 시장경쟁에 자유롭게 참여할 수 있고 발전할 수 있도록 하는 것이야말로 "근본적인 해결책"이며, 이것이 바로 흔히 말하는 "물고기를 주는 것보다 물고기 잡는 법을 알려주는 게 낫다"라는 것을 중앙과 지방 각급 정부가 다 알고 있다는 것이다.

(2) 빈곤퇴치는 왜 "두 가지 걱정 덜기, 세 가지 보장"에 초점을 맞춰야
   하는가

　빈곤퇴치기준 중 가장 중요한 부분은 "두 가지 걱정 덜기, 세 가지 보장"이다. "두 가지 걱정 덜기, 세 가지 보장"이라는 것은 인류가 최소한의 생활수준을 유지하는 기본 시스템이자 핵심 지표다. 단순히 수입을 늘리는 것만으로는 빈곤인구의 생산, 생활조건을 개선할 수 없으며, 사실상 빈곤문제를 근본적으로 해결할 수도 없다. 빈곤은 복잡하고 종합적인 사회현상으로서 그 종합적이고 복잡한 특징은 빈곤이란 단지 수입만 부족한 것이 아니라 특히 생산, 생활조건의 부족과 권리의 부족이라는 사실을 결정짓는다는 것이다. 빈곤은 다차원적인 특성을 띤다. 다차원적 빈곤의 관점에서 보면 수입은 단지 빈곤을 가늠하는 하나의 측면일 뿐이며 단백질 섭취가 부족하고, 고정 거주처가 없으며, 의료와 취학 경로가 좁고, 권리를 상실한 것도 빈곤을 초래하는 중요한 원인이 된다. 따라서 먹는 문제, 입는 문제, 의무교육, 기본 의료보험 및 주택 안전은 빈곤퇴치기준에 반드시 포함되어야 하는 요소로서 인류가 사회에서 생존하는 데 반드시 필요한 기본적인 시스템이자 서비스이다. 오직 기본적인 생존과 생활의 권리가 보장되어야만 모두가 수긍할 수 있는 "진정한 빈곤퇴치"라 할 수 있다. 빈곤은 가역성을 띤다. 안정적인 빈곤퇴치 실현의 관점에서 볼 때, 소득의 향상만 강조해서는 빈곤의 가역성이 가져다주는 부정적인 영향을 완전히 해결할 수가 없다. 반드시 다방면으로 종합적인 조치를 취하여 빈곤을 초래하는 원인으로부터 착수하여 다각도로 빈

곤을 초래하는 위험요소를 제거해야만 빈곤을 확실하게 철저히 없앨수 있다는 것이다. 어느 한 방면의 문제만 해결하게 되면 다른 위험요소의 작용을 받았을 때 이미 빈곤에서 벗어났던 인구들이 또 다시 빈곤에 빠질 수 있다. 그리고 식수·교육·주택·의료는 모두 빈곤을 초래하는 중점 요소들이다. 통계에 따르면, 전국적으로 가정에 의무교육 단계의 학령기 아동이 있는 빈곤가구가 약 29%를 차지하고, 전국에 병으로 인해 빈곤해진 빈곤인구가 약 36%를 차지하며, 가정에 중병환자가 있는 빈곤가구가 약 7%를 차지하고, 위험 주택에 거주하였던 적이 있는 빈곤가구는 약 20%를 차지하였다. 이로부터 질병과 교육의 원인으로 가난해졌거나 주택 안전을 보장받지 못하는 빈곤인구가 상당한 비중을 차지하고 있음을 알 수 있다. 따라서 "두 가지 걱정 덜기, 세 가지 보장"에 초점을 맞추는 것은 "진정한 빈곤퇴치"를 실현하는데 필요한 내용들이다. 여기서 교육에 대해서도 언급할 필요가 있다. 교육 지원에 의한 빈곤구제는 단순히 빈곤가구의 교육부담이 과중한 문제를 해결하는 데만 그칠 것이 아니라 더욱 중요한 것은 빈곤이 대물림되는 문제를 해결하는 것이다. 현재 빈곤인구의 학력수준과 취업자질은 빈곤층 이외의 인구와 비교할 때 여전히 비교적 낮은 편이다. 연구 결과에 따르면 빈곤인구에 대한 지역적 빈곤구제 개발의 빈곤경감 효과가 그다지 좋은 편이 아닌 것으로 나타났다. 예를 들면 "마을 전체 개발 추진"(整村推進) 프로젝트 중의 인프라 건설이 실제로는 마을에서 대형 농용기계와 가정 내구재를 보유한 농가들이 이득을 얻고 빈곤인구는 인프라 시설에서 이득을 얻을 수 있는 문턱에 미처 당도하지 못하였다.(왜냐하면 그들은 대형 농용기계와 가정 내구재를 구매할 경제력을 갖추지 못하였기 때문이다.) 이런 현상이 나타나게 된 근본 원인은 빈곤인구 자체 발전능력의 부족으로 인해 빈곤의 함정을 스스로 뛰어넘을 수 없기 때문이다. 그렇기 때문에 빈곤경감 면에서 교육의 역할이 두드러진다. 빈곤의 대물림을 막는데 있어서 교육의 역할을 충분히 살려 빈곤층 후대의 학력과 능력을 향상시키는 것은 빈곤의 함정을 뛰어넘는 중요한 조치이다.

　종합적으로 "두 가지 걱정 덜기, 세 가지 보장"에 초점을 맞추고 소득을 보조로 하는 빈곤퇴치기준은 빈곤의 특징에 의해 결정된 것이다. "두 가지 걱정 덜기, 세 가지 보장"에 초점을 맞추는 것은 빈곤층의 내적 원동력을 제고하고 빈곤 해결의 장기적 효과 메커니즘을 구축하는 것을 논리적인 출발점으로 한 과학적인 정책결정이다. 대량의 사실을 통해서도 증명되었다시피 빈곤인구의 소득만 중시하고 빈곤인구의 생산, 생활 조건과 권리가 결여된 현실상황을 철저히 개선하지 않는다면 빈곤경감에서 뚜렷한 성과를 거두더라도 대중의 인정을 받기는 어려운 것이다.

(3) "두 가지 걱정 덜기, 세 가지 보장"이라는 기준 파악

　"두 가지 걱정 덜기, 세 가지 보장"이라는 것은 빈곤퇴치기준의 핵심 내용이다. "두 가지 걱정 덜기, 세 가지 보장"이라는 기준을 파악하는 것은 빈곤퇴치 난관돌파의 방향 및 성과와 관련된다. 기준을 잘 파악하면 단계를 나누어 차근차근 계획적으로 중국의 빈곤문제를

해결할 수 있지만 잘 파악하지 못하면 결과가 목표와 어긋나는 현상이 발생하게 된다. 총체적으로 말하면 기준을 낮추어도 안 되고 기대치를 높여도 안 된다는 것이 빈곤퇴치기준을 파악하는 하나의 종합적 원칙이다. "두 가지 걱정 덜기, 세 가지 보장"이라는 기준에서 "먹을 걱정 덜기"에는 주로 주식·단백질 섭취와 식수 안전 세 방면의 내용이 포함되는데 주식은 양곡으로서 배불리 먹을 수 있어야 하고, 단백질은 충족한 섭취량을 보장해야 하며, 단백질 식품(육류·계란·유제품·콩 제품 중 임의의 한 가지)을 매달 적어도 한 번씩은 먹을 수 있어야 한다고 요구한다. 그리고 식수 안전은 수질 상황, 물 부족 정도 및 취수의 편리 정도에 대해 요구하는 것인데, 식수의 수질이 기준에 부합해야 하고, 1년 중 연속적인 물 부족 시간이 한 달을 넘지 말아야 하며, 일상적인 물 사용을 충족시킬 수 있어야 하고, 1회 취수 시간이 20분을 넘지 않아야 한다. "입을 걱정 덜기"란 계절별 옷·이불·신발이 있고 사회사 기증하는 것에 주로 의존하지 않는 것을 가리킨다. "의무교육 보장"은 의무교육단계(일반적으로 만 6~15세를 가리킴) 학령기 소년아동이 신체적인 원인을 제외하고는 학업을 중퇴할 수 없다고 요구하고 있으며 신체적인 원인으로 인한 휴학은 허용한다. 그러나 신체적인 원인으로 학교에 다닐 수는 없지만 교육을 받을 조건이 구비된 학령기 소년아동에 대해서는 가정방문 교육을 받을 수 있도록 해야 한다. "기본 의료보장"은 도시와 농촌 주민의 기본 의료험, 중대질병보험 및 의료구조사업이 빈곤서류에 편입된 가구를 전면 아우를 수 있도록 하고, 중대질병구조를 받은 뒤 중대질병에 걸려도 기본 생활에 영향을 주지 않을 수 있도록 할 것을 요구한다. "주택 안전 보장"은 빈곤인구가 C급이나 D급 위험한 주택에 거주하지 않게 되도록 요구한다.(위험 주택 등급은 현급 및 그 이상의 주택건설부서가 제공한 감정 결과를 근거로 함) 현재 "두 가지 걱정 덜기, 세 가지 보장"이라는 빈곤퇴치기준은 제한된 기한 내에 절대적 빈곤을 제거하기 위해 제정한 것으로서 중국사회주의 초급단계의 기본 국정과 현재의 발전단계에 부합되고, "기준을 낮추어도 안 되고 기대치를 높여도 안 된다"는 총체적 원칙에도 부합되며, "한술 밥에 배불리려는" 조급증도 방지하고 또 "오늘 할 일을 내일로 미루는" 지연증도 극복하여 빈곤퇴치 난관돌파사업을 순조롭게 추진하도록 하였다.

(4) 왜 기준을 낮추어도 안 되고 높은 기대감을 주어도 안 되는가?

1) 시진핑 총서기의 빈곤퇴치 관련 중요한 논술

시진핑 총서기는 다음과 같이 거듭 강조하였다. "빈곤퇴치기준에 있어서 목표를 확실히 포착하여 절대적 빈곤을 소멸할 것이라는 결심을 내리고 빈곤퇴치를 허위로 조작하거나 기준을 낮춰 빈곤퇴치의 질을 저하시켜서도 안 되며, 또 실제상황에서 이탈하여 기준을 터무니없이 높여 사람들의 기대치를 높여서도 안 된다. 실제 상황에 맞춰야 한다. 실제에서 이탈하면 사람들의 기대치가 너무 높아져 힘에 부치게 된다. 작은 말로는 큰 수레를 끌지 못하며 끌지 못하면 선의가 일을 그르치는 결과를 초래하게 된다." 빈곤퇴치에 대한 시진핑 총서기의 중요한 논술은 인민 중심의 발전사상을 충분히 보여주었으며 인민성·과학성·시대성의 특징을 띤다. "빈곤퇴치를 허위로 조작하거나 빈곤퇴치의 질을 저하시켜서는 안 된다"라고 한 것은 인민성의 특성을 충분히 구현하였고 성심성의로 인민을 위해 봉사하는 당의 근본 취지를 실천한 것이다. 절대적 빈곤퇴치의 목표를 확실히 포착한다는 취지를 견지한다는 것은 과학적 특징을 구현한 것이다. 빈곤문제를 몇 년 사이에 해결할 수는 없다. 그러나 절대적 빈곤은 특정 지역의 빈곤구제 개발 사업이 성과를 거둔 토대 위에서 단기간의 특수 정책과 상규를 벗어난 조치를 통해 해결할 수 있다. 먼저 절대적 빈곤을 해결하고 다시 상당히 긴 한 기간의 상규적 조치를 이용하여 '상대적 빈곤'을 완화시키는 것이 빈곤문제를 해결하는 과학적이고 효과적인 방법이다. 신 중국이 창건된 후 특히 개혁개방 이래 중국은 비록 농촌 사회경제 발전에서 뚜렷한 성과를 거두었지만 여전히 사회주의 초급단계에 처해 있는 기본 국정은 바뀌지 않았다.

중국은 또 세계 최대 개발도상국으로서 인구부담이 비교적 크고 사회보장기금잔고가 비교적 적어 빈곤퇴치의 높은 기준을 제정할 수 있는 조건을 갖추지 못하고 있다. 그러나 중국은 수 십 년간의 빈곤구제 개발을 거쳐 빈곤퇴치에서 일정한 성과를 거두었고 현 단계에서 절대적 빈곤을 퇴치할 수 있는 사회적 토대와 물질적 토대가 마련되었다고 할 수 있다. 이 시점에서 절대적 빈곤을 소멸할 것을 제기한 것은 시대적 특징을 충분히 구현한 것이며 중국사회경제 발전의 단계적인 특징에 부합된다.

2) 기준의 저하와 빈곤퇴치의 품질

빈곤퇴치 난관돌파전은 총성 없는 전쟁으로서 전쟁에서 승리해야 할 뿐만 아니라 더욱이는 잘 치러야 한다. 빈곤퇴치 난관돌파전을 잘 치르는 중요한 표현 중의 하나는 바로 빈곤퇴치의 질을 향상시켜 질 높은 빈곤퇴치를 실현하는 것이다. 의심할 것 없이 빈곤퇴치의 질은 또 빈곤퇴치의 기준과 밀접한 연관이 있다. 기준을 낮추면 빈곤퇴치의 질이 크게 떨어지고 빈곤가구의 직접적인 이익도 손해를 보게 된다. 현 단계 우리의 주요 목표는 절대적 빈곤을 퇴치하는 것이다. 빈곤퇴치의 질을 보장하려면 우선 "두 가지 걱정 덜기, 세 가지 보장"이라는 현행 기준을 견지해야 한다. 이는 인류의 생존에 필요한 기본적인 물질 조건이다. 만약 기준을 더 낮춘다면 필히 빈곤인구의 기본 생존문제를 해결할 수 없을 것이다. 빈곤인구의 기본 생존문제조차 해결하지 못하면서 어떻게 빈곤퇴치에 대해, 또 절대적 빈곤퇴치에 대해 운운할 수 있을 것이며, 더구나 빈곤구제에 기여하였다고 세계적으로 인정을 받는 것에 대해 운운할 수 있겠는가.

이밖에도 빈곤퇴치의 질을 보장하려면 빈곤인구의 내적 원동력을 제고시키는 것을 견지하여 빈곤퇴치의 장기 효과 메커니즘을 구축함으로써 빈곤인구가 사회주의 시장경제 속에서 자아발전과 안정적인 수익 창출을 실현하도록 해야 한다. 이는 빈곤퇴치 난관돌파 과정에서 산업에 의한 빈곤구제를 통해 어느 정도 구현된다. 농업 산업은 빈곤경감 효과가 가장 좋은 산업으로 단시일 내에 빈곤인구의 소득을 증가시킬 수 있을 뿐만 아니라 빈곤인구의 산업발전 능력도 양성할 수 있다. 그러나 농업 산업의 발전도 리스크가 큰 곤경에 직면하고 있으므로 농업 산업에 의한 빈곤구제는 지방정부가 실천과정에서 운영하기 비교적 어려운 내용이다. 총체적으로 중앙은 산업에 의한 빈곤구제가 단순히 "돈과 물건을 나눠줄 것"이 아니라 현지 실정에 맞아야 하고 동질화 현상이 발생하는 것을 피해야 하며, 빈곤인구의 내적 원동력을 제고시키는 것을 중점으로 하여 산업의 지속가능한 발전을 견지토록 해야 한다고 요구하고 있다. 이와 관련된 조치에는 또 타지 이주에 의한 빈곤구제가 있다. 대량의 자금이 보장된 상황에서 빈곤인구 이주에 알맞은 하드웨어 조건이 이미 기준에 도달하여 '이사 나가는' 문제는 이미 해결되었지만 중요한 것은 이주 인구의 후속 지원, 즉 '안정적 정착'으로서 이주 인구가 전입지에서 특색산업을 발전시키거나 또는 현지 빈곤구제 작업장에서 노동을 하여 생계문제를 해결할 수 있도록 하는 것이다. 그래서 비록 산업에 의한 빈곤구제와 타지 이주에 의한 빈곤구제의 후속 지원이 빈곤인구의 빈곤퇴치기준의 하나가 될 수는 없지만 실제 평가검사에서 중요한 관심사항으로 심사평가단의 주목을 받았으며 지방정부의 해결을 요구하는 문제가 되었다.

3) 기준을 높이는 부정적인 격려효과와 절벽효과

현재 중국은 여전히 사회주의 초급단계에 처해 있으므로 제한된 자원과 인력을 현재 시급히 해결해야 할 문제에 투입하는 수밖에 없다. 빈곤은 사회경제 발전의 여러 방면과 관련된다. 만약 한 방면에서 기준을 높이면 반드시 다른 방면의 자원 투입에 영향을 주게 되고 최종적으로 전체적인 빈곤경감 효과에도 영향을 주게 된다. 그러므로 기준을 높이면 일정한 부정적인 격려효과와 절벽효과가 생기게 된다. 빈곤퇴치 난관돌파 초기에 일부 지방 정부는 빈곤퇴치기준에 대한 이해가 투철하지 않아 기준을 높이는 현상이 나타났다. 예를 들면 가구마다 포장도로가 통하도록 할 것을 요구하고 빈곤가구가 입원치료를 받았을 경우 의료비용 전액을 정산해주며 심지어 보조금까지 내주었으며 위험 주택 개조면적이 기준을 초과하는 등의 현상으로 인해 일련의 부정적인 격려효과와 절벽효과를 초래하였다.

첫째, 자금사용 효율이 높지 않고 자원의 낭비를 초래하였다. 예를 들면, 서남지역은 빈곤인구가 분산적으로 거주하고 있으므로 가구마다 포장도로가 통할 수 있도록 할 필요가 없다. 가구마다 포장도로가 통하도록 하는 것은 자원 낭비를 초래하는 것이며 자금 사용 효율이 높지 않다. 일부 지방에서는 중병의 보장에 자금을 돌리고 있는 반면에 일부 흔한 질병과 만성질병은 보장을 받지 못하고 있다. 그런데 만성질병은 단기간 내에 완치되지 않아 장기간 약을 복용해야 하기 때문에, 이 부분의 지출이 빈곤가구 지출의 많은 부분을 차지한다. 이 부분의 지출이 반드시 보장을 받아야 한다. 물론 중병 치료에 들어가는 지출은 더 크다. 그런데 일부 지방에서는 조건을 고려하지 않고 빈곤가구에 대한 정산 비례를 95%이상으로 정하였는데 이는 현단계의 재력으로는 감당할 수 있는 범위를 크게 벗어난 것이다. 기준을 높이는 이런 방법은 의료보험기금의 지속적인 운행에 심각한 영향을 주게 된다.

둘째, 빈곤가구에 부정적인 격려를 주었다. 빈곤가구가 병원에 입원할 경우 약값을 면제받을 수 있을 뿐 아니라 심지어 보조금까지 받을 수 있으므로 빈곤가구는 겨울철에 큰 병이 없어도 보조금을 받기 위해 병원에 입원하는 탓에 병원은 환자가 넘쳐나고 공공자원을 심각할 정도로 낭비하는 결과를 초래하게 되었다.

셋째, 빈곤가구의 부담을 가중시켰다. 빈곤가구 위험 주택 개조 면적을 맹목적으로 늘리는 것은 빈곤인구를 빚더미에 올라앉게 하여 오히려 부담을 가중시켜 빈곤인구가 다른 위험에 더욱 취약하게 하는 결과를 초래하였다.

넷째, 절벽효과를 가중시켰다. 일부 빈곤촌과 비(非)빈곤촌은 빈곤퇴치 난관돌파 초기에 인프라시설 조건에 큰 차이가 없었지만 빈곤촌의 인프라건설의 기준을 맹목적으로 높임으로써 절벽효과가 갈수록 커지게 되었다. 현재 일부 비빈곤촌은 빈곤촌보다 인프라시설이 훨씬 더 뒤처져 있다.

이 모든 것은 표준을 높임으로써 초래된 좋지 않은 후과라 할 수 있다.

(5) 빈곤현의 식별과정과 빈곤의 딱지를 떼는 기준

미시적 차원에서 볼 때 빈곤인구의 빈곤퇴치는 절대적 빈곤퇴치의 주요 임무이자 목표이고, 거시적 차원에서 볼 때, 절대적 빈곤퇴치는 또 832개 빈곤현 정부가 빈곤현의 딱지를 떼어버릴 것을 요구한다.

빈곤현을 식별하기 시작한 역사는 1986년까지 거슬러 올라간다. 그때 당시 1985년 농민 1인당 순소득에 따라 계산하여 농업지역의 현은 농민 1인당 순소득이 150위안 이하, 목축업지역의 현은 200위안이하, 원 혁명근거지 현은 300위안이하일 경우 국가 구제 범위에 포함시켰다. 그때 당시 국가의 중점 구제 범위에 포함된 빈곤현은 331개였다. 1994년 「국가87빈곤구제난관돌파계획」이 시작될 때 빈곤현에 대한 조정을 거쳤다. 1992년 농민 1인당 순소득이 700위안을 초과하는 현은 일률적으로 빈곤현 리스트에서 퇴출시키고, 400위안 미만인 현은 전부 포함시키는 방법에 따라 전국적으로 592개의 국가 중점 구제 빈곤현을 확정하였다. 2001년 「중국농촌빈곤구제 개발요강(2001~2010년)」은 국가가 중점적으로 지원하는 빈곤현에 대한 2차 조정을 거쳐 빈곤현을 국가빈곤구제 개발 중점 현으로 개칭하고 동부의 33개 중점 현 지표를 전부 중서부에 주는 것으로 조정하여 동부에는 더 이상 국가급 중점 현을 지정하지 않기로 하였다. 이와 동시에 시짱(西藏) 전역이 중점 현의 대우를 누리되 중점 현 지표는 차지하지 않는 걸로 하였다. 이로써 전국적으로 총 592개 중점 현이 빈곤구제 개발중점구역으로 되었다. 2011년 「중국농촌빈곤구제 개발요강(2011~2020년)」을 반포하여 국가가 중점적으로 지원하는 현에 대한 3차 조정을 진행하였다. 이번 조정은 이전의 조정방법과는 달리 권력을 성(省)에 이양하였다. 이번 조정은 "소득이 높은 현은 국가빈곤구제 개발 중점 현 범위에서 제외시키고 소득이 낮은 현은 범위에 포함시키며, 하나를 제외시키면 하나를 포함시키며, 엄격한 절차를 거치고, 전체수에는 변화가 없도록 한다(高出低進, 出一進一, 嚴格程序, 總量不變)"의 원칙에 따라 원래의 국가빈곤구제 개발 중점 현을 38개 조정하여 제외시키고, 원래의 비중점 현 38개를 조정하여 국가빈곤구제 개발 중점 현에 포함시켜 전국 중점 현의 총수는 여전히 592개를 유지케 하였으며, 그 수는 지금까지 유지되어 오고 있다.

592개의 국가빈곤구제 개발 중점 현을 제외시키고 2011년에는 대면적 밀집, 중점 부각, 전국 총괄, 완전한 구획의 원칙에 따라 극빈밀집지역 현을 구분하였는데 극빈밀집지역의 2007~2009년 3년간의 현 지역 1인당 국내총생산, 1인당 재정 일반 예산성 수입, 현 지역 농민 1인당 순소득 등의 빈곤 정도와 밀접히 관련된 지표를 기준으로 삼아 이 세 가지 지표가 모두 같은 시기 서부지역의 평균 수준보다 낮은 현(구, 시) 그리고 자연지리 위치가 서로 연결되어 있고, 기후환경이 비슷하며, 전통산업이 같고, 문화와 풍속이 서로 통하며, 빈곤유발요소가 비슷한 현을 극빈 밀집지역 현으로 구분하였다. 구분 과정에서 소수민족의 현과 원 혁명근거지였던 현, 국경지역 현에 대해서는 가중치를 늘리는 방법을 채용하여 우대와 배려를 해주었다. 최종적으로는 전국에서 특별 빈곤밀집지역을 11개로 구분하였으며, 이미 특별지원정책을 실시하고 있는 시짱(西藏), 칭하이(靑海)·쓰촨(四川)·윈난(雲南)·간쑤(甘肅) 등 4개 성(省)의 장족(藏族)지역, 신장(新疆)자치구 난장(南疆)의 4개 지주(地州, 지구 또는 자치주)와 더불어 이 지역은 빈곤구제 난관돌파의 주전장이 되었다. 2017년에는 극빈 밀집지역에 대한 지원정책을 누리는 신장 아커쑤(阿克蘇)지역을 빈곤 모니터링

대상 범위에 포함시켜 난장의 지주(地州)가 3개에서 4개로 되었다. 이로써 전국 빈곤구제 개발중점 현이 592개, 14개 극빈 밀집지역의 현이 680개인데 그중 440개 빈곤현이 서로 겹쳐 결국 832개가 되었다.

이 832개 빈곤현이 빈곤의 딱지를 떼어버리려면 전부 빈곤현 퇴출 전문평가검사를 거쳐야 하며, 제3자 평가방식을 통해 결정해야 한다. 평가기관으로는 흔히 대학교와 과학연구기관이 선정되며, 평가가 전문성과 객관성을 띠게 된다. 제3자 평가방식을 통해 빈곤현 퇴출의 공신력을 증강시켜 사회 대중의 믿음을 얻을 수 있다. 빈곤현 퇴출의 주요 지표는 종합빈곤 발생률이다. 서부지역의 종합빈곤 발생률은 원칙상 3%를 초과해서는 안 되고, 중부지역은 2%를 초과해서는 안 되며 빈곤퇴치 인구의 퇴출 평가 오류율과 빈곤인구 평가 누락률은 원칙상 2%를 초과해서는 안 되며, 대중의 인정도는 원칙상 90%미만이어서는 안 된다. 이처럼 높은 평가기준으로 현급 정부의 책임을 확고히 다져 많은 현급 정부가 빈곤퇴치 난관돌파 과정에서 자신을 스스로 엄격히 요구하여 될수록 퇴출평가 오류와 평가 누락현상이 나타나지 않도록 함으로써 빈곤구제효과의 진실성을 향상시켰다. 중서부의 대부분 성(자치구·직할시)이 2020년 상반기에 이미 빈곤의 딱지를 떼어버렸고, 광시(廣西)·쓰촨(四川)·꿰이쩌우(貴州)·윈난(雲南)·간쑤(甘肅)·닝샤(寧夏)·신장(新疆) 등 7개 성·자치구의 나머지 52개 빈곤현도 2020년 말 전까지 심사평가 절차를 마치고 빈곤퇴출을 선포하였다.

3. 중국의 빈곤퇴치기준과 세계 빈곤기준의 비교

개혁개방 이래 중국은 "1978년 기준", "2008년 기준", "2010년 기준" 총 3가지 서로 다른 빈곤선기준을 적용하였었다. 그중 "1978년 기준" 은 1978년의 가격으로 1인당 연간 100위안이었는데 1인당 하루 2,100 cal 열량의 식비지출을 보장하며 식비지출 비중은 약 85%였다. 그 당시 농촌의 실정에 비추어 이 기준 하에서 농촌 주민들은 끼니나 겨우 때우는 상황이었다. "2008년 기준"은 2000년의 가격으로 1인당 연간 865위안이었는데 이는 기본 생계기준으로서 이 기준은 "1978년 기준"을 토대로 음식물 이외의 부분을 확대하여 식비 지출의 비중을 60%로 낮추어 "먹을 것이 있고 입을 것이 있는", 즉 최저생계를 기본적으로 충족시켰던 것이다. "2010년 기준"은 현행의 농촌 빈곤기준이다. 2011년의 가격으로 1인당 연간 2,300위안이었고, 2014년과 2015년의 가격으로는 1인당 연간 각각 2,800위안과 2,855위안이었으며, 2019년의 가격으로는 1인당 연간 3,128위안이었다. "두 가지 걱정 덜기, 세 가지 보장"이라는 기준을 결부시켜 측정한 기본상 안정적인 최저생계기준이다. 전국 주민 가구에 대한 직접적인 조사결과에 따라 추산하면, "세 가지 보장"을 만족시키는 전제 하에 현행 빈곤기준은 하루 2천100cal의 열량과 60g의 주요 단백질을 포함할 뿐만 아니라, 음식물 이외의 지출도 포함하는데 2014년 실제 식비지출은 53.5%였다. 이밖에 실제 추산 과정에 고랭지역에 대해서 1.1배 빈곤선을 적용하였다. 주의할 점은 빈곤선을 확정한 후 매년 "농촌 빈곤인구 생활소비자물가지수"에 근거하여 농촌 빈곤기준에 대해 연도조정을 진행하여 비교가능성을 보장한다는 것이다. 농촌 빈곤인구의 생활소비에서 식비지출이 차지하는 비중이 크기 때문에 조정할 때 실제 상황에 따라 식비지출의 가중치를 높였다. 조정을 거쳐 2019년에는 1인당 연간 3,128위안의 기준을 적용하였다. 비록 동일한 기준의 연도별 수치가 다르지만 모두 동일한 생활수준을 대표하며 연도별 비교가 가능하다. 국제 빈곤기준은 일반적으로 세계은행이 발표한다. 현재 세계은행은 국가 종류가 다름에 따라 각국 통화를 PPP로 전환하여 세 가지 국제 빈곤선기준을 계산하고 있다. 극빈선은 1인당 하루 1.9달러로서 아프리카와 아시아 15개국의 국정 빈곤선을 2011년의 비교 가능한 달러화로 환산한 뒤 계산한 것이었다. 중등 빈곤선과 일반 빈곤선도 같은 방법으로 얻은 것으로 각각 1인당 하루 3.2달러와 1인당 하루 5.5달러였다. 1인당 하루 1.9달러와 비교하여 2015년의 1달러 대비 위안화 가치가 3,696위안인 PPP로 환산하면, 세계 빈곤선기준은 1인당 연간 2,563위안이고, 중국의 당해 년의 현행 빈곤선기준은 2,855위안으로 수입 면으로 볼 때 세계 빈곤선기준을 이미 초과하였던 것이다. '세 가지 보장'의 내용을 수입으로 환산하면 중국의 빈곤선기준은 세계 빈곤선기준을 훨씬 초과하였다.

국내 학자들의 제안에 따라 국내 빈곤선기준과 세계 빈곤선기준을 비교할 때 반드시 다음과 같은 몇 가지 문제에 주의해야 한다. 첫째는 어떤 빈곤선기준과 비교하느냐 하는 것이다. 세계 빈곤선기준은 3가지가 있다. 1인당 하루 1.9달러는 적빈선이다. 그러나 이 단계에서 중국의 목표는 전면적 샤오캉사회를 실현하는 것으로서 해결하고자

하는 것은 절대적 빈곤문제이다. 때문에 중국의 빈곤선기준을 1.9달러와 비교하는 것은 실제상황에 비교적 부합된다. 둘째는 비교 연도가 동일한지 여부이다. 현재 중국의 빈곤선기준과 세계 빈곤선기준은 모두 2011년을 기준으로 계산한 것으로 비교 기준 시기가 동일 시점에 속한다. 셋째, 빈곤선기준을 비교할 때 환율과 PPP는 모두 미흡한 부분이 있다. 시장의 환율은 여러 가지 요소의 영향을 받아 변화가 빠르기 때문에 각국 간 생활 소비수준의 차이를 잘 반영하지 못한다. 그리고 PPP는 정기적으로 업데이트가 되는 데다가 기초 데이터의 출처가 일관되지 않아 정확성이 늘 의문을 받곤 한다. 때문에 중국의 빈곤선기준과 세계 빈곤선기준을 비교할 때 수치상으로 비교하는 외에도 더욱이 기준이 대표하는 실제 생활수준을 긍정적으로 해석하여 빈곤인구의 빈곤퇴치의 진실성을 전면적으로 반영해야 한다. 중국의 현행 농촌빈곤선기준 중 빈곤인구의 빈곤퇴치는 소득기준에 도달하는 것 외에도 "두 가지 걱정 덜기, 세 가지 보장"을 요구하고 있다. 2011년 불변가격 2,300위안으로 제정한 빈곤선기준은 먹는 것과 입는 것을 걱정하지 않는 상황을 아주 잘 반영해준다. 즉 충족한 주식과 충분한 단백질, 그리고 따스함을 유지하는데 필요한 의복이 있어야 한다는 것이다. 그러나 "세 가지 보장"의 내용은 소득 이외의 것에서 구현되며 게다가 "세 가지 보장"은 또 중국의 빈곤퇴치 난관 돌파전의 중점이자 난제이기도 하다. 객관적으로 말하면 중국의 농촌 빈곤퇴치기준은 다차원적 빈곤의 각도에서 출발하여 제정한 것으로서 빈곤인구가 생존할 수 있는지의 여부에 관심을 두었을 뿐 아니라 또 빈곤인구의 생산과 생활의 기본조건과 권리에 관심을 두었다. 의무교육, 기본의료, 주택안전이 보장을 받은 후 빈곤인구의 실제 생활수준은 흔히 세계 빈곤선기준의 요구보다 더 높아진다. 필자는 실제 조사연구를 통해 빈곤퇴치 난관돌파 이전에 비해 빈곤인구 복지수준이 뚜렷이 개선되었음을 발견하였다. 즉, 일부 빈곤인구의 입원 치료비용의 자부담 비율이 10%미만이고 향(鄕)·진(鎭)의 위생소(보건소), 촌 위생실(보건실)은 의료시설과 의약품이 제대로 갖추어졌으며, 만성질병 건강관리 서비스의 정밀화가 실현되어 이전에는 빈곤인구가 "진료 받기가 어렵고" "치료비용이 비싼" 문제를 효과적으로 해결하게 되었다. 또 빈곤인구가 위험주택 개조 후 깨끗하고 넓은 주택으로 이주하였고, 타지 빈곤구제 이주 후 안전하고 넓은 안치지역으로 이주하였으며, 지질재해 위험이 해소되고 관련시설이 완비되어 생산과 생활 이외의 시간에 휴식과 오락방식이 크게 개선되었다. 그리고 의무교육 단계의 학령아동교육이 보급되고 하드웨어시설이 완비되어 교육 불균등 현상이 개선되었으며 이전에 농촌의 아동이 돈이 없어 학교에 갈 수 없고 다닐 학교가 없던 상황이 더는 존재하지 않게 되었다. 이밖에 산업취업 지원이 거의 전국을 아우르기에 이르러 소득 성장의 지속가능성이 강화되었다. 그러므로 진실한 생활상황으로 볼 때 중국 농촌 빈곤선기준 하에서의 빈곤인구의 빈곤퇴치 성과는 더욱 진실하고 신뢰할만하다고 하겠다.

참고 문헌

[1] "빈곤구제판공실이 발표한 빈곤구제 중점 현(縣)과 극빈 밀집지역의 현(縣) 인정 역사", (2013-03-04). http://www.gov.cn/gzdt/2013-03/04/content_2344631. htm.

[2] 왕핑핑(王平平) 등, 「중국 농촌 빈곤기준문제연구」, 『조사연구의 세계』, 2015 (8).

[3] 국가통계국 주민조사판공실, "2001/2006/2009/2015년 중국농촌의 빈곤 모니터링 보고", 베이징(北京), 중국통계출판사, 2001/2006/2009/2015.

[4] 셴쭈더(鮮祖德) 등, 「중국농촌의 빈곤기준과 빈곤에 대한 모니터링」, 『통계연구』, 2016, 9 (33).

[5] 리샤오윈(李小雲), "두 가지 걱정 덜기, 세 가지 보장" 목표실현의 장기적 효과 메커니즘의 구축", (2019-08-15). http://www.qstheory.cn/2019-08/15/c_1124879608. htm.

[6] 충칭(重慶)시 중국특색사회주의 이론체계 연구센터, "시진핑 총서기의 빈곤구제 사업 관련 중요한 논술을 깊이 인식해야 하는 중대한 의의",(2019-05-14). https://epaper.cqrb.cn/html/cqrb/2019-05/14/007/content_231810.htm.

[7] "국무원 빈곤구제판공실. 중국 현행의 빈곤기준은 이미 세계은행의 기준보다 높다", (2015-12-15). http://www.xinhuanet.com/politics/2015-12/15/c_1117470269.htm.

[8] 리샤오윈(李小雲), 쉬진(徐進) 등, 「중국 빈곤경감 40년: 역사와 사회학을 토대로 한 시험적 해석」, 『사회학연구』, 2018 (6).

[9] 황청웨이(黃承偉), 「중국 빈곤경감이론의 새로운 발전이 마르크스주의 빈곤퇴치 이론에 대한 독창적인 기여 및 그 역사적, 세계적 의의」, 『시안(西安)교통대학학보 (사회과학판)』, 2020, 1 (40).

제4장

샤오캉사회의 전면적인 실현과
빈곤퇴치 난관의 돌파

제4장
샤오캉사회의 전면적인 실현과 빈곤퇴치 난관의 돌파

1. 중국은 왜 또 다시 빈곤퇴치의 난관을 돌파해야만 하는가?

빈곤을 퇴치하고 민생을 개선하며 공동 부유를 점차 실현하는 것은 사회주의의 본질적 요구이며 중국공산당의 중요한 사명이다. 2020년에 이르러 샤오캉사회를 전면적으로 실현하여 첫 번째 백년 분투 목표를 실현하는 것은 중국공산당이 전국 인민에게 한 장엄한 약속이다. 시진핑 총서기는 "샤오캉사회를 전면 실현하는데서 가장 막중한 임무는 농촌, 특히 빈곤지역에 있다. 농촌의 샤오캉, 특히 빈곤지역의 샤오캉이 없으면 샤오캉사회의 전면적 실현을 이룰 수 없다."라고[10] 지적하였다.

신 중국이 창건된 후 중국공산당은 인민들을 인솔하여 생활상황을 꾸준히 개선하면서 빈곤과의 전쟁을 꾸준히 전개해왔다. 개혁개방 이후, 중국은 중국 특색의 빈곤구제 개발의 길을 성공적으로 개척하였다. 경제가 질 높게 비약적으로 발전하고 농업과 농촌의 개혁이 깊이 있게 추진되었다. 당과 정부가 대규모 빈곤구제 개발을 꾸준히 실시하여 농민의 가처분소득이 꾸준히 향상되고 있으며, 생산과 생활이 낮은 수준에서 점차 높은 수준으로, 비전면적인 발전에서 점차 균

---

10) 시진핑. 시진핑 국정운영을 논함. 베이징: 외국문출판사, 2014: 189.

형이 잡힌 샤오캉사회로의 발전을 이루었다. 전 당과 전 사회의 공동 노력으로 농촌 빈곤인구가 대폭 줄어 7억7천여 만 명의 농촌 빈곤인구가 빈곤에서 벗어나는데 성공하여 중국은 세계에서 빈곤인구가 가장 많이 줄어든 국가가 되었으며, 또 세계에서 가장 먼저 유엔 밀레니엄개발목표를 완수한 국가가 되었다. 거시적 경제 환경의 변화와 더불어 특히 경제발전이 뉴 노멀(New Normal) 상태에 들어섬에 따라 지역개발을 중점으로 하는 농촌 빈곤구제방식은 이젠 목표를 이탈하고 빈곤구제효과가 떨어지는 문제가 나타났다.

18차 당 대회 이래 시진핑 동지를 핵심으로 하는 당 중앙이 샤오캉사회 전면 실현의 중임을 떠메고 빈곤퇴치 난관돌파를 국정운영의 두드러진 위치에 놓고 샤오캉사회의 전면적 실현, 첫 번째 백년 분투목표의 실현과 관계되는 새로운 차원으로 끌어올려 제1의 민생프로젝트로 삼아 '5위일체'의 총체적 배치와 '네 가지 전면적'인 전략적 배치에 포함시켜 정책결정과 배치를 진행하였으며, 형세를 잘 파악하여 빈곤구제의 정밀화·빈곤퇴치 정밀화의 기본방략을 제시하였으며, 빈곤구제 투입을 늘리고 빈곤구제 방식을 혁신하여 일련의 중대한 정책조치를 제정하여 중국 특색의 빈곤구제 개발의 길을 꾸준히 풍부히 하면서 확장하였다. 2013년 11월 3일 시진핑 총서기가 후난(湖南)성 샹시(湘西)주 화위안(花垣)현 스빠동(十八洞)촌에서 조사연구를 진행할 때 최초로 빈곤구제의 정밀화 사상을 제기하였다. 그는 "빈곤구제는 실사구시 해야 하고 현지 실정에 맞춰야 한다. 빈곤구제의 정밀화를 실시함에 있어서 구호를 외치는 데만 그치는 것을 극력 삼가야 하며, 또 비현실적으로 너무 높은 목표를 세우지도 말아야 한다."라고 강조하였다. 그 이후 시진핑 총서기는 빈곤구제 정밀화사업에 대해 일련의 새로운 사상, 새로운 논단, 새로운 관점을 제기하였고, 일련의 새로운 배치와 새로운 요구를 제기하여 시진핑 총서기의 빈곤구제 사업 관련 중요한 논리를 형성하였다. 이러한 중요한 논리를 지침으로 2015년 중공중앙과 국무원이 「빈곤퇴치 난관돌파전에서 승리를 거두는 데에 관한 결정」을 반포하여 "2020년까지 중국의 현행 기준 아래서 농촌 빈곤인구의 빈곤퇴치를 실현하여 모든 빈곤현이 빈곤의 딱지를 떼어버리고 지역 전체의 빈곤을 해결하는 목표와 임무"를 명확히 제정하였으며, 빈곤구제 정밀화와 빈곤퇴치 정밀화 방략을 전면적으로 실시하여 빈곤구제 개발사업의 새로운 국면을 개척하였다. 중국 특색의 정치적 우위를 견지하여 중앙에서 총괄적으로 계획하고, 성에서 총책임을 지며, 시·현에서 실행을 담당하는 "빈곤구제 개발사업 메커니즘"을 구축하였으며, 5급 서기가 빈곤구제업무를 담당하면서 층층이 주체적 책임을 확실하게 맡아 급별로 층층이 하향식으로 책임을 이행함으로써 빈곤구제 사업에서 결정적인 진전을 이루었다.

백리 길을 가는 사람은 구십 리를 반으로 친다. 우리는 빈곤문제가 중국의 사회경제 발전에서 가장 두드러진 취약한 부분이라는 점과 정세가 여전히 심각하다는 사실을 분명히 인식해야 한다. 이는 샤오 캉사회를 전면적으로 실현하는 관건이기 때문이다. 2019년 전국적으로 농촌의 빈곤인구가 551만 명이나 되었고, 52개 빈곤현이 빈곤의 딱지를 떼지 못하였다. 그런데 신종 코로나 바이러스 감염증(코로나19)

의 발생이 나머지 빈곤인구에 대한 빈곤퇴치의 어려움을 가중시켰을 뿐만 아니라, 이미 빈곤에서 벗어난 200만 명 인구가 다시 빈곤화 될 수 있는 위험과 300만 명의 빈곤층 경계에 있는 인구의 빈곤 발생 위험을 가중시켰다. 2020년은 마무리 해로서 시간이 촉박하고 임무가 막중하다. 이들 빈곤인구는 빈곤 정도가 더욱 심각하고, 빈곤경감의 비용이 더욱 많이 들며, 빈곤퇴치의 어려움이 더 크기 때문에 상규적인 조치로는 빈곤 상황을 떨쳐버리기가 어렵다. 계층 분포로 보면, 나머지 빈곤인구는 "구제할 만한 직업이 없고 빈곤에서 벗어날 수 있는 힘이 없는" 주로 장애인·독거노인·장기 환자 등의 빈곤인구, 그리고 교육·문화 수준이 낮고 기능이 부족한 일부 빈곤층 대중이다. 발전환경으로부터 보면 경제형세가 더욱 복잡해지고 경제가 하행할 수 있는 압력이 더 크다. 2020년 초에 코로나19의 대유행으로 농촌 빈곤가구가 외지에 나가 노무에 종사하여 소득을 늘리는 것에 영향을 끼쳐 일부 농가의 생산경영이 어려움에 부딪쳤고, 또 많은 빈곤지역의 빈곤구제 프로젝트의 가동이 지연되었다. 현(縣)급 빈곤지역은 재력이 약하고 인프라건설의 제약이 여전히 뚜렷하며, 기본 공공서비스의 공급능력이 부족했다. 또 산업발전의 활력이 강하지 못하고 구조가 단일하며 환경의 제약이 심해져 조방식 자원개발방식이 지속되기 어렵다. 그리고 빈곤인구의 취업경로가 좁고, 취업의 전향과 소득증대에서 큰 어려움을 겪고 있다. 예정 기한 내에 빈곤인구의 전면적 빈곤퇴치를 실현하려면 반드시 더 큰 결심과 더 명확한 구상, 더 정밀한 조치, 상규를 뛰어넘는 강도의 빈곤구제가 필요하다.

2015년 10월 중국공산당 제18기 제5차 전원회의에서는 첫 번째 백년 분투목표인 샤오캉사회를 전면적으로 실현하는 목표에서 출발하여 "빈곤구제 난관돌파"를 "빈곤퇴치 난관돌파"로 바꾸고 2020년까지 현행 기준으로 농촌 빈곤인구의 빈곤퇴치를 실현하고 모든 빈곤현이 빈곤의 딱지를 떼어버릴 수 있도록 하여 지역적 전체 빈곤의 해결을 확보할 것을 명확히 하였다. 2015년 11월 중공중앙과 국무원이 발표한 「빈곤퇴치 난관돌파전에서 승리를 거두는 것에 관한 결정」에서는 다음과 같이 제기하였다.

"빈곤구제 개발은 샤오캉사회의 전면 실현과 관계되고, 인민의 복지와 관계되며, 당의 집권기반을 공고히 하는 것과 관계되고, 국가의 장기적인 안정과 관계되며, 중국의 국제 이미지와 관계된다. 빈곤퇴치 난관돌파전에서 승리를 거두는 것은 전체 인민이 개혁과 발전의 성과를 공유하고, 공동 부유를 실현하는 중대한 조치이며, 중국특색사회주의 제도의 우월성을 보여줄 수 있는 중요한 징표이고, 경제발전의 뉴 노멀 상태에서 국내의 수요를 확대하고 경제성장을 촉진케 하는 중요한 경로이기도 하다. 각급 당 위원회와 정부는 반드시 빈곤구제 개발 사업을 중대한 정치적 임무로 삼아 책임감·사명감·긴박감을 명확히 증강시켜야 하고, 사상인식의 부족과 체제와 메커니즘이 완벽하지 않으며, 업무조치가 이행되지 않는 등의 불거진 문제를 확실히 해결하여 사명을 욕되게 하지 말고 용감하게 짊어지며 분초를 다투어 실속 있게 성실하게 추진하여 샤오캉사회를 전면적으로 실현하는 과정에서 불거진 취약한 부분을 서둘러 보완하여 한 지역도 한 민족도 절대 낙오하지 않도록 해야 한다."

이로부터 빈곤퇴치 난관돌파전이 전면적으로 시작된 것이다. 빈곤퇴치 난관돌파는 샤오캉사회의 전면 실현에 대한 상징적 지표이자 최저 한계의 임무이다. 시진핑 총서기는 다음과 같이 지적하였다. "샤오캉사회의의 전면적 실현, 첫 번째 백년 분투목표의 실현, 농촌 빈곤인구의 전면적 빈곤퇴치는 하나의 상징적 지표이다. 이 문제에 대해 줄곧 생각하고 또 줄곧 강조해오고 있는 것은 아직도 마음이 놓이지 않기 때문이다. 그래서 샤오캉사회이냐 아니냐 하는 관건은 농민을 봐야 하고, 가난한 농민들이 빈곤에서 벗어날 수 있느냐 없느냐를 보아야 한다고 말하는 것이다. 샤오캉사회를 전면적으로 실현하는 것은 전국 인민과의 장엄한 약속으로서 반드시 실현해야 할 뿐만 아니라 반드시 전면적으로 실현해야 하는 것이지 조금의 부족함이 없도록 해야 한다. 그때에 가서 아직 실현할 수 없다면서 아직 몇 해 더 분투해야 한다고 말할 수는 없다. 또 그때에 가서 샤오캉사회를 전면적으로 실현하였다고 선포까지 했는데, 그럼에도 여전히 수천만 명의 인구가 빈곤구제기준선 아래에서 생활하고 있게 할 수는 없는 것이다. 만약 그렇게 된다면 인민대중의 전면적 샤오캉사회에 대한 만족

도와 전면적 샤오캉사회에 대한 국제사회의 인정도에 필연적으로 영향을 주게 될 것이며, 또 인민대중 속에서 우리 당의 위망과 우리나라의 국제적 이미지에도 필연적으로 영향을 주게 될 것이다. 우리는 반드시 전 당, 전국, 전 사회의 역량을 동원하여 빈곤을 향해 총공격을 펼쳐 2020년까지 빈곤지역과 빈곤인구가 함께 전면적인 샤오캉사회를 이룰 수 있도록 매진해야 한다."[11]

왜 빈곤퇴치 난관돌파를 해야 하는가? 간단하게 말하면 샤오캉사회를 전면적으로 실현해야 하기 때문이다. 샤오캉사회를 전면적으로 실현하는 것은 일부 사람들만의 샤오캉사회가 아니라 모든 사람들의 샤오캉사회로서 모든 사람들을 고려해야 한다. 샤오캉사회의 전면적 건설에서 제기한 목표와 요구는 전국에 대한 요구로서 각 지역이 획일적일 수는 없다. 샤오캉사회를 전면적으로 실현함에 있어서 부족한 부분을 보완하여 발전의 불균형문제를 힘써 해결해야 하는데, 가장 중요한 것은 빈곤지역과 빈곤인구의 문제이다. 샤오캉사회의 전면적 실현은 '샤오캉'만을 강조하는 것이 아니라 더욱 중요하고 또 더욱 어려운 것은 '전면적'이다. '샤오캉'은 발전의 수준을 강조하고, '전면적'이라는 것은 발전의 균형성, 조화성, 지속가능성을 강조한다. 만약 2020년까지 우리가 총량과 속도 면에서 목표를 완성하였지만, 발전의 불균형, 부조화, 지속불가능의 문제가 더욱 심각해지고 취약점이 더욱 두드러진다면 진정으로 목표를 실현하였다고 할 수 없으며, 설령 나중에 실현하였다고 선포하더라도 인민대중과 국제사회의 인정을 받

11) 시진핑, 『시진핑의 사회주의사회 건설 관련 논술 자료』, 베이징, 중앙문헌출판사, 2017, 86쪽.

지 못할 것이다. 전면적 샤오캉사회가 아우르는 인구가 전면적이어야 하며, 전체 인민에게 혜택이 돌아가는 샤오캉사회여야 한다. 샤오캉사회를 전면적으로 실현하는데 있어서 두드러진 취약점은 주로 민생 영역에서 나타나며, 발전이 전면적이지 않은 문제는 각기 다른 사회 계층의 민생보장 방면에서도 상당한 정도로 나타난다. "천지가 아무리 넓어도 나라의 근본은 일반백성이다." 샤오캉사회를 전면적으로 실현하는데 있어서 최저 요구는 절대적 빈곤상태에서 생활하는 사람이 없어야 한다는 것이다. 따라서 "두 가지 걱정 덜기, 세 가지 보장"의 목표를 실현하려면 소득이 빈곤퇴치기준에 도달해야 한다. 농촌의 빈곤인구는 샤오캉사회를 전면적으로 실현하는 데서 가장 두드러진 취약점이다. 만약 농촌 빈곤인구의 생활수준이 뚜렷이 제고되지 못한다면, 전면적인 샤오캉사회 또한 납득시킬 수 없게 된다. 그래서 우리 당은 농촌 빈곤인구의 빈곤퇴치를 샤오캉사회 전면 실현의 기본 징표로 삼았으며, 빈곤구제의 정밀화·빈곤퇴치의 정밀화를 실시할 것을 강조하면서 더 큰 결심·더 정밀화한 사고방식·더 유력한 조치로 이례적인 조치를 취해 빈곤퇴치 난관돌파 프로젝트를 실시하여 중국의 현행기준으로 농촌 빈곤인구의 빈곤퇴치를 실현하여 빈곤현이 전부 빈곤의 딱지를 떼어버리고, 지역적 전체 빈곤을 해결할 수 있도록 확보하였다. 샤오캉사회를 전면적으로 실현하고 첫 번째 백년 분투목표를 실현하는 결승단계는 빈곤퇴치 난관돌파전에서 승리를 거두는 결승단계이기도 하다. 빈곤퇴치 난관돌파는 "난관을 공략"하고 "난관을 공략 점령"하는 막바지 단계를 겪었다. 신형의 공업화, 정보화, 도시화, 농업현대화의 동시 추진과 국가의 중대한 지역에 대한 발전전략을 가속화 하여 실시한 것은 빈곤지역의 발전에 중대한 기회와 양호한 환경을 마련하였고, 특히 국가의 종합적인 실력이 꾸준히 증강되어 빈곤퇴치 난관돌파전을 위한 튼튼한 물질적 토대를 닦아놓았다. 샤오캉사회를 전면적으로 실현시키기 위해서는 14억이 넘는 중국인이 한사람도 빠져서는 안 된다!

빈곤퇴치 난관돌파의 목표는 바로 절대적 빈곤문제를 해결하고, 샤오캉사회를 전면적으로 건설하는 데에서 취약한 부분을 보완하는 것이다. 전면적 샤오캉은 차이가 존재하는 샤오캉이고, 전면적 샤오캉사회는 전체에 비추어 하는 말이다. 그러나 최저 기준선은 절대적 빈곤상태에서 생활하는 사람이 없어야 한다는 것이다. 빈곤인구가 절대적 빈곤에서 벗어났다는 것은 단지 기본생계에 대한 욕구가 충족되고, 샤오캉사회의 문턱에 들어섰음을 의미할 뿐이다. 따라서 빈곤인구가 진정한 샤오캉생활을 누리려면 여전히 지속적인 노력이 필요한 것이다.

2. 샤오캉사회의 건설목표

"백성들이 고생이 너무 많으니 그들이 안락한 삶을 살게 해 주십시오." 샤오캉사회에는 중화민족이 예로부터 추구해온 사회의 이상이 깃들어있다. '샤오캉'이라는 개념을 이용하여 중국의 발전목표를 확립하는 것은 중국발전의 실제에 부합할 뿐만 아니라, 인민대중의 엄청난 인정과 지지를 얻었다.

샤오캉사회를 전면적으로 실현하는 것은 중화민족의 위대한 부흥이라는 '중국의 꿈'을 실현하는 중요한 한 단계로서 2020년까지 샤오캉사회를 전면적으로 실현하는 것은 우리 당이 인민과 역사와 한 장엄한 약속이다. 개혁·개방 초기에 덩샤오핑이 제일 처음 '샤오캉'이라는 표현으로 중국식 근대화를 해석하고 20세기 말까지 중국은 샤오캉사회를 건설할 것이라는 분투목표를 명확히 제시하였었다. 1979년 12월 6일 덩샤오핑은 오히라 마사요시(大平正芳) 일본 총리를 회견하는 자리에서 '샤오캉'이라는 표현으로 중국식 현대화를 서술하였다. 그는 다음과 같이 말하였다. "우리가 실현하고자 하는 네 가지 현대화는 중국식 네 가지 현대화이다. 우리의 네 가지 현대화 개념은 당신들의 현대화와 같은 개념이 아니라 '샤오캉 가정'(중등의 생활수준이 유지되는 가정)이다. 현세기 말에 이르러 중국의 네 가지 현대화가 설령 어떠한 목표에 도달한다 하더라도 우리의 1인당 국민총생산액 수준은 여전히 매우 낮다. 제3세계에서 비교적 부유한 나라의 수준, 예를 들어 1인당 국민 총생산액이 1천 달러 수준에 도달하려면 아직도 매우 큰 노력을 들여야 한다. 중국도 그때가 되면 역시 샤오캉 상태에 이를 수 있을 것이다."[12] 1984년에 그는 또 "이른바 샤오캉이란 바로 현세기 말에 이르러 1인당 국민총생산액이 수 백 달러에 달하는 것을 말한다."[13]라고 진일보적으로 보충하였다. 2000년 10월 당 제15기 제5차 전원회의에서는 신세기부터 중국은 샤오캉사회를 전면적

---

12) 덩샤오핑, 『덩샤오핑문선』 제2권. 제2판. 베이징, 인민출판사, 1994년, 237쪽.
13) 중공중앙 문헌연구실, 『12차 당 대회 이래 중요 문헌선집(중)』, 베이징, 인민출판사, 1986, 513쪽.

으로 건설하고 사회주의 현대화를 가속 추진하는 새로운 발전단계에 들어섰다고 제기하였다. 16차 당 대회에서 제시한 샤오캉사회의 전면 건설목표에는 주로 다음과 같은 몇 가지 방면이 포함되었다.

첫째, 구조를 최적화하고 효익을 높이는 토대 위에서 2020년에 이르러 국내 총생산액을 2000년의 4배로 늘리고, 종합국력과 국제경쟁력을 뚜렷이 증강시킨다. 공업화를 기본적으로 실현하고 완벽한 사회주의 시장경제 체제와 더욱 활력이 있고 더욱 개방된 경제체계를 구축한다. 도시인구의 비중을 비교적 큰 폭으로 늘리고, 공업과 농업의 격차, 도시와 농촌의 격차, 지역 간의 격차가 확대되는 추세를 점차 돌려세운다. 사회보장 체계가 비교적 건전하고, 사회취업이 비교적 충분하며, 가정재산이 보편적으로 늘어나 인민들이 더욱 풍족한 생활을 누릴 수 있게 한다.

둘째, 사회주의 민주가 더욱 완벽해지고 사회주의 법제가 더욱 완비되며, 의법치국의 기본방략이 전면적으로 실행되고, 인민의 정치와 경제, 문화의 권익이 확실하게 존중과 보장을 받도록 한다. 기층의 민주가 더욱 건전해지고 사회질서가 양호하며 인민들이 안거낙업할 수 있도록 한다.

셋째, 전민족의 사상도덕 자질과 과학문화 자질, 건강자질을 뚜렷이 향상시키고, 비교적 완벽한 현대 국민교육 체계, 과학기술과 문화 혁신 체계, 전 국민의 건강증진과 의료위생 체계를 형성한다. 인민이 양호한 교육을 받을 기회를 누릴 수 있게 하며, 고중단계 교육(한국의 고등학교)을 기본적으로 보급하여 문맹을 퇴치한다. 전 국민 학습, 평생 학습이라는 학습형의 사회를 형성하여 사람들의 전면적인 발전을 촉진케 한다.

넷째, 지속 가능한 발전능력을 꾸준히 증강하고, 생태환경을 개선하며, 자원의 이용률을 뚜렷이 향상시키고, 인간과 자연의 조화를 촉진시켜 생산이 발전하고 생활이 부유하며 생태가 양호한 문명발전의 길로 나아가도록 사회를 이끈다. 16차 당 대회 이후 관련 당국은 샤오캉사회를 전면적으로 실현하는 기본 기준을 제시하였다. 그 기준에는 주로 1인당 국내 총생산액이 3천 달러를 넘고, 도시 주민의 1인당 가처분소득이 1만8,000위안(2000년 불변가격), 농촌 주민 가구의 1인당 가처분소득이 8,000위안(2000년 불변가격), 엥겔계수가 40%이하, 도시 주민의 1인당 주택 건축면적이 30㎡, 도시화율 50% 달성, 주민 가구 당 컴퓨터 보급률이 20%, 대학 입학률이 20%, 매 1천 명 당 의사 보유수가 2.8명, 도시 주민 최저 생계보장률이 95% 이상에 달하는 등 10개의 목표가 포함되었다. 전 당과 전국 여러 민족 인민들의 공동 노력으로 그 목표는 20세기 말에 예정대로 실현되어 인민들의 생활이 전반적으로 샤오캉 수준에 이르게 되었다. 구체적 목표의 완수 상황은 표 4-1과 같다.

표 4-1 샤오캉사회의 전면 건설 목표와 완성 상황

샤오캉사회 전면 건설 목표	2018년 이래 완성 상황
1인당 국내총생산액 3천 달러 초과	2019년 1인당 GDP가 1만300달러(현재 가격)
도시 주민 1인당 가처분소득 1만8천 위안 (2000년 불변가격)	2019년 도시 주민 1인당 가처분소득이 4만2,359위안, 2000년 불변가격으로 28,036위안
농촌 주민 가구 1인당 가처분소득 8천 위안(2000년 불변가격)	2019년 농촌 주민 1인당 가처분소득이 16,021위안, 2000년 불변가격으로 9,968위안
엥겔계수가 40% 이하	2019년 전국 주민 엥겔계수가 28.2%, 그중 도시가 27.6%, 농촌이 30.0%
도시 1인당 주택 건축면적 30㎡	2018년 도시 1인당 주택 면적 39㎡
도시화율 50%	2019년 상주 인구 도시화율 60.60%
주민 가구 컴퓨터 보급률 20%	주민 가구 컴퓨터 보급률 26.9%
대학 입학률 20%	2018년 대학 총 입학률 48.1%
매 1천 명 당 의사 보유수 2.8명	2018년 매 1천 명 당 의사 보유수가 2.59명, 위생기술인원 6.83명
도시 주민 최저생계 보장률 95% 이상	100%

'13.5(제13차 5개년 계획)' 시기 국가가 샤오캉사회를 전면적으로 실현하는 새로운 목표와 요구를 제시하고, 미래의 풍요로운 생활에 대한 웅대한 청사진을 계획하고 설계하였다.

경제의 중·고속성장을 유지한다. 발전의 균형성·포용성·지속 가능성을 향상시키는 토대 위에서 2020년에 이르러 국내총생산과 도시와 농천 주민의 1인당 소득이 2010년의 2배로 늘어나고, 주요 경제지표의 균형과 조화를 이루며, 발전의 질과 효율이 뚜렷이 향상될 것이다. 산업이 중·고급 수준으로 나아가고, 농업의 현대화가 뚜렷한 진전을 이루며, 공업화와 정보화의 융합발전수준이 한층 더 향상되고, 선진제조업과 전략적 신흥산업이 가속 발전하며, 신흥 산업과 신형업종이 꾸준히 성장하고, 서비스업의 비중이 한층 더 향상된다.

혁신에 의한 구동효과가 뚜렷해진다. 혁신에 의한 구동 발전전략이 깊이 있게 실시되고, 창업혁신이 활발하게 발전하며 총 요소생산성이 뚜렷이 향상된다. 과학기술과 경제의 심층융합이 이루어지고, 혁신요소의 배치가 더욱 고효율적이며, 중점 분야와 관건 부분의 핵심기술에서 중대한 성과를 가져오고, 자주적 혁신능력이 전면적으로 증강되어 혁신형 국가와 인재강국의 반열에 들어서게 된다.

발전의 조화성이 뚜렷이 증강된다. 경제성장에 대한 소비의 기여도가 꾸준히 향상되고 투자효율과 기업효율이 뚜렷이 향상된다. 도시화의 질이 뚜렷이 개선되고, 호적인구의 도시화율이 가속 상승한다. 지역 간 균형발전의 새로운 구도가 기본적으로 형성되고, 발전의 공간적 배치가 최적화된다. 대외 개방의 깊이와 폭이 꾸준히 확대되고, 글로벌 자원배치 능력이 한층 더 증강되며, 수출입구조가 꾸준히 개선되고, 국제수지가 기본적으로 균형을 이룬다.

인민의 생활수준과 질이 보편적으로 향상된다. 취업·교육·문화스포츠·사회보험·의료·주택 등 공공서비스체계가 더욱 건전해지고, 기본 공공서비스의 균등화수준이 안정적으로 향상된다. 교육의 현대화가 중요한 진전을 이루고, 노동연령인구가 교육을 받는 연한이 뚜렷이 늘어난다. 취업이 비교적 충분해지고, 소득격차가 좁혀지며, 중등소득 인구의 비중이 올라간다. 중국의 현행기준으로 농촌 빈곤인구의 빈곤퇴치를 실현하고, 모든 빈곤현이 빈곤의 딱지를 떼게 될 것이며, 지역성 전체 빈곤을 해결한다.

국민자질과 사회문명정도가 뚜렷이 향상된다. '중국의 꿈'과 사회주의 핵심가치관이 사람들의 마음속에 더욱 깊이 자리 잡게 되고, 애국주의·집단주의·사회주의 사상이 널리 고양되며, 진취적이고 지향적이며 성실하고 서로 돕는 사회기풍이 더욱 짙어지고, 국민의 사상도덕자질·과학문화자질·건강자질이 뚜렷이 향상되며, 전 사회의 법치의식이 꾸준히 증강된다. 공공문화서비스체계를 기본적으로 구축하고, 문화산업이 국민경제의 주력 산업이 된다. 중화 문화의 영향이 지속적으로 확대된다.

생태환경의 질이 전반적으로 개선된다. 생산방식과 생활방식이 녹색·저탄소 수준으로 상승된다. 에너지자원의 개발이용 효율이 대폭적으로 제고되고, 에너지와 수자원의 소모·건설용지·탄소배출총량이 효과적으로 통제되며, 주요 오염물 배출총량이 대폭 줄어든다. 주체 기능구역의 배치와 생태안전 보호벽이 기본적으로 형성된다.

여러 방면의 제도가 더욱 성숙되고 더욱 정형화된다. 국정운영 체계와 국정운영 능력의 현대화가 중대한 진전을 이룩하고, 여러 분야의 기초적인 제도체계가 기본적으로 형성된다. 인민민주를 더욱 건전히 하고, 법치정부를 기본적으로 건설하며, 사법의 공신력이 뚜렷이 향상된다. 인권이 확실하게 보장되고 재산권이 효과적인 보호를 받는다. 개방형 경제의 새로운 체제가 기본적으로 형성된다. 중국 특색의 현대 군사체계가 더욱 완벽해진다. 당 건설의 제도화수준이 뚜렷이 향상된다.

이러한 새로운 목표와 요구는 16차 당 대회 이래 제시된 샤오캉사회의 전면 건설이라는 분투목표에 대한 요구와 서로 맞물리고, 중국 특색사회주의 사업의 총체적 배치와 서로 일치하며, 샤오캉사회를 전면적으로 건설하는 기본 내용이 한층 더 명확해졌고, 목표의 방향과 문제방향의 통일을 구현하였으며, 전략성과 실천성의 결합을 구현하였다. 2020년에 이르러 국내총생산, 도시와 농촌주민 1인당 소득을 2010년의 2배로 늘린다는 목표를 실현하려면 경제가 반드시 일정한 성장속도를 유지해야 한다.

샤오캉사회의 전면 실현을 이루는데 있어서 새로운 라운드의 "대규모로 빨리 해치우는 방식"을 취해서는 안 되며, 조방형 발전방식에 의거하거나 강력한 자극에 의거하여 속도를 높이는 방식으로 "두 차례의 두 배 성장"을 실현해서도 안 된다. 그렇게 되면 필연적으로 옛길로 되돌아가게 되고 새로운 모순과 문제를 야기하게 된다. 샤오캉사회를 전면적으로 실현하려면 반드시 더욱 장원한 시기의 발전요구를 생각해야 하고, 경제발전의 뉴 노멀 상태에 부응하는 경제발전 방식을 빠르게 형성해야 한다. 그래야만 질 높은 샤오캉사회를 건설할수 있고, 비로소 두 번째 백년 분투목표의 실현을 위한 튼튼한 기반을 더욱 확고히 마련할 수 있다.

18차 당 대회 이래 시진핑 동지를 핵심으로 하는 당 중앙은 현재 세계와 당대 중국의 발전대세를 과학적으로 파악하고 인민의 소망과 실천 요구에 부응하여 '5위 일체'의 총체적 조치를 총괄 추진하고 '4가지 전면적'이라는 전략적 조치를 협동 추진하며, 새로운 발전이념을 확고부동하게 관철시키고, 중국의 발전이 더욱 질 높고, 더욱 효율적이며, 더욱 공평하고 더욱 지속가능한 방향으로 꾸준히 전진하도록 힘 있게 추진하으며, 빈곤퇴치 난관돌파를 추진하는데 전력을 다하고, 민생을 지속적으로 개선함으로써 제반 사업에서 역사적인 성과를 거두어 샤오캉사회의 전면적 실현에 대한 전 당과 전국 여러 민족 인민들의 자신감과 저력을 크게 증강시켰다.

2020년에 이르러 샤오캉사회를 전면적으로 실현하고 첫 번째 백년 분투목표를 실현하는 것은 우리 당이 인민과 역사 앞에 한 장엄한 약속이며 전국 인민의 공동적인 기대이다. 예정된 기한 내에 샤오캉사회를 전면적으로 실현하는 길은 결코 순탄하지만은 않을 것이다. 수많은 모순이 첩첩이 겹치고 위험요소가 많아졌으며 여전히 준엄한 시련에 직면하여 있다.

따라서 오로지 꾸준히 분투하고 난관을 극복하며 나아가면서 16차, 17차, 18차, 19차 당 대회에서 제시한 샤오캉사회를 전면적으로 실현하는 데 대한 제반 요구에 따라 중점을 장악하 부족한 점을 보완하며 취약한 부분을 보강해야만, 특히 중대한 위험의 방비와 해소, 오염 퇴치 난관돌파전을 꿋꿋이 잘 치러 빈곤퇴치 난관돌파전의 성과를 공고히 잘 다지고, 농촌진흥을 전면적으로 추진하며, 공급측 구조개혁을 확고부동하게 심화시켜야만 경제사회의 지속적이고 건전한 발전을 추진할 수 있으며, 예정된 기한 내에 인민이 인정하고 역사의 검증을 이겨낼 수 있는 전면적인 샤오캉사회를 건설하고 공고히 할 수 있는 것이다.

3. 빈곤퇴치의 난관을 돌파하는데 왜 도시인구를 포함시키지 않는 것 인가?

19차 당 대회에서는 중국의 사회경제 발전이 신시대에 들어섰으며 중국사회의 주요 모순도 풍요로운 생활에 대한 인민의 날로 늘어나는 수요와 불균형적이고 불충분한 발전 간의 모순으로 바뀌었다고 지적하였다. 중국사회 최대의 발전 불균형은 도시와 농촌의 발전 불균형이고, 중국사회 최대의 발전 불충분은 농촌발전의 불충분이다. 지난날 중국의 발전에서 사회경제 발전의 중점지역은 도시였고, 농업은 산업 발전에서 늘 약세산업이었다. 이로 인해 자금·기술·인재 등 자원은 주로 도시와 비농업산업으로 이전되고 투입되었으며 농촌의 사회경제 발전은 척박하고 황폐하며 무질서하고 낙후한 상태에 빠졌으며, 도시 인프라와 공공사업이 초고속으로 발전한 반면에 농촌은 발전이 뒤처져 농촌 인프라 공공제품의 공급이 심각하게 부족한 상황을 초래하여 도시와 농촌 간의 격차가 끊임없이 확대되었다. 따라서 농민이 1인당 누릴 수 있는 공공서비스수준이 도시 주민보다 훨씬 낮아졌다. 결국 "공공서비스 공급의 취약—높은 자질 농업인구의 대량 이전—투자 규모와 효과의 진일보 감소—공공서비스의 지속적인 취약과 악화"의 악순환이 형성되었다. 단순히 소득 측면에서만 관찰하면 중국의 도시와 농촌 주민의 1인당 가처분소득 비율이 지속적으로 하락하여 2004년의 최고치인 3.45에서 2019년의 2.64로 하락하였지만 소득 격차의 절대치는 여전히 계속 커지고 있다. 예를 들어 국가통계국의 자료에 따르면, 2009년 농촌 주민의 1인당 순수입이 5,153

위안이었고, 도시 주민의 1인당 가처분소득은 17,175위안으로서 양자의 차이는 14,965위안이었다. 2019년 농촌 주민의 1인당 가처분소득은 16,021위안이었고 도시 주민의 1인당 가처분소득은 42,359위안으로 격차의 절대치가 26,338위안까지 확대되었다. 이는 단순히 중국의 도시와 농촌주민의 1인당 가처분소득의 각도에서 고찰한 것이다. 만약 사회복지 등 방면의 차이까지 더한다면 중국의 도시와 농촌 간의 격차는 이보다도 더 크다.

빈곤지역의 상황으로부터 보면, 2012년 빈곤지역 농민의 1인당 가처분소득은 5,212위안으로 전국 농촌 평균수준의 62%밖에 안 되었다. 2012년 말 전국 농촌 빈곤인구가 9,899만 명이었는데, 1인당 가처분소득은 2,500위안 미만으로 빈곤지역 농민 평균소득의 50%에도 미치지 못하였으며, 전국 농민 평균수준의 30%에도 미치지 못하였다. 기본 생계에도 문제가 존재하였는데, 즉 입는 문제, 먹는 문제, 주택 안전, 기본교육 및 기본의료가 해결되지 못하였다. 22.3%의 농가가 식수난을 겪고 있었고, 19.8%의 농가가 안전한 식수가 보장되지 않았으며, 1.4%의 농가에 생활용 전기가 보급되지 않았고, 13.6%의 농가가 라디오와 텔레비전을 시청할 수 없었으며, 20.4%의 농가가 위험 주택에 거주하고 있었다. 2012년 대나무집·초가집·토벽집에 거주하는 농가의 비중이 7.8%였고, 철근콘크리트 주택이나 벽돌 혼합재료 주택에 거주하는 농가의 비중이 39.2%였다. 2012년에 위생 화장실을 사용하는 농가의 비중은 25.7%, 2013년에 식수난을 겪는 농가의 비중은 19%였으며, 2013년 빈곤지역 마을 간선도로 포장 처리를 거친 자연촌의 비중은 60%였고, 2013년 농가가 소재한 자연촌의 쓰레기 집중 처리 비중은 30%에 달하였다. 당의 첫 번째 백년 분투목표인 샤오캉사회 전면 실현의 목표를 실현하려면 절대적 빈곤문제를 반드시 해결해야 한다. 2020년까지 절대적 빈곤선 4,000위안(2010년 불변가격 2,300위안)이하에서 생활하는 사람이 없도록 해야 하고, 의·식·주·식수 안전·기본 교육·기본 의료 등 기본적인 수요를 충족시켜야 한다. 즉 흔히 말하는 "한 가지 기준 도달"을 충족시키고, "두 가지 걱정 덜기, 세 가지 보장"을 충족시켜야 함을 가리킨다.

중국 빈곤퇴치 난관돌파 시기의 총체적인 목표는 2020년까지 농촌 빈곤인구가 먹을 걱정과 입을 걱정을 덜고, 의무교육·기본의료·주택 안전을 보장 받을 수 있도록 한다는 목표를 안정하게 실현한다는 것이다. 그리고 빈곤지역 농민의 1인당 가처분소득 성장 폭이 전국 평균 수준보다 높고 기본공공서비스 주요 영역의 지표가 전국 평균 수준에 접근한다는 것이다. 또 중국은 현행 기준으로 농촌 빈곤인구가 빈곤에서 벗어나도록 확보하고, 빈곤현이 전부 빈곤의 딱지를 떼어버리고 지역적 전체 빈곤을 해결한다는 것이다. 빈곤퇴치 난관돌파의 총체적 목표로부터 볼 때, 해결해야 하는 것은 절대적 빈곤인구의 기본적인 욕구 문제이다. 도시에는 '상대적 빈곤' 문제가 존재하며 농촌의 현행 기준으로는 기본 생계욕구에 문제가 존재하는 경우는 적다.

다음은 도시와 농촌의 최저생계 보장기준, 수입상황, 소비상황, 주거상황, 가정 내구재 소비품 상황 등에 대해 비교하면서 빈곤퇴치 난관돌파에 왜 도시인구를 포함시키지 않았는지를 설명하고자 한다.

최저생계 보장기준으로부터 볼 때, 최저생계 보장이란 가정의 1인당 평균수입이 현지 정부가 공고한 최저생계기준보다 낮은 인구에 대해 국가가 일정한 현금을 지원해 도와줌으로써 그 가정 구성원의 기본 생계욕구를 보장하는 사회보장제도를 말한다. 도시와 농촌의 최저생계 보장기준을 보면 2019년 11월말까지 전국 도시 최저생계 보장기준이 1인당 월 617위안, 연간 7,400여 위안이고, 농촌의 최저생계 보장기준은 1인당 연간 5,247위안이며, 2019년 중국 빈곤선기준은 연간 1인당 3,128위안이었다. 도시 최저생계 보장기준을 봐도 중국 현행 빈곤퇴치기준(2020년 연간 1인당 4,000위안)보다 훨씬 높다. 지역별 최저생계 보장기준을 보면 각 지역의 도시 최저생계 보장기준이 농촌 최저생계 보장기준보다 훨씬 높고, 중국 현행 빈곤선기준보다 훨씬 높다.(표 4-2를 참고.)

표 4-2 각 지역 도시와 농촌의 최저생계 보장기준 상황(단위: 위안)

지역	도시 최저생계 보장기준	농촌 최저생계 보장기준	비고
베이징(北京)	1,100	1,100	2019년 1월 조정
상하이(上海)	1,160	1,160	2019년 3월 조정
광(廣東)	702~980	484~980	2019년 4월 조정
톈진(天津)	1,010	1,010	2020년 9월 조정
스자좡(石家庄)	766	5,760/년	2020년 3월 조정
타이위안(太原)	700	580~700	2020년 조정
난징(南京)	900	900	2019년 7월 조정
충칭(重慶)	546	410	2018년 9월 조정
항저우(杭州)	734~917	734~917	2017년 12월 조정
후허하오터(呼和浩特)	670	5,616/년	2018년 9월 조정
우한(武漢)	780	635	2019년 5월 조정
창사(長沙)	650	650	2019년 9월 조정
난닝(南寧)	790	5,500/년	2020년 4월 조정
하이커우(海口)	610	540	2019년 6월 조정
청두(成都)	800~850	800~850	2020년 7월 조정
꿰이양(貴陽)	598	3,908/년	2018년 1월 조정
쿤밍(昆明)	640	5,400/년	2020년 5월 조정
라싸(拉薩)	847	4,713/년	2020년 1월 조정
시안(西安)	700	500	2019년 12월 조정
란저우(蘭州)	535~712	4,020/년	2019년 1월 조정
시닝(西寧)	640	4,800/년	2020년 1월 조정
인촨(銀川)	600	4,560/년	2020년 1월 조정
우루무치(烏魯木齊)	380	195	2015년 조정
선양(沈陽)	715	510	2020년 7월 조정
창춘(長春)	385~620	3,710~4,920/년	2017년 7월 조정
하얼빈(哈爾濱)	556	3,900/년	2019년 1월 조정
허페이(合肥)	602~639	602~639	2019년 6월 조정
푸저우(福州)	700	700	2019년 8월 조정
난창(南昌)	480~510	310	2016년 5월 조정
지난(濟南)	740	494	2020년 4월 조정
정저우(鄭州)	730	730	2020년 6월 조정

자료출처: 각 지역에서 제시한 최저생계 보장기준 관련 서류를 정리한 결과이다. "년" 으로 표기한 것을 제외한 나머지 기준은 모두 "월" 기준이다.

소득상황으로 볼 때, 2018년 전국 주민 1인당 가처분소득은 28,228위안이었는데, 그중 도시 주민 1인당 가처분소득은 39,251위안이고, 농촌 주민 1인당 가처분소득은 14,617위안이었다. 전국 주민 1인당 연간 가처분소득의 중위수는 24,336위안이었는데, 그중 도시 주민 1인당 가처분소득의 중위수는 36,413위안이고, 농촌 주민 1인당 가처분소득의 중위수는 13,066위안이었다. 2018년 빈곤지역 농촌 주민 1인당 가처분소득은 10,371위안이었는데, 그중 극빈 밀집지역의 2018년 농촌 주민 1인당 가처분소득은 10,260위안이었고, 빈곤구제 개발사업 중점 현의 2018년 농촌 주민 1인당 가처분소득은 10,284위안이었다. 2018년 빈곤지역 농촌 주민 1인당 가처분소득은 전국 농촌 평균 수준의 71.0%였고, 이는 전국 도시 평균수준의 26.4%에서 30%사이였다.

소비상황으로부터 볼 때 2018년 전국 주민 1인당 소비지출은 19,853위안이었는데, 그중 도시 주민 1인당 소비지출은 26,112위안이었고, 농촌 주민 1인당 소비지출은 12,124위안이었다. 2018년 빈곤지역 농촌주민 1인당 소비지출은 8,956위안이었는데, 그중 극빈 밀집지역 농촌 주민 1인당 소비지출은 8,854위안이었다. 빈곤구제 개발사업 중점 현의 농촌 주민 1인당 소비지출은 8,935위안이었다. 2018년 빈곤지역 농촌주민 1인당 소비지출은 전국 농촌 평균 수준의 73.9%였고, 전국 도시 평균수준인 34.3%에서 40%미만이었다.

주거상황으로 볼 때 도시주민 1인당 주택 건축면적은 2012년에 32.9㎡였고, 2016년에는 36.6㎡였다. 2018년에는 중국 도시 주민 1인당 주택면적은 39㎡에 이르렀다. 2018년 도시 주민이 철근콘크리트와 벽돌

재료로 건설된 주택에 거주하는 비중이 95.8%에 달하였고, 대나무집·초가집·토벽집은 0.2%밖에 안 되었다. 그리고 침실 2개 이상인 주택·단독주택인 2층집과 단층집이 모든 주거 패턴의 91.2%를 차지했고, 침실 1개짜리 주택과 통자루(筒子樓, 가운데 긴 통로가 있고 양옆에 방이 있는 2층집) 또는 연립단층집이 8.8%를 차지하는 등 도시 가정의 주택 구조가 꾸준히 개선되고 있다. 주민 주택은 이미 독립 화장실·주방·샤워기·난방·가스공급·급수설비 등을 갖춘 현대화된 완성 주택으로 바뀌었고, "거주할 곳이 있고 평안하게 편히 살고 싶다"는 수많은 가정의 꿈이 실현되고 있다. 그러나 빈곤지역 농촌주민의 주거 조건을 보면 2018년 빈곤지역에서 철근콘크리트 또는 벽돌혼합재료로 지은 집에 거주하는 농가의 비중은 67.4%로 철근콘크리트와 벽돌혼합재료로 건설된 주택에서 거주하는 도시 주민의 비율보다 훨씬 낮았고, 대나무집·초가집·토벽집에 거주하는 농가의 비중은 1.9%로 도시 주민의 0.2%보다 높아 도시주민의 주거 조건과 비교해 보면 상대적으로 뒤처지는 수준이었다. 2018년 빈곤지역에서 수세식 화장실을 사용하는 농가의 비중이 46.1%였고, 장작과 짚을 취사용 에너지로 사용하는 농가의 비중이 39.2%나 되었으며, 반면에 청정에너지를 사용하는 농가는 겨우 48.0%밖에 안 되는 것으로 나타나 생활주거시설이 도시에 비해 상대적으로 열악한 실정이었다.

가정 내구재 소비품 상황을 보면, 2018년 도시주민 매 100가구당 냉장고·세탁기·컬러텔레비전 등 전통적인 내구재 소비품 보유량은 각각 100.9대, 97.7대, 121.3대였고, 매 100가구당 자동차·컴퓨터 등 현대 내구재 소비품 보유량은 각각 41.0대, 73.1대였다. 2018년 농촌 주민 매 100가구당 냉장고·세탁기·컬러텔레비전 등 전통적인 내구재 소비품 보유량은 각각 95.9대, 88.5대, 116.6대였고, 매 100가구당 자동차·컴퓨터 등 현대 내구재 소비품 보유량은 각각 22.3대, 26.9대였다. 2018년 빈곤지역의 매 100가구당 냉장고·세탁기·컬러텔레비전 등 전통 내구재 소비품 보유량은 각각 87.1대, 86.9대, 106.6대로 농촌 평균 보유량의 90.8%, 98.2%, 91.4%였고, 전국 도시 평균 보유량의 86.3%, 88.9%, 87.9%였다. 2018년 빈곤지역의 매 100가구당 자동차·컴퓨터 등 현대 내구재 소비품의 보유량은 각각 19.9대와 17.1대로 농촌 평균 보유량의 89.2%, 63.6%였고, 전국 도시 평균 보유량의 48.5%, 23.4%였다. 빈곤지역 농촌 주민 가구의 내구재 소비품은 비록 무에서 유를 창조하고 제품의 업그레이드와 세대교체를 거쳤지만, 도시 주민과 비교하면 보유량이 여전히 현저하게 낮은 수준이다.

이상의 내용을 요약하면 최저생계 보장기준·수입상황·소비상황에서 보나 거주상황·가정 내구재 소비품 보유 상황 등을 보나 도시의 상황은 농촌보다 훨씬 우월하고, 농촌의 상황은 빈곤지역보다 나았다. 샤오캉사회를 전면적으로 건설하는데 있어서 존재하는 걸림돌과 두드러진 취약점은 농촌 빈곤인구에게 있기 때문에, 중국의 빈곤퇴치 난관돌파에는 도시인구가 포함되지 않는 것이다.

참고 문헌

[1] 중공중앙당사문헌연구원. 『시진핑의 빈곤구제 관련 논술자료』, 베이징, 중앙문헌 출판사, 2018.

[2] 바이쩡보(白增博). 「신 중국 70년 빈곤구제 개발의 기본 여정」, 『경험과 선택. 개혁』, 2019 (12).

[3] 중공중앙문헌연구실. 『18차 당 대회 이래 중요 문헌 문선(하)』, 베이징, 중앙문헌 출판사, 2018.

[4] 덩샤오핑(鄧小平). 『덩샤오핑문선』 제2권. 제2판. 베이징, 인민출판사, 1994.

[5] 중공중앙문헌연구실. 『덩샤오핑 연보(1975~1997)(하)』, 베이징, 중앙문헌출판사, 2004.

[6] 류허꽝(劉合光). 「농촌진흥전략의 관건 점, 발전 경로와 위험 회피」, 『신장(新疆) 사범대학학보 (철학사회과학판)』, 2008, 39 (3).

[7] 국가통계국. "2018년 주민 소득과 소비 지출상황", (2019-01-21). http://www.stats.gov.cn/tjsj/zxfb/201901/t20190121_1645791. html.

[8] 국가통계국 주민 조사 판공실. 『중국 농촌 빈곤 모니터링 보고서 (2019)』, 베이징, 중국통계출판사, 2019.

[9] 국가통계국. "건축업의 지속적이고 급속한 발전으로 도시와 농촌의 면모 뚜렷하게 개선: 신 중국 창건 70주년 경제사회발전 성과 시리즈보고 10"(2019-07-31) http://www.stats.gov.cn/tjsj/zxfb/201907/t20190731_1683002.html.

[10] "70년의 주택 변화: '달팽이집'에서 '살기 좋은 집'으로", (2019-09-24). https://www.sohu.com/a/342947523_114731.

빈곤구제의 정밀화:
빈곤퇴치 난관돌파의 기본 방략

제5장

빈곤구제의 정밀화:

빈곤퇴치 난관돌파의 기본 방략

1. 왜 빈곤구제를 위한 정밀화 방략을 취해야 하는가?

지역을 대상으로 하는 빈곤구제 개발방식이 뚜렷한 성과를 거두었고, 빈곤구제 투자와 정책이 빈곤지역의 발전을 효과적으로 촉진하였으며, 빈곤인구도 꾸준히 줄어들고 있는데 왜 계속하여 지역 빈곤구제 개발전략을 실시하지 않고 빈곤구제 정밀화로 전향하였는가? 빈곤구제 정밀화는 지역개발보다 난이도가 훨씬 더 크고 세밀하며 복잡한 작업이 많이 필요한데 이렇게 어려운 일을 왜 해야 하는가? 주요 원인은 만약 빈곤구제 전략을 바꾸지 않고 계속하여 지역 빈곤구제 개발을 진행해서는 2020년까지 모든 빈곤인구를 빈곤에서 벗어나게 하는 목표를 달성할 수 없기 때문이다. 왜냐하면 동일한 빈곤선 기준으로 판단할 경우 뒤로 갈수록 남은 빈곤인구의 빈곤정도가 더욱 커지고 능력도 더욱 떨어지게 되기 때문이다. 능력이 강한 사람들은 경제발전으로의 인도와 지역 빈곤구제 개발과정에서 이미 빈곤에서 벗어났지만 발전능력이 약한 이들 빈곤인구는 일반적인 경제성장과 지역 빈곤구제 개발로는 이끌 수가 없는 것이다. 흔히 뒤로 갈수록 빈곤인구가 줄어드는 속도가 완만해지는 것으로 나타난다. 「국가

「87빈곤구제난관돌파계획」을 예로 들면, 목표가 7년 내에 8천여 만 명 빈곤인구의 최저 생계문제를 해결하는 것, 즉 먹고 입는 문제를 해결하는 것이다. 그때 당시 빈곤현을 대상으로 지원하였는데 결과는 어떠하였는가? 2000년에 이르러서도 3,200만 명이 최저 생계문제를 해결하지 못하여 전반적인 계획은 절반 남짓만 실현되었다. 그러나 그때 당시 87빈곤구제난관돌파 목표를 기본적으로 실현하였다고 선포하였다. 이로부터 알 수 있다시피 만약 지역을 대상으로 하는 지원만 실시할 경우 필연적으로 일부 '최하층'의 빈곤인구가 빈곤에서 벗어나지 못하는 상황이 나타나게 된다. 왜냐하면 남은 이들은 주로 노약자와 내적 원동력이 부족한 사람들이어서 개발의 어려움이 크거나 개발능력이 전혀 없기 때문이다.

21세기 초에 빈곤촌은 주요 빈곤구제 개발대상이었다. 중국은 빈곤촌에 대하여 전문적으로 마을 전체 개발 추진 프로젝트를 실시하였다. 국가통계국이 대량의 농가에 대한 표본추출조사를 진행한 데이터와 세계은행의 촌급 보충조사 데이터를 이용하여 우리는 마을 전체 개발 추진효과에 대해 실증연구를 진행하여 마을 전체 개발 추진 프로젝트를 실시한 후 빈곤촌의 빈곤가구가 혜택을 받았는지를 평가하였다. 주민가구 조사데이터가 있기 때문에 우리는 빈곤촌의 농가를 빈곤가구와 비빈곤가구로 나누어 마을 전체 개발 추진이 대체 빈곤가구에 혜택을 주었는지 아니면 비빈곤가구에 혜택을 주었는지를 평가할 수 있다. 마을 전체 개발 추진은 몇 차례에 나누어 실시하였기 때문에 우리의 연구에 매우 효과적인 준(準)자연실험표본을 제공하였으며, 따라서 우리는 쌍체비교법(매치페어법)을 이용하여 마을 전체 개발 추진을 실시한 빈곤촌과 마을 전체 개발 추진을 실시하지 않은 빈곤촌 사이의 빈곤가구와 비빈곤가구의 소득과 소비의 성장 차이를 비교할 수 있었다. 연구 결과에 따르면 프로젝트를 실시한 빈곤촌의 비(非)빈곤가구는 프로젝트를 실시하지 않은 빈곤촌의 비빈곤 가구보다 1인당 소득과 1인당 소비지출의 성장이 빨랐음을 알 수 있다. 그런데 애석하게도 프로젝트를 실시한 빈곤촌의 빈곤가구와 프로젝트를 실시하지 않은 빈곤촌의 빈곤가구를 비교해 보았을 때, 소득과 소비의 성장에 현저한 차이는 없었다. 이러한 결과는 사실 이해하기가 어렵지 않다. 이는 주로 진정한 빈곤가구가 여러 가지 요소의 제한으로 인해 촌급 빈곤구제 개발 프로젝트에서 이익을 얻기 어렵기 때문이다. 마을 전체 개발 추진 프로젝트의 투자 영역은 주로 인프라와 공공서비스 영역이다. 예를 들면 대량의 촌급 도로를 건설하는 한 것이다. 우리는 일반적으로 "부유해지려면 길부터 닦아야 한다."라고 말한다. 이는 총체적으로는 맞는 말이다. 그러나 모든 농가가 길만 닦는다고 부유해지는 것은 아니다. 일부 능력이 강한 비(非)빈곤 농가에 있어서 교통은 그들이 직면한 주요 제한적 요소이다. 도로가 개선된 후(원래 없던 길이 새로 닦였거나 원래 흙길이었던 길이 지금은 포장도로가 됨) 통행조건이 대폭 개선되어 교통운수의 원가가 낮아졌다. 만약 촌에서 비교적 부유한 가정이라면 차 한 대를 사서 운수업에 종사할 수 있기 때문에 새로운 수입원이 생긴 셈이다. 운수업에 종사하는 것은 분명 농사를 짓는 것보다 높은 수익을 얻을 수 있다. 그러나 빈곤가구는 차를 살 능력이 없기 때문에 도로의 개선에서 직접적인 혜택을 볼 수가 없다. 운수업에 종사하지 않는다 하더라도 마을의 재능 있는 대 재배가구들은 해마다 더 많은 제품들을 내다 팔아야 하고 더 많은 생산수단과 소비품들을 사들이게 된다. 따라서 도로의 개선은 그들의 운수비용을 크게 줄여 그들의 소득증대와 소비 증가에 도움을 주게 된다. 그런데 빈곤층은 어떤 상태일까? 그들에게는 팔 물건도 없고 물건을 살 돈도 없다. 물론 길을 닦는 것이 빈곤가구에 전혀 도움이 되지 않는다고 말할 수는 없다. 통행이 확실히 더욱 편리해졌다. 그러나 그것뿐이다. 진정한 극빈가구는 여러 가지 요소로 인해 가난해진 것으로서 오직 한 가지 요소만 변화시켜서는 별로 큰 도움이 되지 않는 것이다.

일반적 경제성장에서 혜택을 보지 못하는 빈곤가구는 흔히지역 빈곤구제 개발에서도 혜택을 보기 어렵다. 게다가 중국의 경제성장은 '뉴 노멀' 상태에 진입하였다. 원래 매년 10%에 달하던 경제성장률이 연 평균 약 6%로 떨어졌다. 농촌의 지니계수는 1980년대 초반의 0.21에서 현재 약 0.4로 높아져 그 격차가 약 10배나 확대되었다.[14] 이는 똑같이 1위안의 재부를 창조해도 빈곤인구가 얻는 것은 갈수록 줄어들게 된다는것을 의미한다. 그래서 우리가 직면한 문제는 경제성장 속도의 하락과 소득분배 불균형정도의 확대로 초래된 경제성장의 빈곤경감효과의 하락이다. 만약 더욱 목적성 있는 빈곤구제정책을 취하지 않는다면 빈곤인구를 모두 빈곤에서 벗어나게 하는 것은 실현

---

14) 국가통계국이 발표한 데이터에 따라 계산하였다.

할 수는 없는 것이다. 이런 배경에서 시진핑 총서기는 2013년 11월 후난(湖南)성 샹시(湘西)주 화위안(花垣)현 스빠동(十八洞)촌을 시찰할 때 "중국 농촌은 빈곤구제의 정밀화를 실시해야 한다."라고 제기하였으며 이로써 전국 빈곤구제 정밀화의 위대한 실천의 서막을 열었던 것이다.

2. 빈곤구제의 정밀화란 무엇인가?

빈곤구제 정밀화는 현 단계 빈곤퇴치 난관돌파의 가장 주요한 방략으로서 목표는 2020년까지 기존의 기준선 아래 빈곤인구를 모두 빈곤에서 벗어나게 하고 모든 빈곤현이 빈곤의 딱지를 떼어버리도록 하여 이로써 당의 첫 번째 백년 분투목표의 순조로운 실현을 확보하는 것이다. 빈곤구제 정밀화의 기본 내용은 빈곤구제가 더욱 목적성이 있어야 한다는 것, 지역적 차원에 머물 것이 아니라 구체적으로 촌마다, 가구마다, 사람마다를 겨냥해야 한다는 것이다. 빈곤구제 사업을 가구마다, 사람마다를 겨냥해야 하는 어려움이 너무 크다. 그것은 빈곤인구의 규모가 너무 크고 상황이 복잡하여 힘겹고도 세밀한 작업을 많이 해야 하기 때문이다.

빈곤구제 정밀화의 기준은 무엇인가? 어떤 상황을 빈곤에서 벗어난 것이라고 할 수 있을까? 그 기준은 두 가지 방면으로 표현된다. 하나는 수입이 빈곤선을 안정적으로 초과한 것으로 표현된다. 2010년의 불변가격으로 계산하면 1인당 2천300위안이고 2020년의 현재가격은 4천 위안이다. 그러나 수입 기준에는 한 가지 문제가 존재한다.

즉 수입 기준을 정확하게 추산하기 어렵다는 것이다. 국가통계국이 전국 농민의 1인당 가처분소득을 추산하는 데 적용한 것은 표본추출 조사와 장부기입법인데 전국 농촌에 있는 표본은 겨우 9만 가구 정도밖에 안 된다. 그러나 우리에게는 등록된(建檔立卡) 빈곤가구가 약 3천만 가구, 약 9천만 명이 있다. 이처럼 큰 규모의 빈곤인구에 대해 장부기입식으로 조사를 진행할 수는 없다. 그렇게 하는 것은 비용이 너무 많이 들 뿐만 아니라 그 조사를 받쳐줄 수 있는 기술력도 많지 않다. 빈곤가구의 수입은 주로 촌에서 통계를 진행하였는데 오차가 너무 커 참고만 할 수 있을 뿐이다.

안정적인 빈곤퇴치의 또 다른 더 중요한 기준은 "두 가지 걱정 덜기, 세 가지 보장"이다. "먹을 걱정 덜기"는 3가지 방면으로 볼 수 있다. 첫째는 주식을 배불리 먹을 수 있어야 하고, 둘째는 적당량의 단백질을 섭취할 수 있어야 하며, 셋째는 식수가 안전해야 한다는 것이다. 식수 안전에는 식수의 어려움이 없는 것과 수질 안전이 포함된다. "입을 걱정 덜기"의 기본적인 요구는 계절마다 입을 옷이 있어야 하는 것이다. 겨울에는 겨울옷, 여름에는 여름옷, 봄가을에는 봄가을 옷이 있고 동시에 신발과 침구류가 있어야 하는 것이다. "의무교육 보장"의 기본 요구는 의무교육 단계에서 학업을 그만두지 않도록 하는 것이다. "기본 의료 보장"의 기본적인 요구는 기본 의료보험과 중대 질병보험이 모두 포함된다. 발병률이 높은 질환과 흔한 병을 치료 받을 수 있고, 만성질환은 구조정책이 적용되고 계약서비스를 받을 수 있으며, 중대질병은 먼저 치료 받은 후 비용을 지불하는 등의 우대정책을 누릴 수 있다. "주택 안전 보장"의 기본적인 요구는 빈곤한 가정이 위험 주택에 거주하게 해서는 안 된다는 것이다. 이처럼 오직 "두 가지 걱정 덜기, 세 가지 보장" 문제를 안정적으로 해결해야만 안정적인 빈곤퇴치라고 할 수 있다. 2019년 4월 시진핑 총서기가 총칭(重慶)을 시찰할 때 소집한 좌담회의 주제가 바로 "두 가지 걱정 덜기, 세 가지 보장"이라는 문제였으며, 빈곤퇴치 난관돌파와 빈곤구제 정밀화의 중점은 바로 모든 빈곤가구의 "두 가지 걱정 덜기, 세 가지 보장" 문제를 해결하는 것이라고 강조하였다. 빈곤구제 정밀화는 빈곤구제 조방화와 대칭되는 정책으로서 각기 다른 빈곤지역 환경, 각기 다른 빈곤농가 상황에 대해 과학적이고 효과적인 절차를 적용하여 빈곤구제 대상에 대해 정확한 식별, 정밀화 빈곤구제, 정밀화한 관리를 실시하는 빈곤퇴치 방식을 가리킨다. 일반적으로 빈곤구제 정밀화는 주로 빈곤주민을 두고 말하는 것으로 누가 빈곤하면 누굴 지원한다는 것이다. 빈곤구제 정밀화 내용의 각도에서 볼 때, 주된 내용은 정확한 식별, 정밀화 빈곤구제, 정밀화 관리 세 부분이 포함된다.

첫째, 빈곤구제 정밀화와 빈곤퇴치 정밀화를 실현하는데서 중요한 전제와 토대는 바로 정확한 식별이다. "진짜 빈곤을 식별하는 것"은 "진짜 빈곤을 구제하고 빈곤을 진정으로 구제하는 것"의 기본적인 전제이다. 정확한 식별은 우선 일정한 방식으로 빈곤인구를 찾아내고 빈곤이 발생한 원인을 밝혀내야 하며, 이를 토대로 빈곤인구를 등록하고 데이터베이스를 구축하여 빈곤가구의 가정 생산과 생활상황을 상세하게 기록하여 빈곤가정의 빈곤문제를 해결하기 위해 맞춤형 정책을 제정하는데 필요한 근거를 제공해야 하는 것이다. 2013년 말 중공중앙과 국무원이 「메커니즘을 혁신하여 농촌 빈곤구제 개발 사업을 성실하게 추진하는 데에 관한 의견」을 인쇄 발부하여 국가가 식별방법을 통일적으로 제정하여 현을 단위로 하고, 규모를 통제하며, 급별로 책임지고, 정확하게 식별하며, 동적으로 관리하는 원칙에 따라 빈곤인구 식별 및 등록, 전국 빈곤구제 정보네트워크시스템 구축 등의 업무를 전개할 것을 제시하였다. 2014년 5월 관련 부서는 빈곤가구와 빈곤인구 등록, 빈곤구제 정밀화 업무메커니즘 구축 등에 관한 문건을 인쇄 발부하여 빈곤가구와 빈곤촌에 대한 등록 목표와 방법·절차 및 업무요구 등에 대해 조치하였다. 2014년 전국적으로 빈곤가구와 빈곤인구 등록을 시작할 때 국가가 제정한 식별기준은 2013년 농민의 1인당 가처분소득이 국가 빈곤구제기준인 2,736위안에 미치지 못하는 빈곤가구와 인구였다. 그러나 농가의 소득을 정확하게 통계하는 것은 복잡한 일이다. 일반적으로 전문기구(예를 들면 통계부문)가 표본추출의 방식으로 진행하는데, 진행 비용이 너무 많이 들어서 기층정부는 모든 농가에 대해 신뢰할 수 있는 소득통계를 진행할 능력이 없었다. 정확한 가정소득 정보가 없는 상황에서 빈곤가구와 빈곤인구에 대한 식별과 등록사업은 일반적으로 정원을 제한하면서 기층의 민주평의에 의거하는 방법으로 진행하는 수밖에 없었다. 기층에서는 민주평의 과정에서 일반적으로 종합적인 기준을 적용하여 농가의 소득 수준과 소비상황도 고려하면서 또 가족구성원의 건강·교육·능력·가정 부담·재산상황 등도 고려하였다. 기층에서 식별하는 빈곤은 단순히 소득과 소비의 빈곤이 아니라 다차원적인 빈곤이다. 통계부서와 기층의 빈곤구제부서가 빈곤인구를 추정하고 식별할 때 적용하는 지표와 방법의 불일치는 필연적으로 정확한 식별에 편차가 생기는 결과를 초래하게 된다. 대표적인 조사상황과 국무원 빈곤구제 판공실의 무작위 추출조사상황으로부터 볼 때, 민주평의를 거쳐 등록된 빈곤인구와 소비 및 소득으로 추정한 빈곤인구의 중합도는 겨우 50%밖에 안 되는 것으로 나타났다. 이는 소득이 빈곤선기준에 미치지 못하는 상당 부분의 농가가 빈곤가구로 등록되지 못한 반면에 소득이 빈곤선기준이상인 일부 농가기 빈곤가구로 등록되었음을 의미한다. 실제 식별과정에서는 "두 가지 걱정 덜기, 세 가지 보장" 방면의 기준이 더 많이 적용되었고, 소득기준은 참고만 하였을 뿐이다. 정확한 식별을 거쳐 빈곤인구의 진상을 어느 정도 분명하게 파악하고 빈곤인구가 빈곤에 이르게 된 원인을 찾아냈으며, "누구를 지원할 것인지"하는 문제를 해결하였다. 그러나 빈곤 현상은 동적인 변화과정이기 때문에 정확한 식별은 진일보적으로 실무적이고 세밀하게 함으로써 진정한 빈곤인구를 등록시스템에 포함시킬 수 있도록 확보해야 한다. 또한 제때에 빈곤인구의 동적인 식별과 조정을 진행하여 식별의 질을 꾸준히 향상시켜 "진정한 빈곤을 지원하고 빈곤을 진정으로 지원하도록" 해야 한다.

둘째, 빈곤인구에 대한 구제의 정밀화를 실현함에 있어서 빈곤구제 수단의 혁신은 빈곤구제와 빈곤퇴치를 실현하는 강대한 원동력이고 중요한 수단이다. 이는 빈곤구제 정밀화의 관건이다. 빈곤 농가를 식별해낸 후 빈곤구제대상의 빈곤상황에 맞추어 책임자와 구제조치를 정하여 구제 효과를 확보한다. ① 빈곤구제 정밀화는 시진핑 총서기가 강조한 실사구시를 해야 하고, 현지실정에 맞춰야 하며, 분류별로 지도해야 하고, 구제는 정밀화해야 한다는 등의 업무방침에 따라야 한다. '인원'과 '자금' 두 가지 방면에서 관련 업무를 세분화하여 구제조치와 효과가 가구와 인원에게 닿을 수 있도록 확보하는 것이 중요하다. ② "6가지가 촌과 가구에 닿도록" 해야 한다. 즉, 인프라, 산업지원, 교육 양성, 농촌 위험주택 개조, 빈곤구제 생태이민, 1대1 지원 등 6가지 조치가 촌과 가구에 닿도록 하여 자원 우세를 진정으로 발굴하고 빈곤구제정책의 의미를 방출시켜야 한다. ③ 농촌과 가정에 들어가 빈곤을 초래한 원인을 분석하고 파악하며, 매 가구별로 지원 책임자, 지원프로젝트와 지원 자금을 확실히 지정해야 한다. 부족한 부분을 보완하는 원칙에 따라 농업에 적합하면 농업을, 공업에 적합하면 공업을, 상업에 적합하면 상업을, 관광업에 적합하면 관광업을 발전시켜야 한다. 물·전기·도로·가스·주택·환경개선 등 "6가지가 농가에 닿기 프로젝트"를 실시하여 대중들의 생산 및 생활조건을 확실하게 개선하고 생산을 발전시켜 소득을 늘릴 수 있도록 도와야 한다. ④ 산업발전 면에서 특별재정자금을 농가의 출자금으로 전환하는 방식을 널리 보급하며, 현금·실물·주식합작 등의 방식을 통해 직접 농가를 보조할 수도 있다. 주택건설 면에서는 농촌의 저가 임대주택을 보급시키고, 기능훈련, 창업훈련 등의 보조자금으로 대상자를 직접 지원할 수 있다. 중·고등직업학교 학생의 생활보조금과 극빈가정 자녀의 대학진학 지원비용은 '이카퉁'(一卡通, 통합카드) 등의 방식을 통해 지원을 받아야 하는 가정을 직접 지원할 수 있다. 타지 이주에 의한 빈곤구제, 농촌관광개발 등의 프로젝트 보조자금은 빈곤구제 대상자에게 직접 발급할 수 있다. ⑤ 간부의 도움을 통해 대중이 '주문'한 '요리'를 정부가 '조리'하는 방식으로 국가의 빈곤구제정책과 농촌 상황, 그리고 가정별 상황으로부터 출발하여 빈곤가구를 도와 발전의 맥락을 정리하고, 발전의 실제에 부합되는 빈곤구제계획을 제정하며, 업무의 중점과 구체적인 조치를 명확히 함과 아울러 엄격한 책임제를 실시하고, 빈곤에서 벗어나기 전에는 연결고리를 끊지 않도록 해야 한다. 빈곤인구가 빈곤해진 원인은 각기 다르다. 교육·의료·주택건설 때문에, 노동력 부족·일자리 부족·자금 부족 등의 원인으로 빈곤해졌다. 빈곤구제는 "눈썹과 수염을 한꺼번에 잡을 것(경중 우열을 가리지 않고 한꺼번에 처리한다는 뜻)"이 아니라 "하나의 열쇠로 하나의 자물쇠를 열 것(문제에 따라 각기 다른 해결방안을 대야 한다는 뜻)"처럼 해야 한다. 실사구시, 증상에 따른 약 처방, 표적치료, 맞춤 시책을 실시하고 빈곤구제 프로젝트와 자금을 합리적으로 배치하며, 빈곤지역의 '조혈기능'을 재가동하여 가난의 뿌리를 뽑고 재원을 발굴해야 한다. 오로지 실제에서 출발하여 대중의 의사를 존중해야만 "겉만 화려하고 실속은 없는 것"을 피하고, 빈곤퇴치의 '황금 아이디어'를 찾을 수 있는 것이다. 시대와 더불어 빈곤구제수단을 꾸준히 혁신하여 정확하게 식별하고 정확한 지원 책략을 선택하며, 정확한 시책을 실시하여 빈곤인구의 지속가능한 빈곤퇴치 정밀화를 확보해야 한다. 발전은 빈곤이라는 딱지를 떼어버리는 총체적인 방법이다. 빈곤지역은 실제로부터 출발하여 현지 실정에 맞춰 무엇을 재배하고 무엇을 기르며 어디서 소득을 늘려야 하는지를 명확히 파악하여 빈곤인구를 도와 가난에서 벗어나 부유해질 수 있는 좋은 길을 찾아주어야 한다. 농촌의 의무교육을 실제적으로 잘 운영하여 농촌의 차세대들이 더욱 많은 지식과 기능을 장악하도록 해야 한다. 빈곤구제 개발을 추진함에 있어서 전반적으로 연동하여 공통성의 요구와 조치를 취해야 할 뿐만 아니라, 중점을 두드러지게 내세워 극빈 촌과 극빈가구에 대한 지원도 강화해야 한다. 빈곤구제 정밀화에서 좋은 효과를 거두려면 빈곤구제 프로젝트와 자금을 제공하는 것만으로는 턱없이 부족하며 지속가능한 것도 아니다. 빈곤구제는 반드시 시대와 더불어 전진하면서 빈곤구제의 수단을 꾸준히 혁신해야 한다. 그리고 실사구시하게 분류별 지도를 견지해야 하며, 빈곤가구별, 지역별, 빈곤해진 원인별, 빈곤 유형별로 구제조치를 실시하여 가구별 정밀화를 실시하고 정밀하게 힘을 발휘토록 해야 한다. 이전의 빈곤구제 사업에서 많은 빈곤구제 조치가 빈곤가구에까지 닿기가 어려웠다. 설사 빈곤가구에까지 닿더라도 좋은 빈곤구제 효과를 내기가 어려웠다. 그 원인을 따져보면 빈곤가구에는 발전에 필요한 기술과 자금 및 시장정보가 부족한 데 있다. 그 원인들이 그들의 빈곤퇴치 정밀화를 저해하였다. 시진핑 총서기는 중앙빈곤구제 개발사업회의에서 "'어떻게 도울 것인가'하는 문제를 잘 해결하려면 빈곤지역과 빈곤인구의 구체적인 상황에 따라 '5가지 일부(五個一批)' 프로젝트를 실시해야 한다.”라고 강조하였다. ‘5가지 일부’ [15]프로젝트는 빈곤퇴치 난관돌파의 실천과정에서 시진핑 총서기의 중요한 이론혁신이다. 즉, 구체적인 실정에 비추어 생산발전을 통해 일부 빈곤인구의 빈곤퇴치를 실현하고, 타지 이주에 의한 빈곤구제를 통해 일부 빈곤인구의 빈곤퇴치를 실현토록 하며, 생태보상을 통해 일부 빈곤인구의 빈곤퇴치를 실현하고, 교육발전을 통해 일부 빈곤인구의 빈곤퇴치를 실현하며, 나머지 일부 빈곤인구는 사회보장으로 전부 빈곤퇴치를 실현하도록 하는 ‘5가지 일부’ 빈곤구제수단으로 빈곤인구가 빈곤에서 벗어날 수 있도록 돕는다는 것이다.

셋째, 정밀화 관리를 실현하는 것은 빈곤구제 정밀화의 보장이다.

① 농가의 정보에 대한 관리이다. 빈곤가구의 정보네트워크시스템을 구축하여 빈곤구제 대상의 기본 데이터와 변화 상황을 시스템에 입력하여 동적 관리를 실시하였다. 빈곤가구에 대해서는 한 가구 한 장부, 하나의 빈곤퇴치계획, 일련의 지원조치를 실시하여 가장 지원이 필요한 대중을 지원하고 대중에게 가장 필요한 부분을 지원할 수 있도록 확보하였다. 말에는 빈곤구제 대상의 실제발전 상황에 근거하여 빈곤구제 대상에 대한 조정을 거쳐 빈곤퇴치를 안정적으로 실현한 촌과 가구를 제때에 구제대상에서 퇴출시키고 지원 받아야 할 빈곤구제 대상을 제때에 편입시켜 빈곤구제 대상의 편입과 퇴출을 실현하였고, 빈곤구제 정보의 진실성·신뢰성·효과성을 보장하였다.

② 투명한 관리를 실시하였다. 「중앙 재정 특별 빈곤구제자금 관리

---

15) 시진핑, 『시진핑 국정운영을 논함(제2권)』, 베이징, 외국문출판사, 2017, 85쪽.

방법」에 따라 빈곤구제자금에 대한 엄격한 관리제도를 제정하고 보완하였으며, 빈곤구제자금 정보공개제도 및 빈곤구제 대상, 빈곤구제 프로젝트 공고·공시·공개제도를 제정하여 빈곤구제 대상을 선별하는 전 과정을 공개함으로써 비밀조작으로 인해 지원을 받아야 할 대상이 지원을 받지 못하는 결과가 초래되는 것을 피하여 재정 특별 빈곤구제자금의 투명한 운영을 보장하였다. 빈곤구제자금의 관리에 있어서 전기를 전달하는 '고압선'을 튼튼히 구축하여 자금이 '새는' 문제를 다스렸다. 이와 동시에 제3자 감독 메커니즘을 도입하여 빈곤구제자금의 관리를 엄격히 진행하여 "장 씨의 감투를 이 씨가 쓰는 격"으로 빈곤구제자금이 엉뚱한 곳에 사용되지 않고 정확하게 충분히 사용될 수 있도록 확보하였다.

③ 빈곤구제 사무권한에 대한 관리이다. 빈곤구제 사업에 존재하는 성(省)·시(市)·현(縣) 3급 부담 임무가 명확하지 않고 감독 책임이 분명하지 않은 등 문제들에 대비해 국가에서는 성·시정부가 빈곤구제 자금과 프로젝트에 대한 감독 관리를 주로 맡고, 빈곤구제 프로젝트의 심사 비준 관리 권한은 원칙적으로 하급 현으로 이양하여 목표·임무·자금 및 권한과 책임 "4가지가 현에 닿도록" 하는 제도를 실행하고, 각급 기관 모두가 자체 사무적인 권한에 따라 사업을 추진하도록 하였다. 각 부서도 빈곤구제 난관돌파계획과 중대한 빈곤구제 프로젝트를 플랫폼으로 삼아 자금의 통합 강도를 높이고 빈곤구제의 정밀화를 확보하며 두드러진 문제를 집중적으로 해결하도록 하였다.

사례 5-1

촌 파견 주재 지원 '6단계' 업무방안

충칭(重慶)시 첸장(黔江)구(區)는 촌 파견주재 지원 "6단계" 업무방안을 실행하여 "두 가지 걱정 덜기, 세 가지 보장"이라는 두드러진 문제를 정확하게 해결하여 샤오캉사회를 전면적으로 실현하려는 과정에서 한 가구도 한 사람도 빠뜨리지 않도록 하고자 노력했다.

① 가정을 방문하여 마당을 둘러보고 주거환경을 전면적으로 개선하였다.

주거환경의 개선은 촌 파견 주재 지원의 가장 중요한 일환이다. 지질적으로 안전한지의 여부, 교통의 편리 여부, 관련 시설이 갖추어졌는지의 여부, 환경의 정갈 여부, 이웃 간 화목 여부에 중점을 두었다.

② 눈을 들어 주택을 둘러보고 주택 보장을 전면적으로 실행하였다.

주택의 건설연대·건축구조·안전등급·정책혜택·1주택 다주택 등의 상황을 중점적으로 파악하고 면적 기준 초과하지 않기, 부채 한도 초과하지 않기 등의 '2개 레드라인'을 엄수하며, 이주 취업문제를 분류 해결하여 이주 가능, 안착 가능, 치부 가능을 확보하였다. 타지 이주, 택지의 재 개간, 농가 가옥 매입 비축 등의 정책을 통합하여 주택건설이 어려운 문제를 해결하고, 극빈층은 촌에서 단체로 주택을 전부 대신 건설해주어 즉시 입주가 가능하도록 하였다.

③ 문을 열고 들어서서 장을 열어 확인하여 먹을 걱정과 입을 걱정을 전면적으로 해결하였다.

찬장 안의 쌀과 밀가루와 식용유, 냉장고 안의 고기와 계란과 우유, 옷장 안의 옷과 이불과 신발 등의 구비기준을 명확히 하였다.

④ 손을 뻗어 수도관을 확인하여 식수안전을 전면적으로 확보하였다.

대중의 가정에 식수가 들어왔는지, 수질은 안전한지, 관리와 보수가 제대로 되고 있는지, 비용은 합리적인지 등의 상황을 전면적으로 수집 파악하고, 공사성 물 부족(특수한 지리적 지질적 환경으로 물을 저장할 수 없고, 급수 수원 수리공사 건설이 낙후하여 용수 수요를 만족시킬 수 없어 초래되는 수자원 부족현상을 가리킴), 계절성 물 부족을 해결하는 것을 돌파구로 삼아 국가 표준에 정확히 맞춰 집중 급수공사와 분산 급수공사를 새롭게 건설하였다.

⑤ 가까이 다가가 건강상태에 대해 묻고 질병으로 인한 빈곤을 전면적으로 근절하였다.

대중의 가정 구성원, 그들의 건강 상황, 정책혜택, 결제비율 등의 상황에 대해 깊이 있게 조사하고, 의료자원을 통일적으로 조달하여 건강에 의한 빈곤구제의 '6중 보장'을 구축하며 빈곤가구의 입원비용 자부담 비율을 엄격히 통제하였다.

⑥ 마주 앉아서 아이의 상황에 대해 묻고 지덕을 양성하고 미덕을 쌓도록 전면적으로 추진하였다.

아동의 취학, 자녀의 취업, 호적관계, 아이와 노인의 부양 등의 상황을 동적으로 모니터링하고, 빈곤으로 인해 중퇴하는 학령 아동을 선별조사하며, 질환이 있거나 장애가 있는 학생을 위해 정기적으로 찾아가는 교육을 실시하고 사랑을 전하였다.

자료출처: 총칭시 첸장구 빈곤구제판공실.

3. 빈곤구제의 정밀화를 실천하는데 곤란한 점은 무엇인가?

(1) 빈곤가구를 정확하게 식별하는 문제

빈곤구제 정밀화와 같이 이렇게 복잡한 일은 어려울 수밖에 없으며 게다가 단계별 난점까지 각기 다르다. 처음에 가장 많이 나타나는 문제는 정확한 식별문제이다. 수천만 가구, 1억에 가까운 인구를 찾아내는 것은 엄청난 도전이었다. 중국에 빈곤인구가 얼마 있는지를 계산하는 것은 아주 간단하다. 국가통계국에는 8만여 가구의 농가에 대한 표본추출조사 결과가 있는데 먼저 8만여 가구의 농가 중 빈곤인구 비율이 얼마인지를 확정한 후 농촌 총인구수를 곱하면 추측해 낼 수 있다. 그러나 전국의 빈곤가구에 대해 파악하려면 지방정부가 가구마다 일일이 찾아가 확인해야 한다. 수천만 가구를 어떻게 조사해야 할까? 촌(村)마다 수입을 통계하는데 촌급 수입에 대한 통계는 일정한 국한성이 있어 수입에 따라 식별할 방법이 없었다. 이리하여 각급 지방정부는 다양한 평가방법을 수립했고 다양한 점수가 나오게 되었다. 예를 들어 "첫째는 주택을 보고, 둘째는 식량을 보며, 셋째는 집에 공부하는 학생이 있는지를 보고, 넷째는 병환에 있는 환자가 있는지를 보는 것"이 바로 그중의 한 가지 평가방법이었다.

그리고 민주적 평의도 있었다. 그것은 오랜 세월을 가까이에서 생활해오다보면 누가 더 가난한지, 누가 형편이 좀 나은지에 대해 대략적인 인상을 가지고 있기 때문에, 명단을 추천하여 올린 뒤 모두가 함께 토론을 거쳐 공시하였다. 중앙에서도 빈곤가구의 식별에 오차가 생기기 쉽다는 것을 잘 알고 있기 때문에 반복적으로 되돌아볼 것을 요구하여 여러 차례에 걸쳐 매번 대량의 인력을 동원하여 심사하며 조사하였다. 최종적으로 빈곤가구를 정밀하게 식별하는 문제가 갈수록 정확해졌다. 정밀하게 식별하지 못하면 근본적으로 빈곤에서 벗어나게 할 수 없기 때문이다.

(2) '세 가지 보장' 방면의 교육문제

2020년까지 의무교육 보장을 실현한다는 내용에서 학령전 교육에 대해서는 언급하지 않았고, 또 고중(高中, 고급중학교의 약칭으로 한국의 고등학교에 해당함) 교육에 대해서도 언급하지 않았으며, 특히 고등교육(대학교 교육)에 대해서도 언급하지 않았다. 빈곤구제의 목표는 바로 9년제 의무교육이다. 다시 말하면 모든 빈곤가구의 아이들이 반드시 초중(初中, 초급중학교의 약칭으로 한국의 중학교에 해당함)까지 마치는 것을 의무화한다는 것이다. 그러나 그 목표도 일부 지역에서는 어려움이 매우 크다. 2012년에 필자가 량산(凉山)지역에 가서 조사를 진행하였는데, 어떤 촌에서는 3분의 2의 아이들이 중퇴하는 상황이었다. 그들을 당장 전부 학교에 다니게 하려면 의무교육 보장사업의 압력이 막중하였으며, 그 외 일반 지역에서도 중퇴문제가 존재하였다. 빈곤가정에 대해 100% 의무교육을 실현할 것을 요구하는 데는 다음과 같은 몇 가지 큰 문제가 존재한다.

첫째, 공부에 싫증을 느낀다. 의무교육 단계에서 중퇴하는 것은 가난하여 학교에 갈 수 없는 문제가 아니라 주요 문제는 학생이 공부에 싫증을 느끼고 성적이 낮아 진도를 따라가지 못하는 데 있는 것이다.

둘째, 특수교육. 만 6~15세의 아이는 설령 아이가 농아인과 같은 신체결함이 있더라도 국가 「의무교육법」에 따라 특수교육을 받을 수 있도록 해야 한다. 그러나 일부 빈곤지역에서는 특수교육에 해당하는 아이들도 쉽게 학업을 그만두곤 한다.

셋째, 일부 문제아동들이 쉽게 학업을 그만둔다. 현재 건강상의 원인만이 학교에 가지 않을 수 있는 유일한 이유가 될 수 있다. 큰 병 때문에 휴학을 하는 것은 허용되지만 고의로 학업을 그만둘 경우에는 의무교육을 보장받지 못한 것으로 판정된다. 이러한 요구가 일부 지방에는 여전히 큰 압력을 줄 수 있다. 극빈지역은 더 큰 압력을 받지만 그래도 빈곤구제가 매우 효과적이었다. 필자는 2018년에 량산의 한 마을에 가서 조사를 진행하였었는데 15~16세의 아이들이 아직도 소학교(초등학교) 3학년에 다니고 있다는 사실을 발견하였다. 그들은 이전에 학교를 다닌 적이 없는 아이들이기 때문에 직접 중학교에 들어가 공부할 수 없으니 소학교 1학년부터 다니는 수밖에 없었다. 의무교육단계에 빈곤가정의 아이들이 반드시 학교에 가도록 하는 것이 목표이다.

(3) 의료문제

   중요한 것은 기준과 중점 및 재정부담 문제이다. 기본 의료보장이
란 무엇인가에 대해 지방별 이해가 각기 다르다. 심지어 이 방면에 대
한 위생 및 계획출산에 대한 당국의 이해도가 그다지 명확하지 않아
편차가 생기기 쉽다. 최근 몇 년간 중앙은 빈곤퇴치 난관돌파에서 기
준을 낮추어도 안 되고 맹목적으로 기준을 높여 의욕만 잔뜩 돋우어
서도 안 된다고 거듭 강조하였다. 빈곤구제를 해야 하지만, 빈곤가구
에 대한 지원기준을 비(非)빈곤가구보다도 훨씬 더 높인다면 필연적으
로 차별문제를 초래하게 된다. 중앙에서도 그러한 문제점을 알게 되
어 제때에 바로잡았다. 기준을 낮추어서는 안 된다. 기준 자체가 특
별히 높은 것이 아니다. 그렇다고 기준을 맹목적으로 높여서도 안 된
다. 건강수준의 향상에 의한 빈곤구제에서 한동안 이런 문제가 나
타났다. 중병의 보장에 대량의 자금과 정력을 집중시킨 반면에 기
본 질병, 흔한 질병, 만성 질환의 보장이 제대로 이루어지지 않았다
는 점이다. 촌에 가 보니 촌의 환자 비율이 높았으며, 상당한 부분은
주로 만성질병환자였다. 물론 중병에 걸리면 더 불쌍하니까 사람들의
관심이 더 집중되며 돈도 더 많이 들어간다. 현재 어떤 지방에서는
실제 여건을 고려하지 않고 중병환자에 대한 보장기준을 도시주민보
다도 더 높게, 간부보다도 더 높게 정하였다. 어떤 지방에서는 빈곤가
구가 병을 치료하는데 돈을 쓰지 않거나 혹은 돈을 별로 쓰지 않는
다고 할 수 있다. 결제비례가 어떤 때는 95%에 달해 현 단계를 엄청
나게 초월하여 재정적으로 아예 지속이 불가능한 수준에 이르렀다.

그러므로 기본의료를 보장함에 있어서 현 단계 수준과 자체 능력을
초월해서는 안 된다고 말하는 것이다.

사례 5-2
기층의 능력 향상을 강화하여 농촌 빈곤인구의
기본 의료보장을 실현하였다.

하이난(海南)성은 농촌 빈곤인구의 기본 의료보장을 실현하는 것을 중점으로 삼아 농촌 의료서비스수준을 꾸준히 향상시키고 농촌 빈곤인구의 의료서비스 접근 가능성을 증강하였다.

1) 기층 의료위생기구의 표준화 건설을 실시하여 농촌 빈곤인구가 가까운 곳에서 병 치료를 받을 수 있도록 하였다.

농촌 빈곤인구가 가까운 곳에서 병 치료를 받을 수 있도록 보장하기 위해 하이난성은 행정구획을 타파하고 하이난성 기층 위생서비스 체계를 재구축하였으며, 기층 의료기구 계획을 조정하여 서비스 대상 인구에 따라 기층 의료서비스자원의 배치를 최적화하였다. 「기층 의료위생기구 표준화 건설 행동계획」등 11건의 문건을 제정하고 의료설비 및 기층 의료기구 정보관리시스템 건설을 배치하였다.

2) 인사체제 개혁을 심화하여 농촌의 빈곤인구가 가까운 곳에서 의사에게 진찰을 받을 수 있도록 하였다.

기층 의료기관의 인원모집이 어려운 실제 상황에 비추어 하이난성 여러 시·현 위생건강당국은 서비스 대상 인구 및 병상의 수요와 결부하여 편제탱크를 설치하고 시(현)의 편제 통일 관리를 실시하여 더 이상 구체적 단위까지 심사하여 결정하지 않도록 했고, 실제적 수요에 따라 조절하도록 하였다. "현에서 모집한 인력을 향(鄕)에서 사용하고, 향에서 모집한 인력을 촌에서 사용하는" 방식과 정기적으로 교대하는 방식 두 가지 방식을 취하였다. 기층 의료기관의 인원 유지가 어려운 실제상황에 비추어 기층 의료위생기관 관리체제를 개혁하여 기층 의료위생기관의 수지잔고는 성과급을 늘리는 데 사용하도록 허용하였으며, 이를 성과급 기준치에 포함시키지 않기로 하였다. 기층 의료인원의 승진이 어려운 문제에 비추어 직함 심사를 개혁하여 기층 의료기관 고급 직함 대오 건설을 강화하였다.

3) 인원의 양성을 강화하여 농촌 의료서비스 수준을 끌어올렸다.

기층 위생인재 자질향상 '세 가지 100' 프로젝트를 실시하여 매년 농촌의사 100명을 초빙하고, 100명의 기층 학력을 향상시켰으며, 농촌의사 100명을 교대로 훈련시켰으며, 원래의 직무를 보류케 하면서 임시 직무를 담당하여 훈련시키고 전문 분야에 대한 훈련, 시험 전 훈련 등 다양한 형식으로 기층 의료인원의 능력과 수준을 향상시켰다.

자료 출처: 하이난성 위생건강위원회.

(4) 위험 주택 개조문제

　2020년에 이르러서는 빈곤인구를 더 이상 위험 주택에 살게 해서는 안 되도록 했다. 그렇다면 도대체 어떻게 해야 할 것인가? 위험 주택이 있으면 모조리 고쳐야 한다는 말인가? 만약 그렇게 고치게 되면 촌에 많은 모순이 생길 것이다. 일부 가정에서는 자녀들이 엄청나게 호화스러운 이층집에 살고 있는 반면에 그들의 부모는 위험 주택에 살고 있는 경우가 있는데 이런 상황을 어떻게 처리해야 할까? "위험 주택 개조"의 요구에 부합하는가? 그렇기 때문에 이는 매우 복잡한 문제인 것이다. 일부 빈곤가구들은 정부가 그들의 위험 주택을 개조해주었는데도 계속 위험 주택에 살면서 개조된 주택은 자녀들에게 주어 살게 하고 있었다. 다양한 현실적 문제들을 어떻게 파악할 것인가? 현재의 기본 정책은 "빈곤가구임이 확실하고 자녀에게 능력이 없으면 정부가 위험 주택을 개조하여 주어야 하지만, 자녀가 여러 명이고 자녀들이 모두 좋은 집에 살고 있는데 부모가 위험 주택에 살고 있다면, 자녀에게 책임을 부담할 것을 요구하며 정부는 감독 역할을 한다."는 것이다. 그러나 이것은 자녀가 능력이 있다고 정부가 방치한다는 의미는 아니다. 정부는 감독할 필요가 있다. 빈곤퇴치 난관돌파를 모두 완성한 뒤 기자가 촌에 가서 사진을 찍으면서 빈곤퇴치 난관돌파가 다 완성되었는데 왜 아직도 위험 주택에 살고 있는 노인이 있는지 질문할 수도 있다. 그렇기 때문에 지금 각자가 자기 책임을 다할 것을 요구하고 있는 것이다. 지금은 상황도 고려하지 않고 전부 새 집을 지으라고 요구하지도 않는다.

그렇게 하는 것은 많은 낭비와 모순을 초래할 수 있기 때문이다. 그러므로 빈곤퇴치 난관돌파는 실사구시 해야 하는 것이다. 그리고 또 세부적인 문제, 특수한 상황문제는 가구마다 직접 방문하여 보면서 가구별로 해결해야 하는 것이다.

(5) 2020년 후에는 안정적인 빈곤퇴치가 필요하다.

2020년에 빈곤퇴치 난관돌파가 다 해결되었는데 정책 적용이 중단된 뒤 대량의 인구가 다시 빈곤으로 되돌아가는 문제가 나타날까봐 중앙은 특별히 걱정하고 있다. 그래서 2020년 이후의 주요 문제는 소득 안정과 내적 원동력문제가 대상이 될 것이다. 2020년 이후 사람들이 동력을 잃고 정부가 빈곤구제를 해주기만을 기다리는 일이 일어나게 되면 안 된다. 만약 단순히 돈을 발급하는 것에만 의존하고 내적 원동력이 부족하여 안정된 소득 창출시스템이 없게 된다면 빈곤현상은 또 다시 나타나게 될 수 있기 때문이다.

현 단계에서 지방정부가 시급히 해결해야 할 것은 산업에 의한 빈곤구제문제이다. 안정적인 소득 창출은 각 지방정부의 매우 큰 관심사이다. 예를 들면 취학·의료 등의 분야는 재정의 빈곤구제자금으로 지원하여 공립병원·공립학교로 해결할 수 있지만, 산업발전은 시장과 관련된 문제이기 때문에 정부가 주도할 수는 없다. 그리고 현재 빈곤가구는 산업발전능력이 매우 취약한 실정이다. 생산능력이 취약하고 시장능력은 더욱 취약하며, 위험대처능력이 취약하고 또 경쟁능력도 갖추지 못하였다.

현재 산업에 의한 빈곤구제는 지난 20년과는 다르다. 그때는 많은 빈곤가구가 기본 생계 문제를 해결하지 못하였기 때문에, 그때 당시의 산업에 의한 빈곤구제는 그들에게 종자와 화학비료를 나누어 주어 식량을 많이 생산할 수 있게 하여 좀 더 많이 먹을 수만 있어도 효과가 있었다. 그러나 지금은 그런 단계가 아니어서 먹을 걱정은 덜 수 있게 되었기 때문에 산업으로 소득을 창출하고 시장에 진출해야 한다. 시장에 진출하게 되면 경쟁을 해야 한다. 현대 경영 주체인 전문회사·합작사(한국의 협동조합에 해당함)·가족농장들과 빈곤가구가 단독으로 경쟁해야 하는 상황인데 어떻게 경쟁에서 이길 수 있겠는가?

그러므로 현재 산업에 의한 빈곤구제는 빈곤가구를 이끌어 산업을 발전시켜야 하는 것이며, 여러 분야의 자원을 통합하여 시장주체가 그들을 이끌고 함께 산업을 발전할 수 있도록 해야 하는 것이다. 이것이 주요한 사고방식이다. 시장 주체는 어떻게 빈곤구제를 진행해야 하는가? 빈곤구제에는 두 가지 방식이 있다. 하나는 자선적인 방식이고, 다른 하나는 시장의 방식이다. 시장의 방식은 바로 빈곤가구와 빈곤인구가 시장에 참여할 수 있는 능력을 갖추게 하는 것이다. 그런데 시장주체는 모두 능력이 강한 사람과 협력하기를 원한다. 현재 산업에 의한 빈곤구제는 빈곤가구를 이끌어줄 필요가 있다. 여기서 핵심 문제는 우리 제도와 체제 하에서는 그래도 가능하다는 것이며, 많은 자원시장 주체들도 필요로 하고 있으며, 그들은 이 과정에 참여하여도 손해를 보지 않는다는 것이다.

빈곤구제 사업은 발전을 이룰 수 있어야만 지속가능하다. 현재 산업에 의한 빈곤구제는 4가지 방식이 있다.

첫째, 생산으로 직접 이끄는 방식이다. 산업발전을 통해 빈곤가구를 산업사슬에 포함시키고 매개 빈곤가구의 특점을 결부시켜 생산으로 이끄는 방법을 구축하는 것이다. 예를 들어, 기술을 모르는 농가에 대해서는 기술지도를 통해 무엇을 어떻게 사육하는지를 알려주고, 또 그 토대 위에서 빈곤가구를 위해 시장문제를 해결해주어 그들이 생산에 전념할 수 있도록 하는 것이다.

둘째, 취업으로 소득을 창출하는 방식이다. 일부 빈곤가구는 전문농가가 될 생각도 동력도 없다. 비교적 대표적인 생각은 "일을 하고 월급만 받을 수 있으면 된다. 안정적인 일자리만 있으면 빈곤에서 벗어날 수 있다. 위험 부담은 원하지 않는다. 내 임금만 체불하지 않으면 된다."라는 것이다. 취업으로 소득을 창출하는 방식은 현 단계에서 특히 중요한 모델이다. 현재는 "빈곤구제 작업장" "빈곤구제 미니공장"이 있는데, 다양한 형태를 통해 간단한 생산 절차들을 촌으로 이전할 수가 있다. 현 단계에는 많은 빈곤인구가 취약한 노동력으로서 외지에 돈벌이를 나갈 수 없어 집에만 있어야 한다.

셋째, 자산으로 수익을 얻는 방식이다. 이런 방식에 힘입어 빈곤인구들은 아무것도 하지 않고 가만히 앉아서 자산으로 수익을 얻을 수 있다. 그 자산은 자기 자신의 것일 수 있다. 예를 들면 토지를 타인에게 맡기고 택지를 타인에게 맡겨 농촌관광을 운영하도록 하면 자신은 수익금을 얻을 수 있다. 또 정부의 자금으로 기업에 출자하여 이익배당금을 받는 경우도 있다. 빈곤가구는 노동력이 없어도 걱정할 필요가 없다. 이익배당을 통해 수익을 얻을 수 있다. 게으름을 피우는 현상을 막기 위해서는 노동능력이 있는 자에게 일을 할 것을 요구한다. 물론 시장에 나가 일해 노임을 받는 것이 최선이다. 시장기회가 정 없다면 빈곤가구에 공익적인 일자리를 주면 된다.

넷째, 혼합 견인 방식이다. 상기의 몇 가지 모델을 혼합하여 사용하면 효과가 아주 좋다. 자산수익을 얻을 수 있을 뿐만 아니라 취업도 할 수 있다. 일부 지역에서는 이 모델을 채용하여 빈곤가구가 안정적인 소득을 창출하도록 도와주었다.

여기에는 주의를 돌려야 할 일부 도전도 존재한다.

첫째, 빈곤지역에는 견인능력을 갖춘 경제주체가 부족하다는 점이다. 빈곤지역에는 기업이든, 합작사(한국의 협동조합)든, 아니면 유능한 대규모 경제주체이든 자체만의 주체가 없다. 산업에 의한 빈곤구제에서 주체의 참여가 없이 빈곤구제가구에만 의지해서는 산업의 발전이 불가능하다.

둘째, 지원 메커니즘의 유효성과 지속가능성 문제이다. 주체가 있으면 어떻게 그들이 기꺼이 장기적으로 빈곤구제에 참여하도록 하겠는가? 이는 도전으로서 주체가 빈곤구제에 적극 참여하여 취업과 취업 전 훈련 등을 통해 빈곤가구가 빈곤에서 벗어나 치부하도록 이끌어야 하고, 또 2020년 후에는 메커니즘의 연속성을 유지해야 한다.

셋째, 이익 연결 메커니즘이다. 빈곤구제는 대량의 자원 투입을 떠날 수 없다. 빈곤구제 참여 주체와 농가의 이익 연결 메커니즘을 어떻게 구축할 것인지는 빈곤구제의 효과에 영향 주는 관건으로서 이익 연결의 안정성과 이익 분배의 합리성을 확보해야 한다. 만약 이 두 가지를 확보하지 못한다면 빈곤구제의 효과와 최종 목표의 실현에서 영향을 받게 될 것이다.

넷째, 정부와 시장주체의 관계를 어떻게 잘 처리할 것인가 하는 문제이다. 정부와 시장주체는 빈곤지원사업 중 각자의 업무 내용과 범위에 대해 명확히 할 필요가 있다. 그것은 빈곤구제사업이 여러 주체와 관련될 뿐만 아니라 시장행위와도 관련되기 때문이다.

다섯째, 시장의 왜곡과 농산물 공급과잉 문제이다. 예를 들면 곳곳에 호두를 심고 곳곳에서 산업이 동질화된다면 심어서 거둔 농산물을 어디에 내다 팔겠는가?

빈곤구제 정밀화를 실현함에 있어서 빈곤지역에서 산업을 발전시켜야 할 뿐만 아니라 산업발전에서 빈곤가구를 이끌어나가야 하는데 이는 상당히 어려운 일이다. 국제상에서도 그런 난제에 부딪치고 있는데 이를 피라미드전략이라고 하며, 우리는 이를 산업에 의한 빈곤구제라고 한다. 빈곤가구의 적지 않은 사람들은 그래도 발전능력을 갖추고 있는데 그 능력을 아직 충분히 살리지 못하고 있다. 그렇기 때문에 이는 매우 관건적이고도 매우 중요한 일이다. 그리고 이에 대한 도전도 만만치 않다.

4. 빈곤구제 정밀화의 유효성 여부

총체적으로 볼 때 빈곤구제 정밀화는 효과가 뚜렷하다. 첫째, 빈곤인구가 대폭 줄어들고 빈곤경감 속도가 해마다 빨라지고 있다. 2013년 이래 빈곤인구는 누계 8,249만 명 줄어들었고, 매년 빈곤인구 감소 규모가 1,200만 명 이상에 달한다. 기준수가 갈수록 줄어들고 있어 매년 나타나는 빈곤인구 감소비율이 갈수록 커지고 있다. 2014년에는 빈곤인구가 14.9% 줄어들었고, 2018년에는 45.5% 줄어들었다. 2019년에는 총 1,100여 만 명의 빈곤인구가 줄어들어 현재까지 9,899만 명의 농촌 빈곤인구가 전부 빈곤에서 벗어남으로써 절대적 빈곤을 철저히 해소하였다.

둘째, 수입과 소비가 빠르게 늘어나고 지역 간 격차가 한층 더 좁혀졌다. 2018년 빈곤지역 농촌 주민 1인당 순수입이 2012년보다 약 2배 늘어나 전국 평균 증가 속도보다 2.3% 높은 것으로 나타났다. 2018년 빈곤지역 농촌주민의 1인당 가처분소득은 전국 농촌 평균수준의 71%에 달하여 2012년보다 8.8% 상승하였다. 빈곤지역의 소비지출은 전국 평균수준의 74%에 달하여 2013년보다 3.4% 상승하였다.[16] 빈곤지역과 기타 농촌지역의 소득과 소비 격차가 한층 더 좁혀졌다.

셋째, 생활조건이 꾸준히 개선되었다. 2018년 빈곤지역에서 철근콘크리트로 건설된 주택이나 벽돌과 철근콘크리트 혼합 자재로 건설된 집에 거주하는 농가의 비중이 67.4%로 2012년보다 28.2% 상승하였다. 대나무집이나 초가집 또는 토벽집에 거주하는 농가의 비중은 1.9%로

---

16) 국가통계국, "빈곤구제 개발을 지속적으로 강력하게 추진, 빈곤퇴치 난관돌파에서 역사적 중대한 성과 이룩: 신 중국 창건 70주년 경제사회발전성과 시리즈보도 제15편", 국가통계국 사이트, 2019-08-12.

2012년보다 5.9% 하락하였다. 수세식 화장실을 사용하는 농가의 비중은 46.1%로 2012년보다 20.4% 상승하였다. 식수난을 해결한 농가의 비중은 93.6%로 2013년보다 12.6% 상승하였다.[17] 빈곤지역 생활 질의 개선은 상기 방면에서 모두 아주 뚜렷하게 드러났다.

넷째, 인프라시설이 뚜렷이 개선되었다. 2018년 말까지 빈곤지역에서 거의 모든 자연촌이 전기공급을 실현하였고, 전화·케이블TV신호·광대역신호가 통하는 자연촌 비중이 각각 99.2%, 88.1%, 81.9%에 달하여 2012년에 비해 각각 5.9%, 19.1%, 43.6% 상승하였다. 빈곤지역 마을 주요 간선도로 노면에 대한 포장 처리를 거친 자연촌의 비중은 82.6%로 2013년보다 22.7% 상승하였다. 버스가 통하는 자연촌의 비중은 54.7%로 2013년보다 15.9% 상승하였다.[18]

다섯째, 공공서비스 수준이 꾸준히 향상되었다. 2018년에 빈곤지역의 87.1% 농가가 소재한 자연촌에서 유치원 다니기 편리해졌고, 89.8% 농가가 소재한 자연촌에서 소학교(초등학교) 다니기 편리해져 그 비중이 2013년보다 각각 15.7%와 10.0% 상승하였다. 문화 활동실이 마련된 행정촌의 비중은 90.7%로 2012년보다 16.2% 상승하였다. 빈곤지역 농촌에서 합법적인 의료진찰 자격을 가진 의사 또는 위생원을 보유한 행정촌의 비중은 92.4%로 2012년보다 9.0% 상승하였다. 농가가 소재한 자연촌 93.2%에 위생소가 마련되어 있는데 그 비중이 2013년보다 8.8% 상승하였다. 농가가 소재한 자연촌 78.9%가 쓰레기

---

17) 위의 사이트.
18) 위의 사이트.

를 집중적으로 처리하고 있는데 이는 2013년 대비 49.0% 상승한 비중이다.[19]

여섯째, 농촌의 기층 관리방식이 개선되었다. 빈곤촌을 도와 빈곤구제 정밀화를 실시하기 위해 각급 정부는 전국의 12만8천 개 빈곤촌과 일부 비(非)빈곤촌에 제1서기와 촌 주재 실무팀을 파견하여 1년 내내 촌에 주재하고 지원하면서 촌의 두 위원회(촌 당지부위원회와 촌민위원회)를 도와 여러 가지 빈곤구제 정밀화 정책의 실행을 협조토록 하였다. 동시에 서류를 작성한 모든 빈곤가구에 지원책임자를 파견하여 빈곤가구에 대한 상황 파악과 정보 소통을 책임지는 한편 사상과 행동 면에서 빈곤가구가 자주적으로 빈곤에서 벗어나도록 격려하였다. 엄격한 감독사찰과 심사평가 메커니즘에 힘입어 기층의 허위조작이 발견되지 않을 가능성이 갈수록 줄어들었다. 그래서 간부들의 업무기풍이 크게 개선되어 과거에는 기층에 내려가 조사연구를 하지 않고 게으르고 태만하던 데서 이제는 마을에 자주 내려가고 농가를 자주 방문하기에 이르렀다. 서기(書記)·현장(縣長)을 포함한 각급 간부들이 매년 대량의 시간을 들여 마을에 내려가고 농가에 깊이 들어가 민생을 살폈으며 종종 잠행 방식을 취하기도 하였다. 그리하여 형식주의와 관료주의가 어느 정도 억제되었다. 많은 메커니즘들이 농촌진흥에 응용되어 효과적인 운영을 위한 양호한 토대를 마련하게 될 것이다.

---

19) 위의 사이트.

참고 문헌

[1] 「재정 특별 빈곤구제자금 관리방법」, 『녹색재회(綠色財會)』, 2012(1).

[2] 국가통계국, "빈곤구제 개발을 지속적으로 강력하게 추진, 빈곤퇴치 난
관돌파에서 역사적 중대한 성과 이룩: 신 중국 창건 70주년 경제사회발
전성과 시리즈보도 제15편", 국가통계국 사이트, 2019-08-12.

[3] 왕싼꿰이(汪三貴)·궈쯔하오(郭子豪), 「중국의 빈곤구제 정밀화에 대하
여」, 『당정시야(黨政視野)』, 2016(7).

[4] 중공중앙판공청, 「메커니즘을 혁신하여 농촌 빈곤구제 개발사업을 착실
하게 추진할 데 관한 의견」, 『노구건설(老區建設)』, 2014(1).

[5] PARK A, WANG S, "Community-based development and poverty
alleviation: an evaluation of China's poor village investment
program." Journal of public economics, 2010(6).

[6] 시진핑, 『시진핑 국정운영을 논함: 제2권』, 베이징, 외국문출판사, 2017.

빈곤퇴치 난관돌파와 빈곤구제의 정밀화:
우리는 무엇을 하였는가?

제6장

빈곤퇴치 난관돌파와 빈곤구제의 정밀화: 우리는 무엇을 하였는가?

1. 누구를 지원하였는가 ?

누구를 지원할 것인가를 확정하려면 사실상 정확하게 식별해야 한다. 즉, 효과적인 방식으로 수천만 빈곤가구와 1억 명에 가까운 빈곤인구를 찾아내야 한다. 정확한 식별이 안 되면 빈곤구제 정밀화는 기반을 잃게 된다. 이 작업은 난이도가 크다. 처음 시작할 때는 명확한 표준도 없고 통일된 방법도 없어 지방에 따라 이해도 각기 달라서 형형색색으로 진행하였다. 어떤 지방에서는 비교적 계량화된 방식으로 식별하였는데, "두 가지 걱정 덜기, 세 가지 보장" 방면의 문제를 중점적으로 살펴보았으며, 문제의 심각 정도에 따라 점수를 매겼다. 만약 주민이 위험 주택에 살고 있으면 점수를 높게 매겼고, 주택이 좋을수록 점수가 조금씩 낮아지게 했다. 가족 중에 환자가 있는 가정에는 점수를 높게 매겼고, 환자가 없는 가정은 낮은 점수를 매겼다. 그렇게 마지막에 여러 항목의 점수를 합산한 뒤 점수가 높은 가구가 바로 빈곤가구였다. 그러나 더 많은 지방에서는 민주적인 심사를 실시하였다. 농촌은 도시와 달리 익숙한 사람들의 사회이므로 촌에서 누가 가난하고 누가 부유한지에 대해 모두가 대체적인 판단이 서 있는 상황이다. 대체적인 절차는 매 촌민소조가 각 소조의 비교적 가난한 가정을 촌의 두 위원회(촌 당지부위원회와 촌민위원회)에 추천하고, 촌에서 촌민대표대회를 소집하여 추천된 명단에 대해 심사하여 명단을 확정한 후 공시하는 방법이었다. 만약 촌민들 가운데서 이의가 있을 경우에는 촌 간부(촌 주재 실무팀 포함)가 사실 확인을 진행한 뒤 촌민대표대회에서 다시 토의한 다음 다시 공시했다. 이 과정은 보통 여러 차례 진행되었다. 만약 촌에서 의견차이가 너무 커 확정지을 수 없거나 신고가 너무 많을 경우 향(鄉)과 진(鎭)의 촌 담당 간부들이 개입하여 상황을 파악한 후 조정을 거치도록 했다. 처음에는 각 지방에서 정확한 식별에 대한 이해와 진지한 정도에 큰 차이가 있어 식별의 정확도에 아주 큰 차이가 나타났다. 친지를 우대하고 사사로운 정에 얽매여 심의에서 누락하거나 잘못 심의하는 현상이 종종 발생하였다. 각지에서 빈곤구제 자금을 획득하기 위해 빈곤인구의 수를 과장하는 것을 방지하기 위해 처음 정확한 식별을 진행할 때 급별로 정원을 배정하였다. 정원을 통제하는 전제하에서 진행하는 식별 작업은 지방정부의 이해와 진지성이 부족할 경우 심각한 문제가 나타날 수 있었다. 예를 들면 일부 성(省)에서는 빈곤촌에 대한 식별과 빈곤인구에 대한 식별을 한데 묶어 진행하면서 한편으로는 반드시 60% 이상의 빈곤인구가 있어야 빈곤촌으로 분류할 것을 요구하였다. 빈곤인구 정원이 제한된 상황에서 기층에서는 모든 빈곤가구를 빈곤촌에 두는 수밖에 없었다. 이에 따라 비(非)빈곤촌에는 빈곤가구가 단 한 가구도 없게 되었다. 사실상 서로 이웃으로 있는 일부 빈곤촌과 비

(非)빈곤촌 사이에는 별로 큰 차이가 없었다. 그 결과 빈곤촌의 촌 간부와 많은 부유한 가구까지도 빈곤가구로 식별하는 반면에 비(非)빈곤촌의 진짜 빈곤가구를 식별하지 못하는 현상이 나타나게 되었다.

정확한 식별이 이루어지지 못하는 문제를 해결하기 위해 중앙은 각지에 정확한 식별을 위한 재심의를 실시하여 다시 식별할 것을 요구하였다. 많은 지방에서 재심의를 두 번씩 하였으며, 심지어 세 번씩 한 곳도 있었다. 매번 재심의를 할 때마다 전국 각지에서 수백만 명의 인원을 동원하여 촌에 내려 보내 촌의 정확한 식별을 돕도록 하였다. 대규모의 뒤돌아보기 작업을 제외하고도 매년 소규모의 조정을 실시하여 진정한 빈곤가구를 모두 식별하고 서류를 작성할 수 있도록 확보하였고, 빈곤 범위에 포함되지 말아야 할 비(非)빈곤가구를 퇴출시켰다. 심의에서의 누락 비율은 빈곤현 퇴출 심사평가에서 가장 중요한 지표의 하나가 되어 만약 심의 누락 비율이 너무 높을 경우(2%를 초과하지 않을 것을 요구)에는 빈곤현의 빈곤의 딱지를 떼어버리고 빈곤현 리스트에서 퇴출할 수 없게 했다. 국가의 1차 빈곤현 리스트 퇴출 평가에서 윈난(雲南)성 루취안(祿勸)현은 심의 누락 비율이 너무 높아 퇴출하지 못하였다. 각지는 정확한 식별의 중요성에 대해 이해하고 경험을 쌓은 후 모두 식별작업을 매우 중시하게 되었다. 그 후 빈곤가구에 대한 식별과 등록 작업이 전반적으로 볼 때 매우 정밀해졌으며, 빈곤구제 정밀화와 빈곤퇴치 정밀화를 위한 양호한 기반을 닦아놓았다. 심사 평가는 정밀한 식별과 정밀한 지원에 중요한 촉진 역할을 하였다.

2. 어떻게 지원하였는가?

빈곤인구를 식별해내고 서류를 작성한 뒤에는 정밀한 도움이 필요했다. 기본 요구는 바로 빈곤가구와 빈곤인구의 상황과 빈곤이 발생한 원인에 따라, 사람에 따라, 가정에 따라 정책을 실시하고, 종합적인 지원 조치를 취하는 방식이었다.

(1) 안정적 소득창출정책

소득창출정책에는 산업에 의한 빈곤구제, 취업에 의한 빈곤구제, 자산 수익과 혼합적인 소득창출 등이 포함되었다. 산업발전과 안정적인 취업 없이 안정적인 빈곤퇴치를 실현하려는 것은 너무 어려운 일이다. 도대체 어떻게 빈곤가정을 도와 산업을 발전시키겠느냐 하는 것이 지방정부가 직면한 가장 큰 도전이었다. 많은 지방에서 많은 시도를 하여 일정한 성과를 거두었다. 그러나 적잖은 산업에 의한 빈곤구제 방식은 효과가 좋지 않거나 심지어 많은 돈을 낭비하기도 하였다. 서부의 한 빈곤현에서는 전 현의 빈곤가구에게 닭을 기르게 하였던 적이 있다. 약 2천만 위안 가까이 되는 돈을 썼는데, 병아리를 나눠주어 기르게 하였으나 닭이 많이 죽어버려 돈을 벌기는커녕 오히려 밑지고 말았다. 산업에 의한 빈곤구제는 시장화한 빈곤구제방식으로서는 정부가 주도할 수 없었다. 지나친 주도는 실패를 초래하기 쉽기 때문이었다. 빈곤가구는 모두 산업 운영능력이 약하다. 예를 들어 다른 사람들에게는 어렵지 않은 양돈업이나 양계업을 빈곤가구는 잘하지 못하였는데, 이는 빈곤가구에게 기본 지식과 기능이 부족하고 관리도 잘하지 못하며, 시장에 대해서는 더욱 모르기 때문이었다. 그래서 빈곤가구가 자주적으로 산업을 경영할 경우 규모가 조금만 커도 문제가 생기기 쉬우며, 또한 농업분야에서는 신형 경영주체와의 경쟁에도 직면할 수밖에 없었기 때문이었다.

산업에 의한 빈곤구제는 혁신모델이 필요하다. 빈곤가구는 시장경쟁력이 막강한 신형의 경영주체의 견인 하에 산업을 발전시켜야 한다. 빈곤가구들은 간단한 일들만 할 수 있고, 조금 복잡한 일은 다른 사람들이 도와주어야 한다. 예를 들어 식용균 생산의 경우, 빈곤가구는 관개·채취 등 간단한 작업 공정만 맡고, 균종의 선택, 균봉의 제작, 하우스의 건설, 식용균의 판매 등은 모두 전문화한 업체나 합작사(한국의 협동조합에 해당됨)가 담당하여 완성해야 했다. 그 과정에서 빈곤가구도 꾸준히 배우고 경험과 기능을 쌓을 수 있으며, 점차 자신감을 증강시키고 생산규모를 점차 확대시켜 나갈 수 있는 것이다. 신형의 농업경영주체가 빈곤가구를 이끌고 산업을 발전시키게 하려면 경영주체에 대한 격려 문제를 해결해야 한다. 중국에서 산업에 의한 빈곤구제에 참여하는 업체는 사회성 기업이 아니라 주로 상업성을 띤 민영기업이다. 즉 기업인만큼 원가 효과와 수익문제를 고려해야 한다. 만약 기업에 사회적 책임을 다할 것을 요구한다면, 그들은 기부나 공익사업에 대한 지원과 같이 더 간단한 방법으로 할 수 있을 것이다. 그런데 산업발전은 장기적인 시장행위로서 이에 참여하는 각 측은 합리적인 격려 메커니즘이 있어야만 지속할 수 있다. 여기에서 관건은 각 분야의 자원을 통합하여 자원의 이용 효율을 높임으로써 각 분야 모두 이익의 향상을 실현할 수 있도록 하는 것이다. 예를 들면 중국의 토지제도 하에서 빈곤가구도 토지자원을 보유하고 있지만 그 이용 효율이 너무 낮았다. 꿰이쩌우(貴州)성의 류판수이(六盤水), 후난(湖南)성의 샹시(湘西)와 같은 경우 옥수수를 재배하는데 1무(1무[畝]는 약 667㎡) 당 순수입이 1천 위안도 안 되었다. 그러나 토지를 신형 경영주체에 맡겨 높은 가치의 특색 산물(예를 들어 키위 등과 같은 과실)을 생산하게 되면 1무 당 이윤을 1만 위안 이상으로 끌어올릴 수 있었다. 정부도 대량의 빈곤구제자원을 산업에 의한 빈곤구제에 사용하였다. 예를 들면 재정빈곤 구제자금·이자보조대출(빈곤가구 1가구당 5만 위안의 규정 액수) 등이 그것이었다. 이런 자원들을 한데 통합하여 빈곤가구가 기업, 유능한 사람, 규모업체의 인도 하에 산업을 발전시키면 성공률이 훨씬 높을 수 있는 것이다. 신형 경영주체도 그 과정에서 토지·자금 등 방면의 문제를 일부 해결할 수 있어 윈-윈하는 구도를 형성할 수가 있다. 물론 지방정부는 빈곤가구와 경영주체 간에 합리적인 이익 연결 메커니즘을 구축하도록 협조하여 약세 지위에 있는 빈곤가구의 이익이 손해를 입지 않도록 방지해야 한다.

모든 빈곤가구가 지속적 경영이 가능한 산업을 발전시킬 능력과 의지를 가지고 있는 것은 아니다. 안정적인 취업은 대다수 빈곤가구의 더욱 적합한 선택이자 소득창출의 경로이다. 세계 기타 국가도 역시 그러하다. 산업경영에는 여러 가지 위험이 있다. 예를 들면 자연재해·시장파동 등의 위험이 존재한다. 많은 위험은 빈곤가구가 감당해낼 수 없다. 그러나 취업 면에서 직면하게 되는 위험은 아주 낮다. 단지 임금만 체불하지 않으면 된다. 안정적인 취업은 빈곤가구의 소득문제를 해결하는 가장 효과적인 수단이다. 나이·건강 등의 원인으로 인해 많은 빈곤가구는 약한 노동력밖에 없기 때문에 외지에 나가 취업하는 것은 그들에게 비현실적이며 오직 현지에서 취업기회를 제공할 수밖에 없다. 노동 집약적인 농업 산업(예를 들면 과일 생산 등)은 많은 일자리를 제공할 수 있다. 그 외에도 일부 지역에서는 촌에 "빈곤구제 작업장"을 도입하여 일부 노동집약적인 수공업 제품의 생산을 촌에 유치함으로써 약한 노동력에게 많은 일자리를 제공하였다. 임금은 시장원칙에 따라 설정하여 일을 많이 하면 많이 받을 수 있고 능력이 있는 자가 많이 받을 수 있도록 하였다. 시간급임금은 보통 하루에 50~60위안이며, 생산량으로 계산할 수 있는 경우에는 성과급 임금을 적용하였다. 취업에 의한 빈곤구제는 맹목적으로 임금을 인상하기보다는 취업기회를 빈곤가구에 우선적으로 제공할 것을 강조하였다. 집 근처에서 취업하기 때문에 생활비용이 적게 들고 기업도 추가 비용(예를 들면 정규직 근로자의 경우 지급해야 하는 "양로보험·의료보험·실업보험·산재보험·출산보험 다섯 가지 보험과 하나의 주택 공동 적립금")을 부담할 필요가 없이 제품 선택만 합리적이라면 기업과 빈곤가구 양자 모두에 이익이 된다. 하루 50위안의 임금을 받고 반년만 일해도 수입이 1만 위안에 육박해 빈곤선기준의 3배에 달한다. 다른 한 가지 방식은 자산수익에 의한 빈곤구제이다. 빈곤가구는 경작지·임지·주택 등의 자기 자산으로 출자하거나, 또는 정부가 재정의 빈곤구제자금으로 출자하여 공식적 혹은 비공식적으로 기업과 합작사(한국의 협동조합에 해당됨)의 주주가 되는 것이다. 기업이나 합작사(협동조합) 등 경영주체는 이런 자산을 이용하여 경영하면서 수익이 생기면 빈곤가구에 이익을 배당한다. 일부 지방에서는 심지어 "빈곤가구가 대출을 내고 기업이 그 대출금을 사용하는" 방식까지 동원되었다. 이익배당 비율은 6%~12%로 각기 다른데 이는 기업의 수익성 및 지방정부가 기업과 협상을 진행하는 능력에 의해 결정된다. 자산 수익에 의한 빈곤구제는 빈곤가구의 경영능력과 취업능력에 의존하지 않기에 모든 빈곤가구에 적용할 수 있다.

단순한 자산 수익에 의한 빈곤구제에 있어서 한 가지 주요한 문제는 빈곤인구의 능력과 내적 발전 동력을 증강시킬 수 없어 게으름뱅이를 키우는 게 아닐까 하는 의구심이 들 수 있다는 점이다. 만약 재정 빈곤구제자금이나 신용대출빈곤구제자금으로 자산수익프로젝트를 진행한다면 사회보장과 본질적인 구별이 없다. 그러므로 노동능력이 있는 빈곤가구에 대해서는 생산과 취업에 참여하지 않은 상황에서 단순한 이익 배당금만 받는 것을 권장하지 않는다. 문제는 자산수익에 의한 빈곤구제 사업에 참여하는 많은 기업들이 노동집약형 기업이 아니기 때문에 빈곤가구에 취업기회를 제공할 수 없고 더욱이 빈곤가구의 생산경영을 이끌 수 없다는 점이다. 빈곤가구가 직접 참여할 수 없는 상황에서 각지에서는 빈곤가구가 공익성 일자리를 통해 간접적으로 참여하는 방법을 창조하였다.

현재 농촌은 환경문제가 두드러지게 나타나고 있는데, 단지 산이 좋고 물이 맑으며 꽃들이 향기롭게 피어있고 새들이 지저귀는 자연 환경만 있는 것은 아니기 때문이다. 따라서 사회봉사하는 방식이 필요하다고 볼 수 있다. 예를 들어 자립능력을 상실한 노인을 보살피는 것과 같은 일이 그것이다. 이익배당금으로 공익성 일자리를[20] 만들어 빈곤가정의 노동력을 고용하여 힘이 닿는 일을 할 수 있게 하는 것은 일석이조의 배치라 할 수 있다. 그리하여 환경을 개선하고 공익을 위한 봉사를 제공할 수 있을 뿐만 아니라 게으름뱅이를 키우는 문제가 발생하는 것도 피할 수 있다.

일부 지방에서는 이상의 3가지 방식을 결합시켜 자산수익도 도모하고 산업발전도 도모하였으며, 또 취업에 의한 지원도 시도하였다. 총칭의 한 현에서 농촌관광으로 빈곤구제를 진행한 사례를 들어 보자. 최근 몇 년간 농촌관광이 서남지역의 일부 산촌에서 양호한 발전을 보이고 있다. 산간지대는 환경이 아름답고 공기가 맑으며 여름철이 시원하고 생활원가가 낮아 식비와 숙박비를 포함하여 한 달에 2천여 위안 정도 필요하다. 이들 지방은 여름에 늘 관광객으로 붐벼서 수익성이 높다. 그러나 이전에 빈곤가구는 이를 통해 수익을 별로 보지 못하였다. 빈곤가구는 가정조건이 누추하여 위험 주택인 가구도 있어 가정여관을 발전시킬 수 없었기 때문이다. 빈곤가구가 관광을 발전시키도록 격려하기 위해 지방정부는 빈곤가구 1가구 당 3만 위안씩 특별 자금을 제공하였다. 빈곤가구의 주택 상황과 경영능력을 고려할 때 3만 위안을 빈곤가구에 직접 주어 관광을 발전시키게 하는 것

---

20) 공익성 일자리에는 청소, 삼림 감시, 방화, 하천 순찰, 치안, 노인 돌봄, 간병 등이 포함된다.

은 상당히 큰 위험이 따를 것으로 판단하였다. 한 향(鄕)·진(鎭)에서 36가구의 빈곤가구를 조직하여 관광 산장과 합작하여 36가구의 108만 위안의 특별자금을 관광 산장에 맡겨 경영하도록 하고, 빈곤가구에는 10%의 이익배당금을 나눠주도록 하였다. 단순히 이익배당금을 나누어주어 게으름뱅이를 키우는 것을 방지하기 위하여 빈곤가구 한 가구 당 1,500위안씩만 나누어주고 나머지 절반은 빈곤가구들이 생산에 참여하도록 격려하는 격려자금으로 사용하였다. 매년 대량의 농산물을 소비해야 하는 관광 산장은 그 36가구가 생산하는 모든 농산물 판매를 책임질 것을 약속하였다. 농가가 산장에 판매하는 농산물이 많을수록, 금액이 클수록 농가가 나머지 절반 자산수익(농산물수입 제외)에서 배당 받을 수 있는 비율도 높아진다. 산장은 이런 격려 메커니즘을 통해 빈곤가구가 생산을 늘려 소득을 창출하도록 격려하고, 빈곤가구가 생산구조를 조정하여 과거 옥수수 사료를 생산하던 데서 식용 옥수수를 생산하는 쪽으로 방향을 바꾸고, 토종닭을 사육하는 등과 같이 더 높은 가치의 제품을 생산하도록 격려하였다. 이밖에 산장은 일자리를 그 36가구의 빈곤가구에 우선적으로 제공해주어 취업소득을 얻도록 하였다.

키위산업으로 빈곤퇴치 난관돌파에 조력

충칭(重慶)시 첸장(黔江)구는 키위산업을 발전시킴에 있어서 기지가 분산되어 있고, 지원정책이 제대로 실행되지 않고 있으며, 기층 정부의 적극성이 부족하고, 병충해의 위협이 날로 두드러지고 있으며, 산업사슬의 발전이 미비하고, 과학기술의 지원 강도가 부족한 등의 문제에 비추어 다음과 같은 해결조치를 취하였다.

① 실제와 밀접히 연결시켜 키위산업의 발전을 안정적으로 추진하였다.

표준화 시범기지 건설을 공고히 하여 "재배면적을 안정시키고, 관리를 따라 세우며, 투입을 보장하고, 투입방향을 조정하는 것"을 방향으로 하고, 기술훈련, 과수원관리보호, 부대시설 건설에 산업발전자금을 중점적으로 투입하여 키위의 생산량과 품질을 꾸준히 향상시켰다.

② 전문 합작사를 대대적으로 발전시켜 조직화 수준을 향상시켰다.

키위 전문 합작사 건설을 전면적으로 강화하여 정확한 인도와 규범화를 통해 농민의 키위 전문 합작사 가입 적극성을 향상시키고, 키위 전문 합작사를 중심으로 키위산업기지생산이 적정 규모, 집약화 경영, 전문화 생산으로 점차 전환하도록 인도하였다.

③ 브랜드전략을 실시하였다.

선두기업과 합작사가 연합하여 지역브랜드를 구축하고 통일포장(주문자 상표 부착)과 마케팅 홍보를 적극 창도하였으며, 언론매체를 충분히 활용하여 첸장(黔江) 키위 브랜드를 홍보하였다.

④ 병충해 예방통제를 강화하고, 예방통제 체계를 꾸준히 보완하였다.

종묘의 입국검역을 엄격히 집행하고, 기지촌에 병충해 모니터링 관측소를 설립하였으며, 기지촌을 단위로 병충해 전문 예방퇴치 대오를 구축하여 병충해를 통일적으로 예방퇴치하고, 엄밀한 모니터링을 진행하여 적시에 효과적인 조치를 취해 병충해를 예방 퇴치할 수 있도록 확보하였다.

⑤ 과학기술의 지원을 강화하여 양과 질을 동시에 확보하였다.

과학연구기관·대학교와의 협력을 강화하고, 기업이 자주적 연구개발능력을 갖춘 과학기술 대오를 육성하도록 이끌어 품종의 적시적인 갱신과 세대교체를 보장하였다. 기술 훈련과 기술 지도를 성실히 하여 재배기술을 갱신하고 재배수준을 향상시켰다.

⑥ 산업사슬의 건설을 강화하여 산업의 지속적이고 건전한 발전을 추진하였다.

기업에 의지하여 키위산업단지를 건설하고 신품종의 전시, 콜드 체인 운송, 생산 후 처리, 공기 조절 저장, 가공, 전자상거래 플랫폼, 신선한 과일과 가공제품 배송 등 다양한 산업사슬 건설을 추진하여 키위 지역성 도매거래센터를 점차 건설하였다.

자료 출처: 충칭(重慶)시 첸장(黔江)구.

(2) 교육에 의한 빈곤구제

교육에 의한 빈곤구제의 주요 목표는 의무교육을 보장하는 것이며, 그 표준은 소학교와 초중(초급중학교, 한국의 중학교) 단계에서 중퇴하지 않도록 하는 것이다. 이러한 요구가 빈곤가구에는 상당히 높은 요구이다. 그것은 한 현에서 의무교육단계의 취학률이 100%에 도달해야 한다는 요구가 없기 때문이다. 그러나 빈곤가구에 대해서는 의무교육 단계 취학률이 100%에 달할 것을 요구하고 있다. 이러한 요구에 따라 신체적인 이유로 도저히 학교에 갈 수 없는 경우에만 중퇴를 허용한다. 이는 빈곤이 대물림되는 것을 막는 데 도움이 된다. 의무교육을 보장하는 데서 난점은 빈곤으로 인해 학교에 다닐 수 없는 것이 아니라 공부에 싫증을 느끼는 아동, 문제 소년, 특수교육 대상 아이들이다. 현재 의무교육은 모두 무료이고, 생활비용도 각지에서 다 보조해주고 있으므로 빈곤으로 인해 학교에 다니지 못하는 상황이 나타날 수 없다. 공부에 싫증을 느끼는 것이 농촌에서는 아주 보편적인 현상이다. 특히 초중단계에 이르면 일부 아이들은 성적이 너무 낮아 진도를 따라가지 못하므로 공부에 싫증을 느끼게 된다. 어차피 고중(고급중학교, 한국의 고등학교)에 가지 못할 바에야 또는 고중에 갈 생각이 없을 바에야 나이가 든 아이는 외지에 나가 돈벌이라도 할 수 있다는 생각에서 초중 2학년과 3학년에 중퇴하게 된다. 문제아의 경우는 학교에서의 여러 가지 불량 행동을 함으로써 학교와 교사·급우 그리고 다른 학부모들로부터 배척을 당하게 되므로 학교를 중퇴할 가능성이 크다. 그리고 이런 부류의 아이들은 또 사회적 문제가 되기 쉽다. 일정한 인구규모에 이른 현(縣)은 모두 특수교육학교를 설립하여 신체적·정신적으로 장애가 있는 아동을 대상으로 목적성 있는 특수 교육을 전문적으로 진행한다. 그러므로 특수교육 기준에 부합되는 학령기 아동은 특수교육을 받도록 해야지 중도에 학업을 그만두게 해서는 안 된다. 일부 지방에서는 가정으로 찾아가는 교육방식으로 정상적으로 학교에 다니지 못하는 아이들의 교육문제를 해결하고 있지만, 가정으로 찾아가는 교육은 형식에 그치기 쉬우므로 엄격한 감독이 필요하다. 일반적인 농촌지역에서 의무교육을 보장하는 것은 주로 돈을 써야 하는 문제가 아니라 농촌 아이의 취학을 보장하고 초중 학생의 중퇴를 통제할 수 있는 효과적인 조치를 취하는 것이다. 지방정부와 교육기관, 그리고 학부모가 함께 노력하여 학교를 중퇴한 아이들이 다시 학교를 다닐 수 있도록 설득해야 하는데 그러려면 많은 인내심과 세심한 노력이 필요하다. 부모를 따라 외지에 나가 거주하고 있는, 등록된 빈곤가구의 자녀에 대해서도 호적 소재지의 지방정부가 아이의 취학동태를 밀접히 추적하여 외지에서 학업을 중단하지 않도록 방지해야 한다.

의무교육을 보장하는 것이 일부 극빈지역에서는 비교적 큰 도전에 직면하고 있다. 의무교육을 보장하는 표준은 극빈지역도 마찬가지이다. 최근 몇 년간 쓰촨(四川)성 량산주(涼山州)에서는 농촌 아이 취학 보장과 중학교 중퇴 통제 면에서 대량의 노력을 하여 학교를 중퇴하였던 아이들이 다시 학교에 다닐 수 있도록 하였다. 2018년 우리 조사연구팀이 한 촌에 가서 "두 가지 걱정 덜기, 세 가지 보장" 상황을 조사하였는데, 그 결과 중퇴하는 아동이 이미 아주 적은 수준으로 떨어졌음을 발견하였다. 극소수의 몇 명 안 되는 아이가 학교를 중퇴하였는데 원인은 아이가 너무 어리고 학교가 너무 멀기 때문에[21] 그 학부모들이 아이의 학교 입학을 늦추기를 원해서였다. 아이들이 학교에 대거 입학하면서 진(鎭)에 있는 학교들에 큰 부담을 가져다주었다. 첫째, 교원이 부족하여 학생수가 50명 이상인 대형 학급이 아주 보편적이었다. 둘째, 하드웨어조건이 따라가지 못하여 작은 침대 하나에 여러 명의 아이가 같이 자는 상황이 나타났다. 그러므로 량산과 같은 극빈지역에서는 더 많은 소프트웨어와 하드웨어에 대한 투자가 필요하다. 향(鄕)·진(鎭)의 중심학교 건설을 강화하는 외에 일부 중심 촌에 소학교를 건설하여 저학년 학생들이 학교에 다니는데 편리를 도모해주어야 한다. 극빈지역은 현지 산업발전의 기반이 취약하고 인프라 투자비용이 많이 든다. 장기적으로 볼 때 물건에 투자하는 것보다 사람에게 투자하는 것이 더 큰 빈곤경감 효과와 발전효과를 거둘 수 있다. 예를 들면 량산의 일부 마을에서 우리는 외지에 나가 돈벌이를 하기만 하면 농가들은 소득문제를 기본적으로 해결할 수 있었지만, 현지에서 재배업과 양식업에 의존하는 농가들은 모두 소득수준이 매우 낮아 빈곤선표준에 도달하기 어렵다는 사실을 발견하였다. 기초교육을 통해 중국어만 익혀도(현지인 대다수가 중국어를 할 줄 모름) 외지에 나가 취업하는 데 큰 도움이 된다.

의무교육을 보장하는 것 이외에 교육에 의한 빈곤구제정책도 학령

---

21) 소학교가 18킬로미터 떨어진 진(鎭)에 있는데 대중교통수단이 없어 주로 걸어서 다녀야 한다.

전 교육, 고중교육, 직업 교육 및 대학교 교육 각 방면을 아우르고 있다. 예를 들어 빈곤가정의 학령 전 아동이 유치원에 입학하면 보조금을 지급하였고, 모든 등록 빈곤가구 고중 학생의 학비를 면제하여주고 생활보조금을 지급하였으며, 직업고중을 다닐 경우 무료로 공부할 수 있을 뿐 아니라 생활보조금까지 지급하였다.

(3) 건강 수준 향상에 의한 빈곤구제

병 때문에 빈곤해진 경우는 빈곤을 초래한 모든 요소 중에서 가장 높은 비율을 차지한다. 서류를 작성한 빈곤가구 중 거의 절반을 차지하는 가구가 가족 구성원이 각기 다른 질병을 앓고 있었다. 건강수준 향상에 의한 빈곤구제의 목표는 빈곤인구의 기본의료를 보장해주어 빈곤가구의 의료비부담을 덜어주고 빈곤인구의 건강수준을 높이는 것이다. 최근 몇 년 동안 건강수준의 향상에 의한 빈곤구제 정책을 많이 수립했고 정책 강도도 매우 높았다. 첫째, 도시와 농촌 주민 기본 의료보험과 정책성 중대질병보험을 빈곤인구에 전면 보급시키고 개인 납부 보험료 부분에 대해서도 전액 또는 일부 보조해주었다. 둘째, 만성질병에 대해 인증을 거쳐 서류를 작성하고 외래진료 특별보조금을 지급하였으며 계약체결 서비스를 실시하였다. 셋째, 빈곤인구 입원비용의 정산비례를 인상하였고, 현(縣) 내 지정병원에 입원 시 선납금 면제, 진료 후 비용 지불 등의 우대정책을 적용하였으며, 입원 후 결제는 원 스톱 서비스방식을 취해 빈곤인구가 돈을 마련할 수 없어 치료를 포기하는 문제를 효과적으로 해결함으로써 그들의 의료부담을 크게 덜어주었다. 건강 수준 향상에 의한 빈곤구제 영역의 주요 문제는 첫째로 보장이 제대로 되지 못하고 있는 것이고, 둘째로 어떤 면에서는 현재 발전단계와 재력을 초월한 과잉 보장현상이 존재하는 것이다. 보장이 제대로 되지 못하고 있는 문제는 주로 만성질병의 감정과 계약체결 서비스 면에서 나타난다. 만성질병은 종류가 많고 상황이 복잡하기 때문에 일정한 정도에 도달해야만 만성질병카드를 발급 받을 수 있고, 또 외래진료비용 정산보조 혜택을 받을 수 있다. 이를 위해서는 만성질병환자에 대한 정규적인 검사가 필요하다. 홍보가 제대로 되지 않았고 환자가 자발적으로 현(縣)급 병원에 가서 건강검사를 받을 것을 신청해야 한다는 요구사항이 있기 때문에 병세가 비교적 심각한 일부 만성질병환자는 인증을 받지 못하고 만성질병카드를 발급받지 못하는 경우가 있다. 이럴 경우에는 상응하는 외래진료비용 정산정책의 혜택을 누릴 수 없게 된다. 일부 지방정부에서는 만성질병환자들을 위해 조직적인 건강검진을 진행하거나 또는 방문서비스를 제공하면서 비교적 세밀한 업무를 진행하였다. 조건에 부합되는 만성질병환자에게는 만성질병카드를 발급하고 외래진료비용 정산정책의 혜택을 누릴 수 있게 하였으며, 자격증 발급 표준에 미치지 못하는 경증 만성질병환자 또는 목록 외의 만성질병환자에게는 고지서를 발급하였다. 과잉보장 문제는 주로 중대 질병으로 입원치료를 받을 경우 비용정산 보장 방면에서 나타나는데, 일부 지방에서는 빈곤인구가 입원치료를 받을 때 자체 부담 부분이 3천 위안을 초과하지 않도록 하였고, 일부 지방에서는 정산 비례가 95%이상에 달하도록 하였으며, 또 일부 지방에서는 중대질병의 경우 상업보충보험까지 있고 환자가 입원해 있는 기간의 생활보조금까지 있었다. 지나치게 높은 정산 표준과 불합리적인 보조가 과잉진료 문제를 낳아 일부 지방에서는 빈곤인구가 겨울에 병원에 입원해서는 퇴원할 엄두를 못 내고 돈을 쓰지 않을 뿐 아니라 오히려 돈을 버는 현상이 나타났다. 과잉보장으로 인해 재정적으로 지속불가능현상이 초래되었다. 어떤 현(縣)은 의료보험기금 적자 국면이 4개월이나 지속되었는데, 빈곤가구의 과잉 정산이 주요 원인이었다. 과잉보장은 또 빈곤가구와 비(非)빈곤가구 간의 모순을 조성할 수 있으며, 특히 빈곤가구보다 별로 나을 데가 없는 경계에 처해 있는 가구의 강렬한 불만을 초래하게 된다.

건강수준 향상에 의한 빈곤구제 정책을 설계함에 있어서 반드시 합리적이고 적절해야 하며, 재정적으로 지속가능성이 있어야 하고, 또 농촌 진흥과의 맞물림 문제도 고려해야 한다. 다발성 질병, 흔한 질병의 기본의료서비스를 중점적으로 보장하고, 중병으로 입원할 경우에는 선(先)진료, 후(後)결제 및 원 스톱 결제 등 우대정책을 중점적으로 실행하면서 정산비례를 적당히 높이고, 병 치료를 받은 후 빚을 얼마나 졌는지를 기본의료 보장 여부를 판단하는 근거로 삼지 않도록 해야 한다.

(4) 위험 주택의 개조

주택 안전보장 요구는 위험 주택에 사는 빈곤가구가 없도록 해야 한다는 것이다. 그러나 이는 모든 빈곤가구가 새 집이나 좋은 집에서 살 수 있도록 해야 한다는 말이 아니다. 토벽집은 안전표준이 있고 토굴집도 안전할 수 있다. 안전문제만 없으면 낡은 집도 거주할 수 있다. 일부 특수한 유형의 빈곤가구(예를 들면 의·식·주·의료·장례 등 다섯 가지 생활보호 대상자, 노인가구 등)에 대해서는 안전한 주택을 임대하여 거주하거나 안정적으로 빌려서 거주하게 해도 된다. 현재 농촌에는 주택이 너무 많다. 많은 주택은 장기간 사람이 살고 있지 않아 농촌진흥단계에서 철거해야 하기 때문에 맹목적으로 주택을 짓게 되면 대량의 낭비를 초래하게 된다. 빈곤가구의 주택안전문제를 해결하기 위한 주요 정책은 위험 주택 개조이다. 즉 C급·D급 위험주택에 거주하는 빈곤가구의 주택을 보강하거나 새로 짓는 것이다.

위험 주택 개조를 실시하는 과정에서 직면하는 주요한 난제는 한계에 처한 가구의 문제이다. 특히 분가한 노인들이 위험한 낡은 주택에 거주하는 문제이다. 현재 농촌에는 주로 노인들, 특히 비(非)빈곤노인가구가 낡은 집에 살고 있다. 만약 빈곤노인가구라면 일반적으로 위험 주택 개조정책을 통해 주택 개조를 진행한 상황이다. 일부 노인들은 분가하여 살고 있지만 그 자녀들은 경제적 형편이 좋고 충분한 부양능력을 갖추고 있기 때문에, 그런 노인 가구는 일반적으로 빈곤가구로 분류되지 않는다. 이렇게 위험 주택에 거주하는 이들 한계 가구에 대해 우리는 정부가 무조건 주택을 개조해줄 것을 권장하지 않는다. 그렇게 되면 자녀들에게 노인을 부양하지 않아도 된다고 부추기는 셈이 되어 더욱 많은 사회문제를 초래하게 될 것이다. 그러므로 책임을 명확히 가려 자녀가 주요 부양책임을 지도록 해야 한다. 여기에는 주택안전문제의 해결도 포함된다. 정부는 감독책임이 있으며 조정과 법률수단을 통해 자녀가 부모 부양 의무를 이행하도록 독촉해야 한다. 촌(村)급 조직과 정부가 개입하기만 하면 자녀들은 일반적으로 여러 가지 방식으로 부모의 주택문제를 해결하게 된다. 연령대가 높은 빈곤노인가구와 독거노인에 대해서는 촌에서 공공주택을 짓는 것 또한 더 경제적인 해결책이 될 수 있다.

(5) 타지 이주에 의한 빈곤구제

일부 빈곤인구는 지질재해 다발지역, 자원과 생태환경이 열악한 지역에 살고 있는 경우가 있다. 즉 흔히들 말하는 "한 지역의 풍토가 그 지역의 사람을 먹여 살릴 수 없는 지역"에 살고 있고, 또 일부 빈곤인구는 지나치게 분산되어 살고 있다. 그들의 빈곤문제를 현지에서 해결하는 것은 거의 불가능한 일이거나 또는 비용이 너무 많이 드는 일이다. 예를 들어 공사에 필요한 물 부족지역은 식수 안전문제를 해결할 수 없고, 너무 분산되어 거주하는 지역의 경우는 공공서비스를 제공하기 어려우며, 게다가 도로·식수·통신시설을 건설하려면 비용이 너무 많이 든다. 이런 빈곤지역에 거주하는 인구층에 대한 주요 지원조치는 타지로의 이주에 의한 빈곤구제이다. 빈곤인구의 타지 이주는 1980년대 초기 '삼서지역(三西 : 간쑤[甘肅]의 허시[河西]·띵시[定西], 닝샤[寧夏]의 시하이구[西海固])에서부터 시작되었지만, 빈곤퇴치 난관돌파 기간에 최대 이주 규모에 달하였으며, 5년 동안 1천만 명의 빈곤인구를 이주시켰다. 이주는 대다수가 집중안치방식을 취하였는데 안치주택단지를 건설하여 빈곤가구를 성진(城鎭, 주로 현성[縣城, 현 정부 소재지]과 향·진[鄕鎭])에 안치하거나 한 촌 내에서 집중적으로 안치하였으며, 또 소부분은 친척이나 친구에게 의탁하는 방식으로 분산 안치하였다. 타지 이주에 의한 빈곤구제 자금은 주로 각급 정부가 마련하였는데, 총 6천억 위안을 조달하여 1인당 6만 위안 규모였다. 이주가구가 자체로 조달해야 하는 자금의 비례가 매우 낮아 과거 이주과정에 흔히 나타났던 빈곤인구 이주가 어려웠던 문제를 효과적으로 해결하였다. 이주 후 직면한 주요 문제는 안착할 수 있을지 하는 것이었다. 만약 안정된 수입원이 없으면, 또 성진(城鎭) 생활에 적응하지 못하고, 도시생활에 융합되지 못하면 이주를 왔다가 다시 원 거주지로 돌아가는 현상이 나타날 수 있었다. 일부 지방에서는 주로 두 구역[22] 동시 건설을 통해 이주민들에게 취업기회를 제공하였다. 취업정보플랫폼 구축과 기능훈련 등을 통해 외지로 진출하여 취업하도록 돕는 것도 해결방안 중의 하나였다. 이밖에 공익성 일자리를 마련하여 이주민 중의 약한 노동력에게 제공하였다.

---

22) 두 구역이란 안치구역과 공업 또는 농업 단지구역을 가리킨다.

사례 6-2

칭스진(靑石鎭) 따위싱푸신촌(大屋幸福新村)의

타지 이주 빈곤구제

후베이성(湖北省) 치춘현(蘄春縣) 칭스진 따우싱푸신촌 프로젝트는 2013년 10월에 가동하여 2014년 8월에 전면 준공되었다. 프로젝트는 총 1,300만 위안의 건설자금이 투입되었고, 빈곤가구 126가구의 총 320명을 산간지대에서 이주시켰다.

1) '선별'을 중시하여 정책결정의 정확성을 확보하였다.
첫째, 이주대상을 정확히 선별하였다. 교통·통신시설이 낙후하고, 진료·취학이 불편하며, 경작지가 척박하고, 곡물재배 작황이 좋지 않으며, 주택 안전에 위험이 많은 마을을 중점적으로 선별 지정하였다. 둘째, 부지선정원칙을 확정하였다. ① 교통이 편리하여 병원과 학교에 다니기 편리해야 한다. ② 용지를 절약할 수 있고 집약적이어야 하며 경작지를 점용하지 말아야 한다. ③ 주변에 산업이 있어 취업의 길을 넓힐 수 있어야 한다. 셋째, 최적의 설계방안을 선택하였다. 높은 표준, 높은 품질로 행복한 새마을을 잘 건설하기 위하여 여러 차례의 논증을 거쳐 방안이 경제적이고 실용적이며 현지 주민의 주거 습관에 부합되도록 확보하였다.

2) '건설'을 중시하여 공사의 질과 효과를 확보하였다.

첫째, 전담반을 건설하였다. 지도자, 협조, 공사감독, 시공 4개의 전담반을 설립하여 공사의 질과 양을 보장하면서 기한 내에 완공하여 교부할 수 있도록 보장하였다. 둘째, 자금을 통합하여 건설하였다. 빈곤구제 지정기관인 투자유치국그룹의 현금지원을 쟁취하는 토대 위에서 현(縣)정부는 교통국·환경보호국·수리국·국토국 등 기관들을 협동시켜 도로건설, 인프라건설, 오수관건설 등에 대해 종합적으로 지원하였다.

3) "지원"에 중점을 두고 빈곤에서 벗어나 부유해질 수 있도록 확보하였다.

첫째, 정책으로 최저생계를 보장하였다. 다섯 가지 보장 대상 노인을 위해 정책에 의한 최저생계 보장을 적극 쟁취하였다. 생활습관에 따라 통일적으로 살림살이를 마련하고 부뚜막을 만들었으며, 주방용품과 식기들을 마련해주었다. 둘째, 훈련을 통해 기능을 양성하였다. 훈련을 강화하여 이주민들이 생산기술을 장악하고 취업능력을 높이도록 도와주었다. 셋째, 산업을 통해 부유해질 수 있도록 도왔다. 현지 자연자원 우세를 충분히 살리는 토대 위에서 관광산업·약재재배산업·양식 산업에 대한 지원강도를 높였다.

4) '관리'를 중시하여 행복한 안거를 확보하였다.

첫째, 자체의 힘에 의지해 관리하여 주민들이 자체관리와 자체봉사

능력을 높이도록 인도하였다. 둘째, 원 촌의 관리에 의지해 호적관리를 유지하였다. 셋째, 촌에 주재 관리하며 신촌의 두 위원회가 정책 홍보, 환경보호, 사회치안관리, 시설설비 유지보수 등의 업무를 잘 수행하도록 확보하였다. 넷째, 민정의 힘에 의지해 관리하면서 다섯 가지 보장 대상 가구, 최저생계 보장 가구에 생활보조금을 지급하고, 기부금과 기부물품을 전달하는 등의 서비스를 제공하였다.

자료 출처: 후베이성(湖北省) 치춘현(蘄春縣) 칭스진(靑石鎭)

(6) 사회보장의 전면 실시

노동능력이 없는 빈곤가구에 대해서는 종합적인 사회보장정책을 적용하여 그들에 대한 전면적 보장을 실시하였다. 최저생계보장과 다섯 가지 보장정책을 통해 소득문제를 해결하고, 양로원·복지원·공공주택을 통해 주택문제를 해결하였으며, 의료보험과 의료구조를 통해 의료문제를 해결하고, 집중부양 또는 상조 양로를 통해 생활 돌봄 문제를 해결하였다.

3. 누가 지원하였는가?

"사람보다 더 높은 산은 없고 발길보다 더 긴 길은 없다." 시진핑 총서기는 중앙빈곤구제 개발사업회의에서 다음과 같이 지적하였다. 빈곤에서 벗어나 부유의 길로 나가려면 어디까지나 빈곤 대중들이 자신의 부지런한 노동으로 실현해야 한다. 광범위한 기층 간부와 대중들의 창조정신을 살리는 것을 중시하여 그들이 뜨거운 열정으로 발벗고 나서서 부지런한 노동으로 빈곤하고 낙후한 면모를 돌려세우도록 해야 한다. 당과 정부의 지도하에 전 사회 각 방면의 역량을 동원하고 빈곤대중의 내적 원동력을 불러일으켜 당 위원회·정부·간부·군중·사회·시장의 다원적 주체가 참여하는 조직체계를 형성해야 한다. 이는 빈곤퇴치 난관돌파 조직시스템을 구축하는 중요한 목표이다. 구체적으로 말하면 중국 빈곤퇴치 난관돌파의 주요 역량에는 다음과 같은 3개 부분이 포함된다.

(1) 빈곤퇴치 난관돌파의 행정체계

중국의 빈곤구제 개발은 행정체제에 따라 실시되고 있다. 행정체계는 5급으로 나뉘는데, 차례로 중앙·성(자치구·직할시)·시(지구·자치주·맹)·현(구·기·현급 시·행정위원회)·향(진·가도)이다. 조직적이고 계획적인 대규모의 빈곤경감행동은 1982년부터 시작되었고, 1986년에는 국무원 빈곤지역 경제개발지도소조가 설립되었다.

이와 동시에 중국정부는 행정체제에 의거하여 하향식 빈곤구제 개발기구를 세워 효과적인 빈곤경감 활동을 전개하였다. 중앙의 관련 행정기능부서로 구성된 빈곤구제 개발지도소조를 설립하여 빈곤구제 개발의 총체적인 업무에 대한 조직, 지도, 조정, 감독, 검사를 책임지도록 하였다. 국무원 빈곤구제 개발지도소조 산하에 판공실을 두고 지도소조의 일상 업무를 책임지도록 하였다. 관련 성(자치구·직할시)·주(시)·현(시·기)에도 상응하는 조직을 설립하여 현지 빈곤구제 개발 사업을 지도하고 조정하도록 하였다. 농촌의 빈곤구제가 상대적으로 취약한 상황에 대처하기 위해 당 조직은 제1서기를 빈곤촌에 파견하고 농촌전문책임소조를 조직하여 빈곤구제에 주력하도록 하였다. 빈곤구제정책의 기층 실시단위로서 빈곤촌은 경제와 사회발전이 상대적으로 뒤처져있다. 「빈곤촌 주재 실무팀 선발 파견 관리 업무를 강화하는 데에 관한 지도의견」에 따라 현(縣)위원회와 현 정부는 촌과 촌민소조를 선택하고, 빈곤촌의 특징에 따라 기관을 조직 협조하여 제1서기와 촌 주재 실무팀을 선발하고, 실무인원 파견 단위와 촌 간부의 우세를 충분히 살려 빈곤퇴치사업의 효율을 높였다. 촌에 파견되는 매개 실무팀 팀원은 일반적으로 3명 이상(포함)이어야 하며, 매개 촌에 거주하는 기간은 2년 이상(포함)이어야 한다. 간부가 촌에 파견되어 체류하는 기간에는 원래 근무하던 단위의 업무를 맡지 않으며, 당원의 조직관계를 그들이 주둔하고 있는 빈곤촌으로 옮기도록 하였다. 촌에서 임직하는 기간에는 첫째, 촌민위원회를 도와 빈곤가구 선별방법을 개진하고, 선별과정에 흔히 발생할 수 있는 모순을 해결하고 협조하였다. 둘째, 단위와 개인이 외부로부터 더욱 많은 힘과 자원을 조직 동원하여 목적성 있게 빈곤구제를 진행할 수 있도록 도왔다. 셋째, 촌민위원회를 협조하여 빈곤구제 장기 효과 메커니즘을 구축함으로써 빈곤가구가 혜택을 받을 수 있도록 하였다. 넷째, 촌급의 목적성 있는 빈곤구제사업을 실제적으로 감독하여 부정행위와 부패현상의 발생을 방지하였다. 다섯째, 목적성 있게 빈곤구제를 하는 과정에 빈곤촌 간부의 책임감과 능력을 양성하고, 빈곤촌의 내적 발전 동력을 증강시켜 지속가능한 발전의 길로 나아갈 수 있도록 하였다. 촌 주재 지원제도는 촌급 빈곤구제 관리수준을 크게 향상시켰고, 빈곤구제 개발사업의 향상을 촉진하였다.

(2) 빈곤퇴치 난관돌파의 책임체계

빈곤퇴치 난관돌파는 "중앙에서 통일적으로 기획하고 성(省)에서 총체적 책임을 지며, 시와 현에서 실행에 주력하는" 빈곤구제관리메커니즘에 따라 책임이 명확하고 각자 책임을 지며 힘을 합쳐 난관을 돌파하는 책임체계를 구축하였다. 각급 당 위원회와 정부는 빈곤퇴치 난관돌파 책임 서약서를 체결하고, 군령장을 작성하여 빈곤퇴치 난관돌파전에서 승리할 수 있다는 결심을 확고히 다졌다. 빈곤구제책임제의 실시는 각급 조직이 명확한 분공과 책임을 실현하는데 유리하여 직책을 이행해야 할 뿐만 아니라 협동하여 행동할 수 있도록 하였다. 빈곤현의 당정 정직(正職) 간부에 대해서는 난관돌파 기간 내에 안정을 유지하도록 하였고, 5급 서기가 빈곤구제에 주력하고 전 당이 동원되어 난관돌파를 촉진케 하는 국면을 형성하였다.

당 중앙과 국무원 및 국가기관이 전반적인 사업을 책임지고 통일적으로 계획한다. 당 중앙과 국무원이 주로 빈곤퇴치 난관돌파 중대 정책을 제정하고, 중대한 정책조치를 반포하며, 제도와 메커니즘을 보완하고, 중대 프로젝트를 계획하는 등의 업무를 책임진다. 국무원 빈곤구제 개발지도소조는 빈곤퇴치 난관돌파의 종합 조율을 책임진다. 여기에는 빈곤구제 성과에 대한 평가, 감독·검사·순찰, 빈곤현 퇴출 등의 업무 메커니즘, 성 위원회(省委)와 성(省) 정부의 빈곤구제 개발

업무에 대한 평가, 빈곤퇴치 정밀화 빅 데이터 플랫폼 구축, 정보 공유 실현, 농촌 빈곤통계 모니터링체계의 보완 등의 업무가 포함된다. 중앙과 국가 관련 기관이 직책에 따라 업계자원을 운용하여 빈곤퇴치 난관돌파의 책임을 구체적으로 수행하고 『빈곤퇴치 난관돌파전 승리를 가져오는 데에 관한 중공중앙, 국무원의 결정』의 중요한 정책 조치 관철 실시 분공방안』의 요구에 따라 관련 정책을 제정하고 실시한다. 중앙기율검사위원회 기관은 기율집행감독문책을 진행하고, 최고인민검찰원은 빈곤구제 분야의 직무범죄를 예방하고 다스리며, 회계감사국은 정책의 이행과 자금 관련 중점 프로젝트에 대해 추적 회계감사를 진행한다.

성 위원회와 성 정부는 관할구역 내의 빈곤구제업무를 전면적으로 책임지며 책임이 층층이 이행되도록 확보한다. 당 중앙과 국무원의 국정방침과 정책결정을 전면적으로 관철시키고, 본 지역의 실제상황과 결부하여 구체적인 실시를 조직한다. 빈곤퇴치 설정목표에 따라 성(省)급 빈곤퇴치 난관돌파의 총체적 계획과 연도계획을 제정하고 계획에 따라 실시한다. 성급 당 위원회와 정부 주요 책임자는 중앙에 빈곤퇴치 책임서약서를 체결 제출하고, 매년 빈곤퇴치 진척 상황을 보고한다. 성급 당 위원회와 정부는 재정 지출구조의 조정을 책임지고, 빈곤구제자금의 증가 메커니즘을 구축하며, 투·융자 주체를 명확히 정하고, 빈곤구제 투입강도가 빈곤퇴치 난관돌파임무에 적응할 수 있도록 확보한다. 또 빈곤구제협력, 1:1 지원, 지정 빈곤구제 등의 자원을 총괄 사용하고 사회역량을 동원하여 빈곤구제에 참여시킨다. 빈곤구제자금의 분배와 사용, 프로젝트 실시관리에 대한 검사감독과 감사를 강화하여 빈곤구제과정에 나타나는 기율과 규정을 어기는 문제를 바로잡고 처리한다. 그 과정에서 또 빈곤현에 대한 관리를 강화하고 빈곤현의 심사메커니즘, 단속메커니즘, 퇴출메커니즘을 조직하고 실행하며, 빈곤현의 당과 정부 정직 간부의 안정을 확보하고, 목표 설정, 프로젝트하달, 자금투입, 조직 동원, 감독평가 등 방면의 업무를 착실하게 수행하여 관할구역 내의 모든 빈곤인구가 빈곤에서 벗어나도록 하며, 모든 빈곤현이 예정된 기한 내에 빈곤의 딱지를 떼어버릴 수 있도록 확보한다.

시급·현급 당 위원회와 정부는 빈곤퇴치 난관돌파의 주체 책임을 지고 성급 당 위원회와 정부의 정책을 관철 실행한다. 시급 당 위원회와 정부는 관할구역 내 현(縣)들 간 빈곤구제 프로젝트의 실시 및 자금의 사용과 관리를 감독하고 빈곤퇴치 목표 임무의 완성을 독촉한다. 현급 당 위원회와 정부는 실시계획을 제정하고 자원요소의 배분을 최적화하며 향과 촌이 빈곤촌과 빈곤인구를 위한 등록과 퇴출 업무를 실시하는 것을 지도하고 현지 실정에 맞게 향과 촌의 빈곤구제 정밀화의 지도의견을 제정하고 그 실시를 감독하여 빈곤현 퇴출의 진실성과 유효성을 확보한다. 그 과정에 빈곤층 대중의 능동성과 창조성을 충분히 동원하고 빈곤퇴치 난관돌파 정책이 촌에, 가구에, 사람에까지 관철 이행되도록 하며 빈곤촌 기층 당 조직 건설을 강화하고, 우수하고 능력이 강한 인재를 선발하여 기층 간부대오를 안정시킨다. 현급 정부는 빈곤구제 프로젝트 탱크를 구축하고 농업 관련 재정자금을 통합하며 빈곤구제자금 프로젝트 정보 공개제도를 수립하고 보완하여 빈곤구제자금에 대한 감독과 관리를 책임진다.

　현위서기(縣委書記)와 현장(縣長)은 제1책임자로서 정확한 식별, 진도의 배치, 프로젝트의 실시, 자금의 사용, 인력의 배치와 실시 등 업무를 총괄한다. 빈곤퇴치 난관돌파 시기에 빈곤현의 당정 지도자들은 안정을 유지하여 빈곤현 당정 업무의 연속성을 확보한다. 빈곤현의 당정 지도자들이 정확한 치적관을 수립하도록 인도하고 빈곤현의 발전방식 전환을 촉진한다. 「빈곤현 당정 지도부와 지도간부의 경제사회발전 실적 평가방법을 개진하는 데에 관한 의견」에 따라 현급 간부에 대한 평가는 빈곤현의 사회경제발전 사실을 바탕으로 한다. 현급 간부에 대한 평가는 경제성장률에 대해 평가할 뿐만 아니라 빈곤경감, 빈곤구제와 밀접히 관련되는 민생개선과 사회발전에 대한 평가에 중점을 둔다.

　빈곤퇴치 난관돌파전을 치르는 과정에서는 분류별로 관련 책임자와 단위에 대해 문책하고 정책 결정자가 책임을 지는 문책체계를 구축하고 보완하였다. 문책체계의 구축은 각급 지도자들의 책임감을 충분히 불러일으켜 빈곤퇴치 난관돌파라는 국가의 중대 정책의 실시를 확보하였을 뿐만 아니라 각급 지도자의 집권능력, 특히 기층 관리능력을 향상시켰다. 책임제도의 영향 하에 빈곤퇴치 난관돌파는 농촌사업의 중요한 수단으로 되었다.

(3) 빈곤퇴치 난관돌파의 여러 분야 역량

빈곤퇴치 난관돌파전은 지구전이다. 관련된 인구와 지역 및 분야가 많아서 어느 특정 사람, 특정 지역, 특정 분야의 일이 아니고 정부 또는 빈곤층 대중 자체의 힘으로 완성할 수 있는 일이 아니다. 정부의 주도적 역할을 발휘한다는 전제하에 여러 분야의 적극적인 요소를 동원하고, 전 사회 여러 방면의 역량을 결집시키며, 여러 부류의 기업과 사회조직 및 개인을 통합하였다. 산업발전, 교육, 건강 수준 향상에 의한 빈곤구제 등 분야에서 기업과 사업단위, 사회조직 등 부문의 적극적인 참여를 격려함으로써 빈곤퇴치 난관돌파의 중요한 역량이 되도록 하였다.

1) 동·서부 빈곤구제 협력과 1:1 지원

빈곤경감사업의 협력은 당 중앙과 국무원의 중대한 전략적 배치로서 빈곤지역을 도와 사회경제발전을 가속화하여 사회발전의 격차를 점차적으로 줄일 수 있도록 돕는 데 목적이 있다. 1996년 당 중앙과 국무원은 동·서부 빈곤구제 협력을 전개하는 데에 관한 중대한 결정을 내리고 베이징(北京)·상하이(上海)·텐진(天津)·랴오닝(遼寧)·산동(山東)·장쑤(江蘇)·저장(浙江)·푸젠(福建)·광동(廣東)·다롄(大連)·칭다오(靑島)·닝보(寧波)·선전(深圳) 등 동부의 9개 성(省)·직할시, 4개의 사회경제발전계획 단독 시행 도시(計劃單列市, 성 산하 시 행정 예속관계를 그대로 유지하면서 경제체제와 관리 권한은 성급으로 독립성을 유지하는, 경제계획 단독 시행 도시-역자 주)를 지정하여 서부의 10

개 성과 빈곤구제 협력을 전개하기로 결정하였다. 2016년 12월에 발표된 「동·서부 빈곤구제 협력사업을 한층 더 강화하는 데에 관한 지도의견」은 빈곤구제 협력에 대한 조정을 거쳐 결연관계를 보완하였고, 서부의 빈곤정도가 심한 지역에 대해서는 지원강도를 높여 30개 소수민족자치주를 전면 포괄하였으며, 동부지역 경제하행압력의 측면에서 자체의 지원임무가 비교적 막중한 성의 임무를 적당히 조정하여 줄였다. 윈난(雲南)·쓰촨(四川)·깐쑤(甘肅)·칭하이(靑海) 등 성의 중점 빈곤 시(주)의 지원 역량을 강화하고, 랴오닝·상하이·톈진의 지원 임무를 조정하였다. 조정을 거친 후 동부의 9개 성·직할시가 중서부의 14개 성을 지원하고 전국적으로 시짱(西藏)과 신장(新疆)을 지원하였으며 동부의 경제가 발전한 343개 현(시·구)과 중서부의 573개 빈곤현이 손잡고 샤오캉사회를 향해 나아가는 행동을 전개하였다.

동·서부지역은 산업협력·노무협력·인재지원·자금지원·사회참여 동원 등 경로를 통해 지원을 실현하였다. 지원하는 측은 동·서부 산업협력과 우위 상호보완을 주요 고려사항으로 삼고 발전 프로젝트를 실시하였다. 자원 우위와 산업기반을 바탕으로 기업이 빈곤지역에 와서 투자하도록 유치하고 빈곤인구의 참여도가 높은 특색 산업기지를 건설하며 빈곤가구를 이끌어 산업을 발전시킬 수 있는 협력기구와 선두기업을 육성하고 더 많은 일자리를 창출할 수 있는 노동집약형 기업, 문화관광 기업 등을 유치하며 산업발전의 촉진으로 빈곤퇴치를 이끌고 또 서부지역의 자체발전능력을 증강하는데 있어서 과학기술혁신의 중요한 역할을 살렸다. 지원 양측은 또 외지에 나가 노무에 종사할 수 있도록 정밀화 연결 메커니즘을 구축하고 보완하여 외지에 나가 노무에 종사하는 것으로써 빈곤퇴치의 조직화를 강화하였다. 서부지역은 실제상황을 낱낱이 파악하여 사람에 따라, 수요에 따라 취업서비스를 제공하고 동부지역과 조직적인 노무 연결을 전개하며 여러 경로로 일자리를 개발하여 빈곤인구가 고향을 떠나지 않고 집에서 가까운 곳에서 취업할 수 있도록 지원하였으며, 동·서부지역 간 직업교육 협력 행동계획과 기능 향상에 의한 빈곤퇴치 '천개 학교 행동'을 전개하여 빈곤가구의 자녀들이 동부 성의 직업학교와 기능공 양성학교에 가서 직업교육과 직업훈련을 받도록 적극 조직하고 인도하여 취업안정의 확률을 높였다. 지원과 수원 양측이 우수한 간부를 선정 파견하여 원직을 보류하면서 임시 직무를 맡도록 하면서 인재 교류를 전개하여 관념의 상호 소통, 사고방식의 상호 교류, 기술의 상호 학습, 작풍의 상호 참조를 촉진하였다. 간부에 대해 양방향 원직의 보류 파견 근무, 두 지역 훈련, 위탁훈련 및 단체 교육지원, 단체 의료지원, 단체 농업지원 등의 방식을 통해 교육·위생·과학기술·문화·사회복지 등 분야의 인재지원을 확대하여 동부지역의 선진이념·인재·기술·정보·경험 등 요소를 서부지역에 전파하였다. 정책적 격려를 강화하여 여러 부류의 인재가 서부의 빈곤지역에 뿌리를 내리고 공로와 업적을 쌓을 수 있도록 격려하였다. 지원 대상지역에 임시로 파견 근무하게 된 지원 측의 성·직할시 간부는 빈곤퇴치 난관돌파사업에 주력해야 하며, 파견 근무 기간은 원칙상 2년에서 3년으로 정하였다. 동부의 성들에서는 재력 증가 상황에 근거하여 빈곤구제협력과 1:1 지원에 대한 재정투입을 점차 늘렸으며, 이를 연도예산에 포함시켰다. 서부지역은 빈곤구제계획을 선도로 하여 빈곤구제협력과 1:1 지원 자금을 통합하고, 빈곤퇴치 난관돌파에 초점을 맞추어 빈곤퇴치의 합력을 형성하였다. 자금에 대한 감독 관리를 실제적으로 강화하여 자금 사용 효율을 높였다. 지원 측 성(省)과 시(市)는 행정구역 내의 민영기업·사회조직·공민개인을 동원하여 동서부 빈곤구제협력과 1:1 지원에 적극 참여하도록 하였다. 전국 빈곤구제의 날과 중국사회빈곤구제사이트 등을 충분히 활용하여 사회 각계를 동원하여 서부지역에 가서 보조학금 기부, 자선공익의료구조, 의료지원과 교육지원, 사회복지와 자원봉사 등 빈곤구제 활동을 전개하였다. 사회복지 전문 인재 빈곤지역 봉사계획과 빈곤구제 자원봉사자 행동계획을 실시하여 동부지역의 사회복지기구, 자원봉사조직, 사회복지사와 자원봉사자가 팀을 동원하여 서부의 빈곤지역을 도움으로써 서부지역에 대한 전문 인재 지원과 봉사를 보장하였다. 서부 빈곤지역의 빈곤퇴치 난관돌파에서 군대와 무장경찰부대의 우세와 적극적인 역할을 살려 현지 실정에 맞게 지원 사업을 잘하도록 하였다. 민영기업을 적극 동원하여 "만 개의 기업이 만 개의 마을 돕기" 빈곤구제 정밀화 행동에 참여시켜 수원지역의 빈곤촌과 결연하여 도움을 주도록 하였다. 성(省) 내에서의 맞춤 지원은 성급 버전의 "동서 빈곤구제 협력"으로서 성 내에서 먼저 부유해진 지역과 성 직속기관 등 단체와 개인이 빈곤지역에 대한 1:1 지원을 진행하여 현지 빈곤인구가 빈곤에서 벗어나 부자가 될 수 있도록 도와주는 것이다. 성 내 1:1 지원은 또 다른 한 가지 형식이 있다. 즉 성 내 각급 기관, 성 직속 기관의 지도간부가 촌에 주재하면서 도움을 주는 것이다. 예를 들면 장시성(江西省)은「정밀화 빈곤구제 난관돌파전을 잘 치르기 위해 전력하는 데에 관한 결정」에서 언급하였다시피 성급 지도자가 한 빈곤현을 지정하여 지도하고 한 빈곤촌과 연계를 취하며 몇 가구의 빈곤가구와 짝을 무어 도와주고 각급 부서에서는 간부들을 선발 파견하여 실무팀을 촌에 주재케 하면서 지원토록 하여 빈곤촌 전체를 포괄할 수 있도록 확보하였으며, 동시에 광범위한 당원간부들을 조직하여 짝을 지어 도움을 주며 매개 빈곤가구를 위해 지원 책임자를 배정토록 하였다.

동·서부의 빈곤구제협력과 1:1 지원은 지역 간 균형발전, 협동발전, 공동발전을 추진하기 위한 대전략이고, 지역 간 협력을 강화하고 산업분포를 최적화하며, 대내 및 대외 개방의 새로운 공간을 확장하기 위한 대대적 배치이며, 빈곤퇴치 난관돌파전에서 승리하고 먼저 부유해진 사람이 빈곤한 사람을 도우며 최종 공동 부유의 목표를 실현하는 중대한 조치이다.

사례 6-3

동·서부 빈곤구제협력의 확대,

'왕훙(網紅)' 라이브 커머스 경제 가동

총칭(重慶)시 펑제현(奉節縣)은 동·서부 1:1 지원 협력도시인 산동성(山東省) 빈저우(濱州)시의 전폭적인 지원 아래 동서 빈곤구제 협력 프로젝트 자원을 통합 활용하여 기존의 농촌 전자상거래를 "라이브 커머스"[23]로 전환하고 업그레이드를 추진함으로써 소비에 의한 빈곤구제의 새로운 길을 전면적으로 개척하였다.

① 다차원적 '왕훙(網紅, 인터넷 스타, 인플루언서)' 라이브 커머스 IP를 구축하였다.

첫째는 온라인 멀티 플랫폼 협력이다. 타오빠오(淘寶)·징동(京東) 등 12개 온라인 전자상거래 플랫폼과 적극 연결하고, 핀둬둬(拼多多)·윈지(雲集) 등 소셜 전자상거래 업체와 연합하여 100명 본토 마을방송 계획을 실행하였다. 둘째는 오프라인의 다차원적 배치이다. 동·서부 협력 프로젝트 자원의 지원을 통해 "산동성 빈저우―총칭시 펑제 전자상거래 빈곤구제 인큐베이터 양성기지"를 건설하였고, 펑제현 인터넷 빈곤구제 라이브 커머스 서비스센터를 설립하였다. 셋째는 '상품 공급원'을 여러 경로로 엄격히 점검하였다. 작업 역량을 통합하여 제

---

23) 라이브 커머스 : 라이브 스트리밍(live streaming)과 전자상거래(e-commerce)의 합성어로 실시간 동영상을 통해 상품을 판매하는 방송이다.

품의 품질을 엄격히 보장하고 통제하여 라이브 커머스 상품 공급원의 정규화, 추적 가능, 최상의 품질을 확보하였다.

② 다양한 모델의 '왕홍' 라이브 커머스를 전개하였다.

첫째, 빈곤구제 간부들이 홍보에 심혈을 기울였다. 시·현·향진 3급 빈곤구제간부와의 통화연결을 통한 라이브 커머스 판촉행동을 실시하여 동·서협력단위 등 지원 단체와 펑제현 본토 촌 방송과 동시 방송을 통해 펑제현의 농업특산물을 홍보, 판매하였다. 둘째, 100명 왕홍이 추천하는 인기 명승지 홍보를 통해 관광업에 조력하였다. "100명 왕홍 농촌관광 라이브방송 및 소비에 의한 빈곤구제 시즌 활동"을 전개하여 휴대폰 라이브 영상을 통해 펑제현의 아름다운 경치, 미식, 민속 문화를 다원화로 전시하고 광범위한 네티즌들이 농업특산물을 홍보하도록 이끌었다.

③ 다차원적 '왕홍' 라이브 방송 인재를 양성하였다.

첫째는 "가능성 있는 새싹"을 선별하였다. 펑제현 전자상거래 쇼호스트 라이브방송대회를 조직 전개하여 펑제현에서 인기 있고 특색이 있으며 영향력이 있는 온라인 스타를 발굴하여 펑제현 왕홍 전자상거래 양성계획에 포함시켰다. 둘째는 '전문인 양성 훈련'을 전개하였다. 전자상거래 라이브방송 훈련반과 왕홍 양성 훈련반을 설립하고 왕홍기구를 도입하여 샤장(峽江)문화·시성(詩城)문화·삼국문화·배꼽오렌지문화를 중심으로 맞춤화, 특색화 인재를 양성하였다.

자료 출처: 충칭(重慶)시 펑제현(奉節縣).

2) 지정 빈곤구제

중앙정부의 지정 빈곤구제라 함은 중앙과 국가기관, 민주당과 중화전국공상업연합회, 인민단체, 사업단위, 대형 중점 국유기업, 국가 국유 지주 금융기관, 국가 중점 과학연구기관, 군대와 무장경찰부대 등이 중앙의 통일적 배치에 따라 국가 빈곤구제 개발 중점 현과 1:1 지원을 전개하면서 혜택을 주고, 또 자금·자재·기술·인재·프로젝트 및 정보 등 면에서 짝을 묶은 현을 1:1로 지원하는 것이다. 지정 지원은 유구한 역사를 지니고 있다. 1986년부터 현재까지 지정 지원의 주요 임무는 당과 국가의 농촌사업정책을 널리 선전하고, 빈곤지역의 간부와 대중을 도와 관념을 갱신하고 자질을 꾸준히 향상시키며, 효과적인 조치를 취하여 최저 생계문제를 해결하도록 도와 하루빨리 빈곤퇴치를 실현하는 것이며, 빈곤촌과 농촌 빈곤인구의 자체발전 능력을 중점적으로 향상시키는 것이다. 발전을 선도로 하는 빈곤구제 개발을 꾸준히 견지하여 인프라건설을 적극 촉진시키고, 기본 서비스능력을 향상시키며, 농업 주력 산업을 육성하여 지정 빈곤구제지역의 경제와 사회의 조화로운 발전을 촉진시키는 것이다.

지정 빈곤구제는 '5위일체(五位一體, 총체적인 배치로 경제건설·정치건설·문화건설·사회건설·생태문명건설 등 5가지를 일체화하여 전면적으로 추진하는 것을 가리킴-역자 주)'와 '전면적 샤오캉'의 구체적인 배치이다. 빈곤지역 경제발전의 목표와 실제 수요에 따라 지정 빈곤구제에 참가하는 단위는 현지 상황에 근거하여 지원계획을 제정하고 빈곤촌의 빈곤인구를 사업목표로 삼아 빈곤구제 프로젝트를 착

안점으로 하여 사회경제 발전과정에 불거지는 모순과 문제를 해결하는 것으로서 실무성과 실효성을 추구고자 노력한다. 지정지원제도의 틀 안에서는 중앙과 지방의 간부교류·연구조사·직접투자자금이든 아니면 인원양성이나 또는 학생에게 지급하는 보조금이든 어느 것이나를 막론하고 목적성 있는 빈곤구제체제의 혁신이 빈곤구제임무의 원만한 완성과 샤오캉사회의 전면 실현목표의 실현을 확보하는 데 중요한 의의가 있다.

2011년 중공중앙과 국무원이 반포한 「중국 농촌 빈곤구제 개발요강 (2011―2020년)」은 지정빈곤구제 사업을 더욱 강조하였다. 그 후 「빈곤퇴치 난관돌파전의 승리를 거두는 데에 대한 결정」을 반포하여 지정 빈곤구제 메커니즘을 보완하고 실적평가 메커니즘을 구축하여 각 단위의 빈곤구제책임을 이행하도록 확보하고, 선도연계메커니즘을 보완하며 분공에 따라 각 단위가 지정 빈곤구제 사업을 잘하도록 독촉하고 지도할 것을 강조하였다. 이 단계에는 지정빈곤구제에 참여하는 단위가 꾸준히 늘어나고 그 포괄 범위가 꾸준히 확대되어 국가빈곤구제 개발사업 중점 현을 전면 아우르기에 이르렀다. 그리고 지도자책임제를 수립하고 지원 대오를 꾸준히 확대하였으며, 지원 강도를 꾸준히 높이고 지원 영역을 꾸준히 확장하였으며 지원 방법을 꾸준히 혁신하였다. 또 지원 메커니즘을 꾸준히 보완하였다. 18차 당 대회 이후부터 2019년 8월까지 중앙과 국가기관의 지정 빈곤구제 단위에서 임시로 선발 파견한 간부와 촌 주재 제1서기가 1,727명에 이르고 투입 유치한 지원 자금이 713억7천만 위안에 달하며, 89개 현이 빈곤퇴치를 실현하여 빈곤의 딱지를 떼어버렸고, 1만9천 개 촌이 빈곤퇴치를 실현하여 빈곤대오에서 퇴출하였으며, 1,300만 명의 빈곤인구가 빈곤에서 벗어날 수 있도록 도왔다. 이로써 빈곤퇴치 난관돌파전에서 승리할 수 있도록 중대한 지원을 제공하였다.

지정 빈곤구제 단위는 업무과정에서 시종일관 단위의 우세를 빈곤지역과 결합시키고, 지정 빈곤구제를 정신적 측면에서의 지원과 결합시키며, 지정 빈곤구제를 기층 당 조직건설 강화와 결합시키고, 지정 빈곤구제를 당정 간부양성과 결합시켰다.

사례 6-4

투자유치국그룹의 웨이닝(威寧)

건강 빈곤구제 실천

　2003년 투자유치국그룹이 꿰이쩌우성(貴州省) 웨이닝현(威寧縣)의 지정 빈곤구제업무를 수락하였다. 지원과정에서 투자유치국그룹은 웨이닝현의 취약한 의료문제에 초점을 맞춰 중점적으로 힘써 웨이닝현에 빈곤층 대중 중심의 '건강의 길'을 닦아주었다.

　① 빈곤인구의 절박한 수요를 겨냥하여 일선에 깊이 들어가 조사연구와 평가를 진행하였다.

　투자유치국그룹은 빈곤인구의 의료수요에 따라 여러 차례에 걸쳐 웨이닝현 일선에 깊이 들어가 조사연구를 진행하면서 웨이닝현 전역의 600여 개 촌 위생소에 초기 자금 투입이 적고 조건이 열악하다는 등의 문제가 존재하며, 반수 이상의 촌 위생소가 위험 건물이거나 또는 기타 원인으로 인해 사용할 수 없다는 사실을 발견하였다.

　② "시행-개선-전면 보급"의 구상을 형성하여 촌 위생소의 표준화 건설을 실현하였다.

　우선 투자유치국그룹은 '시행 선행'을 실천하여 먼저 편벽한 농촌 두 곳에 촌 위생소를 건설하였다. 다음 촌 위생소의 실용성으로부터 착수하여 촌 의사·대중 등 촌 위생소 사용자들의 피드백 의견을 비정기적으로 수집하고 그 의견에 비추어 개선하여 촌 위생소의 기능

설계를 꾸준히 보완하였다. 마지막으로 웨이닝현의 단계적인 수요와 결부시켜 웨이닝현 촌 위생소에 전면적으로 보급함과 동시에 제때에 전면적 선별조사를 진행하고 누락된 부분과 부족한 부분을 찾아내고 보완하여 기층 의료의 취약한 부분을 꾸준히 보완하였다.

　③ 정부가 주체 책임을 이행하여 3급 의료체계를 건전히 하도록 추진하였다.

　프로젝트 건설을 추진하는 과정에 투자유치국그룹은 프로젝트 관리와 개선을 중시하게 되었다. 첫째, 그룹의 각급 지도자들이 여러 차례 웨이닝에 가서 프로젝트 건설에 대해 조사연구하고 지도하였으며, 실무팀을 지정하여 정기적으로 웨이닝에 가서 프로젝트 설계의 개선과 프로젝트 관리의 규범화를 지도하도록 함으로써 프로젝트의 순조로운 실시와 성과를 확보하였다. 둘째, 웨이닝현 행복농촌위생소 프로젝트 지도소조를 설립하여 전체 사업을 통일적으로 조율하도록 추동하였다. 셋째, 웨이닝현 위생보건국 프로젝트 판공실 설립을 추진하여 프로젝트의 구체적인 실시와 개선 및 현장 감독검사 등 구체적인 업무를 책임지도록 추진하였다.

자료 출처: 투자유치국그룹.

3) 사회적 빈곤구제

　사회적 빈곤구제라 함은 민영기업과 사회조직 및 사회대중이 사회적 책임을 적극 이행하여 자신의 자원을 이용하여 빈곤지역을 위한 일련의 빈곤구제 활동을 전개하면서 빈곤퇴치 난관돌파에 자발적으로 참여하고 지원하는 것을 가리킨다.

　민영기업이 빈곤구제 사업에 참여하기 시작한 것은 「국가87빈곤구제난관돌파계획」부터다. 민영기업가들은 빈곤구제행동을 '광채사업(光彩事業)'으로 부르고 있다. 그 후 정밀화 빈곤구제 난관돌파전에서 민영기업은 대량의 재력과 인력·물력을 투입하여 사회문제의 해결에 체계적으로 참여할 수 있는 메커니즘과 행동을 형성하였다. 민영기업은 자금·시장·기술 방면에서 비교적 큰 우위를 가지고 있으므로 농촌 주도산업의 발전, 촌과 기업의 협력, 일자리 제공, 금융지원, 시장경로 보완, 능력훈련 제공 등 다양한 방식으로 빈곤지역의 경제발전과 빈곤층 대중의 빈곤퇴치 치부 실현을 도울 수 있다. 또 민영자본을 빈곤지역의 산업에 의한 빈곤구제 사업, 특별 빈곤지원사업과 결합시켜 자원개발, 산업육성, 시장개척, 기능훈련, 취업유치, 빈곤지원 기부 등의 방식을 통해 영향·선도 역할을 발휘할 수 있다. 그중 "만 개의 기업이 만 개의 마을 돕기"가 정밀화 빈곤구제의 대표적인 예이다.

　"만 개의 기업이 만 개의 마을 돕기"는 국무원 빈곤구제 판공실, 전국공상업연합회, 중국광채사업촉진회가 민영기업을 연합하여 펼치는 정밀화 빈곤구제 활동이다. 2015년 10월에 시작된 후 이 활동은 전국 31개 성(자치구, 직할시) 정부의 적극적인 호응을 얻었으며, 다양한 규모, 다양한 경제영역의 민영기업들이 "만 개의 기업이 만 개의 마을 돕기" 빈곤구제 정밀화행동에 참여하도록 선도하였다. 2019년 12월 말까지 이미 뚜렷한 단계적 성과를 거두었다. "만 개의 기업이 만 개의 마을 돕기" 빈곤구제 정밀화행동 기록부에 기입된 민영기업이 총 9만9,900개에 달하고 11만6,600개의 촌(그중 등록된 빈곤촌이 65,600개)에 대한 정밀화 지원을 전개하였으며, 산업 투자금이 819억5,700만 위안에 달하고 공익사업 투자금이 149억2,200만 위안에 달하였으며, 73만6,600만 명의 취업을 해결하였고 111만3,300명에 대한 기능훈련을 진행하였으며, 총 1,434만4,200명의 등록된 빈곤인구를 이끌어주고 혜택을 주었다.

"만 개의 기업이 만 개의 마을 돕기"는 정부의 주도하에 민영기업이 빈곤구제 정밀화에 참여한 새로운 실천으로서 민영기업이 자체의 장점을 살려 빈곤구제 정밀화에 참여할 수 있도록 이끌었다. 빈곤구제의 큰 틀 안에서 민영기업이 빈곤구제에 참여하는 방식이 최초의 단순 자금과 물품의 기부라는 방식을 타파하고 정부의 빈곤구제의 대국면에 더욱 잘 융합될 수 있었다. 역할을 수행하는 과정에서 민영기업은 자체 발전의 실력수준과 자체 업종의 특성을 바탕으로 다양한 경로와 방식을 통해 빈곤구제 정밀화에 참여하였고, 빈곤구제에 참여한 활동의 내용도 교육·위생·인프라·농업·공업 등 민생 관련 업종과 영역을 포함하여 다양하고 많으며, 정밀화 빈곤구제에 참여하는 주요 형식도 산업에 의한 빈곤구제, 금융에 의한 빈곤구제, 관광에 의한 빈곤구제, 타지 이주에 의한 빈곤구제 등 다양하게 포함하고 있다. 민영기업은 충분한 시장 감각과 민감도를 갖추고 있고, 미시적 차원의 고효율적인 자원 배분방법을 숙지하고 있어 이에 힘입어 거래 원가를 낮춘다.

민영기업이 빈곤구제에 광범위하게 참여한 외에 사회조직도 빈곤구제의 중요한 역량이 되었다. 사회조직은 정부와 기업 사이에 있는, 민정부서에 등록되어 있거나 민정부서에 등록되기를 바라는, 영리를 목적으로 하지 않는 조직기구를 가리키는데 여기에는 여러 부류의 사회단체, 기업이 아닌 민영단위, 기금회 등 조직형태가 포함된다. 사회조직은 사회주의 현대화 건설의 중요한 역량이고, 사회자원과 빈곤지역을 정확하게 연결시켜주는 다리이자 유대이며, 사회역량을 동원하여 빈곤퇴치 난관돌파에 참여시킬 수 있는 중요한 매체이고, "정부-시장-사회"라는 빈곤구제의 대 구도를 구축하는 중요한 구성부분이다. 첫째, 사회조직의 기술과 인원이 빈곤층 대중의 지력 방면의 부족한 문제를 효과적으로 해결할 수 있다. 둘째, 빈곤지역은 사회조직에 새로운 발전 영역을 제공하여 윈-윈 구도를 실현할 수 있으며, 정부의 행정적 지도에 따르는 위험을 줄이고 빈곤구제의 효율을 높일 수 있다. 사회조직이 빈곤구제에 참여하는 분야는 주로 취업·산업·교육·의료·이주·생태 개선 등이다. 빈곤구제에 참여하는 방식에는 빈곤구제 자원봉사행동 프로젝트, 빈곤구제 공익 브랜드 구축 프로젝트, 사회 각 분야 자원의 빈곤지역 집결을 선도하고 정보 서비스 플랫폼을 구축하는 프로젝트, 빈곤구제 자원 공급과 빈곤구제 수요를 효과적으로 접목시키고 공공 서비스를 조달하는 프로젝트, 사회조직이 정부의 의지와 사회의 수요에 따라 활동하도록 선도하는 등이 포함된다.

사회조직은 자체의 특수한 포지션으로 인하여 정부 및 빈곤인구와 연계를 맺을 수 있으며, 동시에 시장 및 사회관심세력과도 연계를 맺을 수 있다. 사회조직은 정부·시장·사회세력을 통합하고 빈곤인구의 소득증대를 촉진하는 면에서 독특한 역할을 발휘할 수 있다. 중국빈곤구제기금회의 예를 들어보면, 그 사회조직은 중국 빈곤구제 분야에서 최대 규모와 최대 영향력을 갖춘 공익성 조직 중의 하나다. 중국빈곤구제기금회는 1989년에 설립되었으며, 민정부에 등록되어 있고 국무원의 지도를 받는 국가 빈곤구제 자선기관이다.

빈곤구제 자원봉사 행동을 전개하는 것은 주로 청년학생·전문기술인력·퇴직인원 등 사회 각계 인사들이 자원봉사자의 신분으로 빈곤구제활동에 참여할 수 있도록 하는 것을 말한다. 그 구체적인 형식에는 주로 의료지원과 교육지원, 문화보급, 과학기술보급, 취업지원, 창업선도 등 빈곤구제 자원봉사활동이 포함되며 빈곤촌, 빈곤가구가 빈곤에서 벗어나 부유해질 수 있도록 돕고 이끈다. 자금조달, 모금운동 등 형식과는 달리 빈곤구제 자원봉사행동을 전개하는 것은 사회 개인의 인적자원을 발굴하는 것이다. 정부는 빈곤지역의 빈곤구제 자원봉사자 조직과 서비스네트워크 구축을 통해 빈곤구제 자원봉사자와 빈곤인구의 접목을 위한 더욱 많은 편리를 제공한다. 빈곤구제 자원봉사 활동을 전개하는 것은 각 성이 사회 개인을 동원하여 농촌 빈곤구제에 참여시키는 데서 흔히 활용하는 형식이다. 예를 들면 신장(新疆)위구르자치구는 「사회 각 방면의 역량을 더 한층 동원하여 빈곤구제 개발에 참여시키는 데에 관한 실시 의견」에서 청년학생·전문기술인재·퇴직인원 및 사회 각계 인사들이 빈곤지역에 대한 빈곤구제 자원봉사활동을 전개하는 것을 격려하고 지지하며, 빈곤구제 자원봉사자조직을 구성하고 빈곤지역 자원봉사자 서비스네트워크를 구축할 것을 제시하였다. 여러 부류의 자원봉사자가 빈곤식별, 빈곤구제 조사연구, 의료와 교육지원, 문화보급, 과학기술보급, 창업선도 등 빈곤구제 활동에 참여하도록 조직하고 지원한다.

각급 당 위원회와 정부는 사회주의 핵심 가치관을 대대적으로 선양하고, "내가 남들을 위하고, 남들이 나를 위한다"(我爲人人, 人人爲我. 서로 돕는다는 뜻)라는 전민 공익이념을 적극 제창하여 서로 돕고 서로 지켜주며 사이좋게 지내는 사회 기풍을 크게 조성하고 풍부하고 다양한 체험과 방문 등 사회 실천활동을 전개하며, 사회 각 계층 간에 서로 돕고 서로 교류할 수 있는 원활한 경로를 개척한다. 그리고 모두가 원하고 모두가 할 수 있으며 모두가 가능한 사회빈곤구제 참여 메커니즘을 혁신하고 보완한다.

4. 지원효과는 누가 평가하는가?

빈곤퇴치 정밀화는 빈곤구제 정밀화, 빈곤퇴치 정밀화의 기본방략을 실시하는 최종 목표이다. 시진핑 총서기는 "빈곤구제 정밀화는 빈곤퇴치 정밀화를 위한 것이다. 시간표를 작성하여 점진적으로 빈곤에서 벗어나도록 해야 한다. 빈곤퇴치사업을 뒤로 미루는 현상도 방지해야 할 뿐만 아니라 서두르는 현상도 방지해야 한다. 완충기를 두어 일정한 기간 내에는 빈곤의 딱지를 떼되 당분간 정책은 계속 유지해야 한다. 엄격한 심사평가 제도를 실시하여 빈곤퇴치기준에 따라 검수를 거쳐야 한다. 가구별 그리고 구체적인 대상별로 빈곤에서 벗어나게 해야 하며 빈곤에서 벗어났느냐의 여부는 대중과 함께 확인해야 하며 대중의 인정을 받아야 한다."라고 말하였다.[24] 빈곤구제 사업의 목적성·유효성을 확실하게 향상시켜 "어떻게 벗어날 것이냐?"하는 문제를 더욱 잘 해결하기 위해 2016년 4월, 중공중앙과 국무원이 「빈곤퇴출 메커니즘을 수립하는 데에 관한 의견」(「의견」으로 약칭)을 인쇄 발부하여 빈곤인구·빈곤촌·빈곤현이 빈곤에서 벗어나는 기준과 절차를 명확히 제정하여 실사구시의 기본원칙을 견지하고 빈곤퇴치의 실효를 근거로, 대중의 인정 여부를 기준으로, 엄격하고 규범적이며 투명한 빈곤퇴출메커니즘을 구축하여 빈곤인구·빈곤촌·빈곤현이 2020년 이전에 점진적으로 퇴출할 수 있도록 촉진하여 기한 내에 빈곤퇴치 난관돌파의 목표를 실현할 수 있도록 확보할 것을 각 지역 각 부문에 요구하였다.

(1) 빈곤인구의 빈곤퇴치기준과 절차

빈곤인구의 빈곤퇴치기준은 등록된 빈곤가구의 식별기준과 기본상 일치한다. 「의견」에서는 빈곤인구의 빈곤 퇴출이 가구를 단위로 해야 하며, 주요 판단 기준은 해당 가구의 연간 1인당 순수입이 국가 빈곤구제 기준을 안정적으로 능가하고 먹을 걱정과 입을 걱정을 않고 의무교육·기본의료·주택안전이 보장되는 것이라고 지적하였다. 그러나

---

24) 시진핑. 시진핑 국정운영을 논함: 제2권. 베이징: 외국문출판사, 2017: 85.

실천과정에서 많은 지역이 단순히 소득을 빈곤인구의 빈곤구제 대상 범위 퇴출 여부를 가늠하는 기준으로 삼으면서 "두 가지 걱정 덜기, 세 가지 보장" 등의 내용을 무시하고 문제를 단순화하여 빈곤퇴치기준을 이탈하였다. 실제로 소득 확인심사의 정확성이 각종 요소의 영향을 받을 수 있음을 고려하여 중앙은 빈곤인구의 빈곤퇴출은 1인당 순소득 기준을 약화시켜 빈곤가구의 "두 가지 걱정 덜기, 세 가지 보장"이 안정적으로 실현되었는지의 여부를 주로 봐야 한다고 거듭 강조하였다. 단순히 소득을 빈곤퇴출 기준으로 삼으면 일련의 문제를 초래할 수 있으며, 이는 빈곤구제와 빈곤퇴치 정밀화와의 원칙에 크게 위배되는 일이다. 빈곤인구의 빈곤퇴출은 엄격히 "민주적 평의, 조사 확인, 공시 공고, 등록 퇴출"의 절차에 따라 진행해야 한다. 촌의 두 위원회에서 민주적 심의를 진행하여 빈곤가구의 빈곤퇴출 명단을 제출한 후, 촌의 두 위원회와 촌 주재 실무팀의 조사확인을 거쳐 퇴출 예정인 빈곤가구를 인정하여 촌내에서 공시하고 이의가 없음을 확인한 후 향진 당 위원회와 정부에 보고하여 심사하고 재차 공시하여 이의가 없음을 확인한 후 퇴출을 공고함과 아울러 현급 빈곤구제 개발지도소조에 보고하여 등록한다. 현급 빈곤구제 개발지도소조판공실은 빈곤인구 정보시스템에 등록되어 있는 해당 빈곤가구를 명단에서 퇴출시킨다. 그러나 빈곤에서 벗어나도 빈곤구제정책은 계속 유지시켜 빈곤 퇴출 가구가 일정한 기간 내에 관련 정책을 계속 누릴 수 있도록 한다.

(2) 빈곤촌의 빈곤퇴출 기준과 절차

「의견」에서는 빈곤촌 퇴출은 빈곤 발생률을 주요 평가기준으로 삼고 촌 내 인프라시설·기본공공서비스·산업발전·집체경제수입 등 종합적인 요소를 총괄 고려해야 한다고 밝혔다. 원칙상 빈곤촌 빈곤 발생률을 2% 이하로 낮추어야 한다.(서부지역은 3% 이하로 낮추어야 함) 빈곤촌이 소재 향진 당 위원회와 정부에 신청을 제출하고, 향진 당 위원회와 정부조직이 촌에 들어가 조사 확인을 거쳐 빈곤촌 퇴출 명단을 확정한 후 향진 내에 공시하며 이의가 없음을 확인한 뒤 현급 빈곤구제 개발지도소조에 보고한다. 현급 빈곤구제 개발지도소조가 확인 심사를 거쳐 빈곤 퇴출 조건에 부합되는 빈곤촌에 대해서 사회에 퇴출공고를 한다. 실천과정에 빈곤촌의 빈곤퇴출절차 이행에서는 문제가 별로 없었다. 각 빈곤촌이 절차 요구에 따라 규범적으로 수행할 수 있기 때문이다. 그러나 빈곤촌의 빈곤퇴출기준의 적용 면에서 일부 빈곤촌은 빈곤퇴출 토대가 취약한 문제가 존재한다. 산업발전이 미흡하고 집체경제소득이 부족하며, 심지어 인프라시설이 미비한 등 상황에서 빈곤층에서 퇴출시키는 것은 빈곤촌의 빈곤퇴출기준에 부합되지 않는다. 이밖에 일부 빈곤촌은 빈곤퇴출기준을 맹목적으로 높였는데 예를 들어 빈곤구제자금을 높은 표준의 신농촌건설에 사용하여 이미지프로젝트를 건설하는 등의 경우 빈곤구제자금의 낭비를 초래하여 "진짜 빈곤층을 지원하고 진정한 빈곤퇴치 실현"의 요구를 제대로 이행하지 못하였다.

(3) 빈곤현이 빈곤의 딱지를 뗄 수 있는 기준과 절차

현재 빈곤현은 592개의 국가 빈곤구제 개발사업 중점 현과 680개의 극빈밀집지역 현을 포함하고 있다. 이중에서 양측에 겹치는 440개 현을 빼면 전국적으로 총 832개의 빈곤현이 있다. 빈곤현의 정밀한 빈곤퇴출 기준과 절차문제 대해 「의견」은 빈곤현의 빈곤퇴출은 빈곤 발생률을 주요 가늠기준으로 한다고 지적하였다. 원칙상 빈곤현의 빈곤발생률을 2% 이하로 낮추어야 하고 (서부지역은 3% 이하로 낮추어야 함) 현(縣)급 빈곤구제 개발지도소조가 퇴출 대상 명단을 제출하고 시(市)급 빈곤구제 개발지도소조가 1차 심사를 진행하며 성(省)급 빈곤구제 개발지도소조가 확인심사를 진행하여 빈곤퇴출대상 명단을 확정한 후 사회에 공시하여 의견을 수렴한다. 공시하여 이의가 없음을 확인한 후 각 성(자치구·직할시) 빈곤구제 개발지도소조의 심사를 거쳐 결정한 뒤 국무원 빈곤구제 개발지도소조에 보고한다. 국무원 빈곤구제 개발지도소조는 중앙과 국가기관의 관련 부서 및 관련 역량을 조직하여 지방의 빈곤퇴출 상황에 대해 전문적인 평가와 검사를 진행한다. 조건에 부합되지 않거나 퇴출절차를 완전하게 이행하지 못한 경우에는 관련 지방이 책임지고 조사 처리하여 완성하도록 하였다. 퇴출조건에 부합되는 빈곤현에 대해서는 성급 정부가 퇴출을 정식으로 비준하였다. 그러나 중앙은 "빈곤현이 빈곤의 딱지를 뗀 후에도 여전히 빈곤구제정책 유지, 감독 관리, 공고화 향상을 착실히 하여 빈곤의 딱지를 떼어도 책임·정책·지원·감독은 여전히 유지하는 '4가지 유지'를 견지하여 이미 빈곤층에서 퇴출한 빈곤현이 계속 빈곤퇴치 난관돌파를 중요한 위치에 놓고 국가의 기존 빈곤구제정책을 변함없이 유지하여 빈곤 퇴출의 안정성과 지속가능성을 확보하여 역사의 검증을 이겨내야 한다."고 지적하였다. 빈곤층 명단에서 퇴출하였어도 빈곤구제정책은 계속 유지하였기에 정밀화 빈곤구제의 초기에 일부 성은 빈곤의 딱지를 떼어야 하는 시간적 압박 아래 성에서 시에 이르고 다시 현에 이르기까지 빈곤퇴치 진도의 임무가 갈수록 무거워져 하루 빨리 빈곤의 딱지를 떼어버리기 위해 애썼다. 그래야만 치적을 두드러지게 내세울 수 있을 뿐만 아니라 정책적 지원도 잃지 않을 수 있었기 때문이다. 그러한 방법은 정밀화 빈곤퇴치의 원칙에 크게 어긋나는 것으로서 속도만 중시하고 품질을 경시하며 객관적인 사실을 존중하지 않고 허위적 빈곤퇴치 또는 숫자상의 빈곤퇴치 현상이 나타날 가능성이 있다. 시진핑 총서기는 "빈곤퇴치계획은 실제에서 벗어나 멋대로 앞당겨서는 안 된다"고 거듭 강조하였다. 정밀화 빈곤퇴출사업은 각 지역의 실제 상황에 따라, 순서에 따라 차근차근 착실하게 추진해야 하고 질과 양을 보장하면서 제 기한 내에 빈곤현의 빈곤 퇴출 임무를 완수해야 한다.

2016~2017년까지 전국적으로 총 153개의 빈곤현이 빈곤퇴출 신청을 제출하였다. 현급에서 제출하고 시급에서 1차로 심사하고 성급에서 확인 심사하여 공시를 거쳐 심사 결정하는 등의 절차를 거쳐 중앙에서 통일적으로 퇴출상황에 대해 전문 평가와 검사를 진행하였다. 2016년과 2017년에 퇴출한 빈곤현에 대해서는 주로 4가지 지표를 평가 검사하였다. 그 4가지 지표는 각각 빈곤 발생률이 반드시 2%이

해야 한다는 것(서부지역은 3%이해야 함), 빈곤퇴치인구 퇴출 오류 비율이 2%이해야 한다는 것, 빈곤인구 평가 누락률이 2%이해야 한다는 것, 대중들의 인정도가 90%이상이어야 한다는 것이다. 이 4가지 지표 중 어느 한 가지 지표라도 조건에 부합되지 않으면 퇴출시킬 수 없다. 2016년과 2017년 국가 전문평가검사를 거친 153개 빈곤현은 모두 퇴출조건에 부합되어 성급 정부의 정식 비준을 거쳐 퇴출하였다. 1986년에 국가에서 빈곤현을 선별 지정한 이래 중국 역사상 최초로 빈곤현 수량의 순감소를 실현하였다. 2020년 말, 832개 빈곤현이 전부 엄격한 평가심사를 거쳐 순조롭게 빈곤현이라는 딱지를 떼어버렸다.

참고 문헌

[1] 국무원 판공청, "사회 각 방면의 역량을 가일층 동원하여 빈곤구제 개발에 참여시키는 데에 관한 의견", 중국정부사이트, 2014-12-04.

[2] 류융푸(劉永富), 「정밀화 빈곤구제 난관돌파전을 잘 치르기 위해 전력을 기울이자」, 『신상평론(新湘評論)』, 2015(19).

[3] 시진핑, 「극빈지역 빈곤퇴치 난관돌파 좌담회에서 한 연설」, 『당건설(黨建)』, 2017(9).

[4] 중공중앙 판공청, 「국무원 판공청: 빈곤퇴출 메커니즘 구축 관련 정책발표」, 『중국원해방구건설(中國老區建設)』, 2016(7).

[5] 중공중앙 판공청, 「국무원 판공청이 빈곤촌 주재 실무팀의 선발파견 관리 사업을 강화할 것을 요구」, 『공무원문집(公務員文萃)』, 2018(2).

[6] 「빈곤퇴치 난관돌파전에서 승리하는 것에 관한 중공중앙 국무원의 결정」, 『원해방구건설(老區建設)』, 2016(23).

[7] 『중국 농촌 빈곤구제 개발요강(2011—2020년)』, 베이징, 인민출판사, 2011.

중국 빈곤경감의 세계적 기여

제7장

중국 빈곤경감의 세계적 기여

1. 세계 빈곤인구의 변화

빈곤은 전 인류가 공동으로 직면한 중대한 난제이다. 세계 빈곤인구 비율을 볼 때 1인당 매일 1.9달러를 기준으로 계산하면 1990~2012년 세계 빈곤인구가 19억5,800만 명이던 데서 8억9,700만 명으로 줄어 빈곤인구 경감 규모가 누계 10억6,100만 명에 이르러 54.19%가 감소하였고 세계 빈곤 발생률은 37.1%에서 12.7%로 하락하여 빈곤경감에서 뚜렷한 성과를 거두었다.

세계 5대 빈곤인구 분포지역을 보면 빈곤경감 속도가 가장 빠른 지역은 동아시아와 태평양지역으로 빈곤인구가 1990년의 9억9,600만 명에서 2012년의 1억4,700만 명으로 줄어들었고, 빈곤 발생률은 60.6%에서 7.2%로 하락하여 전 세계 빈곤경감 사업에 크게 기여하였음을 알 수 있다. 2012년 데이터에 따르면 세계적으로 빈곤인구가 가장 밀집된 지역은 사하라이남 아프리카와 남아시아인데, 두 지역은 빈곤 발생률이 높은 편으로 각각 42.7%와 18.8%에 이르러 빈곤인구가 전 세계 빈곤인구의 78%를 차지하는 것으로 나타났다. 남아시아지역은 빈곤인구를 절반으로 줄인다는 밀레니엄개발목표를 기본적으로 완수하여 빈곤인구가 1999년의 5억6,800만 명에서 2012년의 3억900만 명

으로 줄어들었고, 빈곤 발생률은 41.8%에서 18.8%로 하락하였다. 이
에 비해 사하라이남 아프리카지역은 빈곤이 심각한 상황으로서 빈곤
인구가 줄기는커녕 1990년의 2억8,800만 명에서 3억8,900만 명으로
약 1억100만 명이 더 늘어났다.(표 7-1 참조).

표 7-1 세계 빈곤인구의 지역적 분포상황

	1990	1999	2011	2012
빈곤 발생률 (%)				
동아시아 태평양 지역	60.6	37.5	8.5	7.2
유럽과 중앙아시아지역	1.9	7.8	2.4	2.1
라틴아메리카와 카리브지역	17.8	13.9	5.9	5.6
남아시아지역	50.6	41.8	22.2	18.8
사하라이남 아프리카지역	56.8	58	44.4	42.7
세계	37.1	29.1	14.1	12.7
빈곤인구 (만)				
동아시아 태평양 지역	99 550	68 940	17 310	14 720
유럽과 중앙아시아지역	880	3 680	1 140	1 010
라틴아메리카와 카리브지역	7 820	7 110	3 530	3 370
남아시아지역	57 460	56 800	36 170	30 920
사하라이남 아프리카지역	28 760	37 460	39 360	38 880
세계	195 860	175 150	98 330	89 670

자료 출처: 세계은행, Global Mounting Report 2015.

빈곤인구 규모의 각도에서 분석해볼 때, 2010~2012년 세계적으로 빈곤인구가 가장 많은 10개국은 인도·중국·방글라데시·콩고민주공화국(킨샤사)·에티오피아·탄자니아·마다가스카르·필리핀·루간다·말라위였다. 이 10개국의 빈곤인구가 5억7천만 명이 넘어 그 시기 전 세계 빈곤인구의 약 63%를 차지하였다. 따라서 이 10개국은 세계 빈곤경감사업을 추진하는 중점지역이다. 빈곤 발생률의 각도에서 분석해볼 때 빈곤 발생률이 가장 높은 10개국은 마다가스카르·부룬디·콩고민주공화국(킨샤사)·말라위·라이베리아·기니비사우·중앙아프리카공화국·잠비아·르완다·레소토였다. 레소토를 제외한 기타 9개국은 빈곤 발생률이 60%를 넘었다. 그중 마다가스카르의 빈곤 발생률은 81.76%에나 달한다. (표 7-2 참조)

표 7-2 세계 빈곤인구 및 빈곤 발생률 상위 10개국(2010~2012년)

순위	빈곤인구 규모 (만)		빈곤 발생률 (%)	
1	인도	25 952	마다가스카르	81.76
2	중국	8 734	부룬디	77.65
3	방글라데시	6 618	콩고민주공화국(킨샤사)	77.18
4	콩고민주공화국(킨샤사)	5 425	말라위	70.91
5	에티오피아	2 937	라이베리아	68.64
6	탄자니아	2 196	기니비사우	67.08
7	마다가스카르	1 723	중앙아프리카공화국	66.27
8	필리핀	1 259	잠비아	64.43
9	루간다	1 177	르완다	60.25
10	말라위	1 047	레소토	59.65

자료 출처: 세계은행 WDI 데이터베이스.

2. 중국의 빈곤경감이 세계의 빈곤경감에 대한 기여도는 어느 정도 인가?

중국의 대규모 빈곤경감은 자국의 7억이 넘는 인구를 빈곤에서 벗어나도록 하여 샤오캉사회로 점차 나아가게 하였을 뿐만 아니라 또 전 세계 빈곤경감사업에도 거대한 기여를 하였다. 1인당 매일 1.9달러의 기준으로 계산하면 1981년부터 전 세계적으로 빈곤인구가 19억 9,700만 명에서 2012년의 8억9,700만 명으로 줄어들어 빈곤인구가 약 11억 명이 줄어들었다. 그중 중국의 빈곤인구가 8억7,800만 명에서 8,700만 명으로 약 7억9,000만 명이 줄어들었는데, 이는 같은 시기 세계 빈곤경감 인구수의 71.8%를 차지하는 숫자이다. 이는 1981~2012년 세계적으로 빈곤에서 벗어난 인구 매 100명 중 약 72명이 중국인구로서 세계 빈곤경감에 대한 중국의 기여도가 70%가 넘었음을 의미한다. 1981년 전 세계의 빈곤 발생률은 44.3%였고, 같은 시기 중국의 빈곤 발생률은 88.3%에 달하여 세계 수준의 거의 2배였다. 중국경제의 발전과 대규모 빈곤구제 개발사업의 전개에 따라 빈곤 발생률이 빠르게 하락하였다. 2012년에 이르러 중국의 빈곤 발생률은 6.5%로 하락하여, 1981년에 비해 81.8% 하락하였다. 같은 기간 세계 빈곤 발생률은 12.7%로 중국의 약 2배였다.(표 7-3 참조)

표 7-3 전 세계와 중국 빈곤인구 및 빈곤 발생률 비교상황

연도	세계		중국	
	1인당 일일 1.9달러		1인당 일일 1.9달러	
	빈곤인구(만)	빈곤 발생률(%)	빈곤인구(만)	빈곤 발생률(%)
1981	199 728	44.3	87 780	88.3
1990	195 857	37.1	75 581	66.6
1999	175 145	29.1	50 786	40.5
2002	164 960		40 910	
2005	140 640		24 440	
2008	126 040		19 410	
2010	111 975	16.3	14 956	11.2
2011	98 333	14.1	10 644	7.9
2012	89 670	12.7	8 734	6.5

자료 출처: 세계은행, 「빈곤과 번영 공유 2018: 빈곤의 퍼즐 맞추기」

(1) 유엔 밀레니엄개발목표에 대한 기여

2000년 9월 세계 각국 지도자들이 유엔 밀레니엄 정상회의에서 빈곤·기아·질병·문맹·환경 악화 및 여성차별을 없애는 것을 골자로 하는 유엔 밀레니엄 개발목표를 제정하였다. 밀레니엄개발목표는 8개의 하위목표로 나뉘었는데 구체적으로는 극도의 빈곤과 기아를 소멸하고, 초등교육을 보급시키며, 양성평등을 촉진하고 여성에게 권리를 부여하며, 아동의 사망률을 낮추고, 산모의 보건을 개선하며, 에이즈·말라리아 및 기타 질병과 투쟁하고, 환경의 지속가능 능력을 확보하며, 발전을 촉진시킬 수 있는 글로벌 파트너십을 제정하는 것이다. 밀레니엄개발목표의 제정과 제기는 당시 세계발전의 모순이 날로 불거지고 있었던 현실상황을 반영하였으며, 또 세계 약 190개 국가가

균형적 발전문제를 해결하기 위해 달성한 보기 드문 공감대이기도 했다. 밀레니엄 개발목표가 비록 개발도상국에 중점을 두고 있지만, 채무 감면, 원조 등의 형태로 개발도상국을 도와 목표를 달성할 수 있도록 할 것을 선진국에 요구하였기 때문에, 밀레니엄개발목표는 실질적으로 2015년 이전까지 세계발전의 공동목표이기도 하였다.

유엔밀레니엄개발목표에서 규정한 8개 방면의 하위목표로부터 볼 때, 중국은 밀레니엄개발목표의 대부분 하위목표를 이미 실현하였다. 빈곤구제와 직접적으로 연결되는 극빈과 기아를 소멸하고, 초등교육을 보급시키며, 아동의 사망률을 낮추고, 산모의 보건을 개선하는 등의 지표에서 볼 때, 중국은 각항 지표의 요구를 이미 기본적으로 실현하였거나 또는 완전히 실현하였다.(표 7-4 참조)

표 7-4 중국이 유엔밀레니엄개발목표의 7개 하위목표를 완수한 상황

7개의 하위목표	구체적 지표	중국의 지표 완성 상황
극빈과 기아를 소멸	1. 1990~2015년, 일일 소득이 1.25달러인 인구 비중을 절반 줄인다.	이미 실현
	2. 여성과 청년을 포함한 모든 사람이 충분한 취업과 체면 있는 일자리를 얻을 수 있도록 한다.	기본 실현
	3. 1990~2015년, 굶주림에 시달리는 인구 비중을 절반 줄인다.	이미 실현
초등교육을 보급	2015년까지 여아와 남아를 막론하고 아동이 소학교(초등학교) 모든 교학과정을 마칠 수 있도록 확보한다.	이미 실현
남녀평등의 촉진과 여성에게 권리를 부여	2005년까지 소학교 교육과 중학교 교육에서의 남녀 격차를 없애고 늦어도 2015년까지 모든 교육단계에서 이런 격차를 없애도록 노력한다.	이미 실현
아동의 사망률을 낮춤	1990~2015년, 5세 이하 아동 사망률을 3분의 2 줄인다.	이미 실현
산모의 보건 개선	1. 1990~2015년, 산모 사망률을 4분의 3 낮춘다.	이미 실현
	2. 2015년까지 생식보건을 보편적으로 누릴 수 있게 한다.	기본 실현
에이즈·말라리아 및 기타 질병과의 투쟁	1. 2015년까지 에이즈 바이러스/에이즈의 확산을 억제하고 돌려세우기 시작한다.	기본 실현
	2. 2010년까지 모든 수요자에게 에이즈 치료를 보편적으로 제공한다.	기본 실현
	3. 2015년까지 말라리아와 기타 주요 질병의 발병률을 억제하고 돌려세우기 시작한다.	기본 실현
환경의 지속가능능력 확보	1. 지속가능한 발전의 원칙을 국가의 정책과 방안에 포함시키고 환경자원의 손실 국면을 돌려세운다.	기본 실현
	2. 생물다양성의 상실을 감소시켜 2010년에 이르러 그 상실률을 뚜렷이 낮춘다.	실현 못함
	3. 2015년까지 안전한 식수와 기본적인 위생 시설을 지속적으로 이용할 수 없는 인구의 비율을 절반으로 줄인다.	이미 실현
	4. 2020년에 이르러 약 1억 명 판자촌 주민의 생활을 뚜렷이 개선시킨다.	가능성이 큼

자료 출처: 「중국 밀레니엄개발목표 실시 보고서(2000~2015년)」.

극빈과 기아를 소멸하는 면에서 중국의 빈곤인구는 1990년의 6억 8,900만 명에서 2011년의 2억5,000만 명으로 줄어 빈곤인구 비례의 하락폭 절반 이상을 달성한다는 목표를 4년 앞당겨 실현하였다. 동시에 같은 시기 전 세계 빈곤인구가 누계 약 10억 명 줄었는데 그중 중국이 상당히 큰 비중을 차지했다. 영양 개선과 기아퇴치 방면에서 중국은 2012~2014년 영양실조 인구가 1990~1992년에 비해 1억3,800만 명이 줄었고, 영양실조 인구비율의 하락폭은 55.6%에 달해 마찬가지로 밀레니엄개발목표에 규정된 절반의 하락률을 넘어섰다.

초등교육 보급방면에서 9년제 의무교육은 중국이 빈곤의 대물림을 막고 초등교육을 보급하는 중요한 제도적 보장으로서 밀레니엄개발목표의 실현을 위한 강력한 추진력을 제공하였다. 2014년 중국 소학교 학령아동의 순 입학률은 99.8%로 소학교교육의 전면 보급을 기본적으로 실현하여, 인구의 문맹률은 2000년의 6.7%에서 2014년의 4.1%로 하락하여 문맹현상이 더 한층 줄어들었다. 남녀 교육평등을 실현하는 면에서 중국은 남녀 교육연한의 격차가 점차 줄어들고 있다. 데이터에 따르면 남녀 교육연한의 격차가 2000년의 1.3년에서 2014년의 0.8년으로 줄어들었다. 소학교 학령아동의 순 입학률로 보나 남녀 교육연한의 격차로 보나 중국은 개발도상지역의 평균수준보다 훨씬 앞섰으며, 세계적으로 초등교육 보급의 밀레니엄개발목표를 실현할 수 있는 튼튼한 기반을 닦아놓았다거 할 수 있다.

남녀평등을 촉진하고 여성에게 권력을 부여하는 면에서, 한편으로 중국은 중소학교 교육에서 이미 남녀평등을 실현하였다. 2014년 일반

소학교 교육단계 여학생의 비율이 46.26%, 일반중학교 교육단계 여학생의 비율이 47.84%로 중소학교 여학생의 비율과 적령인구 중 여학생의 비율과 일치한다. 다른 한편으로 중국은 여성의 참정권을 전면적으로 보장하고 있다. 전국인민대표대회(전인대) 대표와 전국정치협상회의(정협) 위원 및 중국공산당대표대회 대표 중 여성의 비중이 꾸준히 늘어나고 있다. 2013년 데이터에 따르면 기층 촌민위원회와 촌 당지부위원회의 구성원 중 여성비율은 이미 93.6%에 달하였고, 일부 성과를 올린 시는 이미 전면적으로 실현하였다. 교육받을 권리와 국정참여권리의 남녀평등을 보장하여 여성 빈곤인구의 기본권리를 보장하기 위한 실제적인 보장을 마련하였다.

아동 사망률을 낮추는 면에서 중국은 1991~2015년 영아사망률이 5.02%에서 0.81%로 하락하고, 5세 이하 아동 사망률은 6.1%에서 1.07%로 하락하여 하락폭이 80%를 웃돌았다. 전 세계 영아 사망률은 1990년의 9%에서 2015년의 4.3%로 하락하였다. 전 세계 평균수준과 비교할 때 중국의 아동사망률 하락폭은 크게 앞섰다. 특히 빈곤가정 영아와 아동의 생존을 보장하기 위한 튼튼한 토대를 닦았으며, 세계적으로 아동사망률 하락목표를 실현하는 주요 역량이 되었다.

산모 보건 개선 면에서 세계적으로 임산부 사망률이 1990년의 38‰에서 2013년의 21‰로 하락하여 하락폭이 약 44.7%에 달해 밀레니엄개발목표에 명시된 3/4 요구에는 달성하지 못하였으나 중국의 임산부 사망률은 1990년의 8.88‰(만분율)에서 2015년의 2.01‰로 하락하여, 하락폭이 약 77.4%에 달해 기정의 목표를 초과하여 완수하였다. 이와 동시에 중국 농촌과 도시의 임산부 사망률 비례가 1991년의 2.2에서 2013년 말의 1.1로 하락하였다. 이는 도시와 농촌 간 임산부 보건능력의 격차가 더 이상 존재하지 않고 도시와 농촌이 동등한 임산부 의료보건수준을 기본적으로 실현하였음을 설명한다. 이로써 농촌여성 빈곤인구의 건강을 보장하기 위한 튼튼한 기반이 마련되었다. 중국은 산모의 의료보건수준 방면에서 세계에 중요한 기여를 하였다.

에이즈·말라리아 및 기타 질병과의 투쟁방면에서 중국정부의 정책적 개입을 거쳐 에이즈 발병률의 빠른 상승세가 억제되었다. 2015년 에이즈 사망률이 0.94‰로 떨어졌다. 말라리아질병 방면에서 중국은 말라리아질병문제를 기본적으로 해결하여 발병 인구수가 1990년대 초의 매년 10만 명이던 데서 2015년의 약 3천 명으로 줄었으며 그중 90%이상은 해외 유입 사례였다. 전반적으로 볼 때 세계적인 질병 예방퇴치 방면에서 중국은 이미 뚜렷한 성과를 거두었다. 말라리아 등 질병문제가 기본적으로 해결되어 세계 말라리아 등 질병의 예방퇴치에 응분의 기여를 하였다. 그러나 에이즈의 예방퇴치 면에서 한층 더 강화할 필요가 있다.

환경의 지속가능한 능력을 확보하는 방면에서 세계보건기구(WHO)와 유엔아동기금회가 발표한 데이터에 따르면 2012년 중국 도시와 농촌에서 안전한 식수를 실현한 인구의 비율이 각각 98%와 85%에 이르러 인구의 안전한 식수 보장수준이 대폭 향상되었다. 기본 위생시설 방면에서 화장실을 예로 들면 도시의 공중화장실 건설이든 농촌

가정 위생화장실의 보급이든 모두 1990년대에 비해 뚜렷한 진보를 가져왔다. 농촌 위생화장실의 보급률은 1993년의 7.5%에서 2013년의 74.1%로 향상되어 농촌 위생환경을 효과적으로 개선하였으며, 특히 농촌 빈곤인구의 생산과 생존환경이 크게 개선되었다. 그러나 중국은 동식물의 다양성을 개선하는 면에서 목표를 실현하지 못하였다. 위협을 받는 동식물의 비율이 여전히 높은 수준이어서 생물자원의 다양성에 대한 보호를 한층 더 강화해야 할 것이다.

(2) 유엔의 지속가능 발전목표의 실현

2015년에 밀레니엄개발목표가 만료된 후 새로운 개발목표와 규약을 제정하여 향후 세계 각국의 발전을 이끌어야 하였다. 2015년 9월 유엔 개발 정상회의는 「2030 지속가능 발전 어젠다」를 채택하여 2015년 밀레니엄개발목표 만료 후부터 2030년까지 세계 각국의 개발목표를 "지속가능 발전목표"로 지칭할 것을 제기하였다.(표 7-5 참조) 중국은 2014년부터 빈곤구제 정밀화 전략을 실시하기 시작하여 2020년 빈곤퇴치 난관돌파전에서 승리를 거둔 뒤 빈곤인구에 대한 전면적인 빈곤퇴치를 실현하고, 절대적 빈곤을 전면 퇴치하였으며, 샤오캉사회를 전면 실현하여 유엔 지속가능 발전목표 중 빈곤퇴치 목표를 10년 앞당겨 실현함으로써 세계 빈곤퇴치를 위한 공공재를 제공하였으며, 중국의 경험 또한 이 목표를 달성하는데 기여하였다.

표 7-5 유엔 지속가능 발전목표의 내용

	구체적 목표	목표의 내용
지속가능발전목표	1. 빈곤퇴치	세계 각지에서 모든 형태의 빈곤을 퇴치한다.
	2. 기아 퇴치	기아를 퇴치하고 식량 안보, 영양 개선 및 지속가능 농업 촉진을 실현한다.
	3. 양호한 건강 및 복지	건강한 생활양식을 확보하고 모든 연령층 인구의 복지를 촉진시킨다.
	4. 양질의 교육	포용적이고 공평한 양질의 교육을 확보하고 모든 국민이 평생학습기회를 누리도록 촉진한다.
	5. 남녀평등	남녀평등을 실현하고 모든 여성과 여아에게 권리를 부여한다.
	6. 깨끗한 식수 및 보건시설	모든 사람이 깨끗한 식수와 물을 사용할 수 있도록 한다.
	7. 저렴한 친환경 에너지	모든 사람이 감당할 수 있고, 신뢰할 수 있으며 지속가능한 현대 에너지를 얻을 수 있도록 확보한다.
	8. 체면 있는 일자리 및 경제성장	지속적·포용적·지속가능한 경제성장을 촉진시키고, 충분한 생산적 취업을 실현하여 모든 사람이 일자리를 가질 수 있도록 확보한다.
	9. 산업·혁신 및 인프라	위험방어 능력을 갖춘 인프라시설을 건설하고, 포용적이고 지속가능한 산업을 촉진시켜 혁신을 추진한다.
	10. 격차 축소	국가 내부와 국가 간의 불평등을 줄인다.
	11. 지속가능 도시 및 지역사회	포용적이고, 안전하며, 위험방어 능력을 갖춘, 지속가능한 도시 및 인류거주 환경을 만든다.
	12. 책임적인 소비 및 생산	지속가능한 소비와 생산을 확보한다.
	13. 기후행동	긴급행동을 취하여 기후의 변화와 그 영향에 대처한다.
	14. 수중 생물	해양 및 해양자원의 보호와 지속가능 이용을 촉진시켜 지속가능한 발전을 촉진케 한다.
	15. 육지 생물	육지 생태계의 보호와 복원 및 지속가능 이용을 촉진시키고, 지속가능한 삼림 관리를 촉진시키며, 사막화를 퇴치하고, 토지의 퇴화 현상을 방어하며, 생물다양성의 상실을 억제시킨다.
	16. 평화·정의 및 강력한 기관	지속가능 발전에 도움이 되는 평화롭고 포용적인 사회건설을 촉진시키고, 모든 사람에게 사법에 호소할 수 있는 기회를 제공하며, 효과적, 책임적, 포용력이 있는 여러 등급의 기관을 구축한다.
	17. 목표의 실현을 촉진하는 파트너십	집행수단을 강화하고 지속가능한 발전을 위한 글로벌 파트너십을 재구축한다.

2015년 11월 중공중앙과 국무원은 「빈곤퇴치 난관돌파전의 승리를 거둘 데 관한 결정」을 발표하여 빈곤퇴치 난관돌파의 총체적 목표를 명확히 제시하고 "6가지 정밀화"의 총체적 요구를 제기하였다. 그리고 "5가지 일부" 프로젝트를 실시하고, 빈곤퇴치 난관돌파의 제도체계를 보완하였으며 300여 부의 정책문건을 잇달아 수립하였다. 또 "중앙에서 총괄하고 성(省)에서 총책임을 지며, 시·현에서 구체적으로 이행하는" 업무메커니즘을 실행하여 중앙, 성, 시·현이 투입된 "33제" 구도를 형성케 하였으며, 5급 서기가 빈곤구제에 주력하여 책임지는 메커니즘을 실행하여 당정 1인자가 총책임을 지는 지도자책임제를 강화하였다. 이러한 노력을 거쳐 2020년 말까지 중국 농촌 빈곤인구는 2015년 말의 5,575만 명에서 0으로 줄어들었으며,[25] 빈곤발생률은 5.7%에서 0으로 하락하여(그래프 7-1 참조) 농촌 빈곤인구의 전면적인 빈곤퇴치를 실현하였다.

---

25) 1인당 매년 2천300위안(2010년 불변가격)의 농촌빈곤선을 기준에 따라 계산하였으며, 동시에 먹을 걱정과 입을 걱정이 없는 수준에 도달하였고 주택안전, 기본의료, 의무교육이 모두 보장되었다.

그래프 7-1 중국 농촌빈곤인구 규모(2015~2020년)

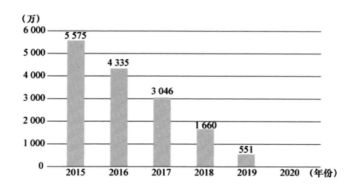

자료 출처: 국가통계국.

  중국 빈곤인구의 빈곤퇴치기준은 "한 가지 기준 도달, 두 가지 걱정 덜기, 세 가지 보장"이다. 그중 "두 가지 걱정 덜기"는 바로 "먹을 걱정과 입을 걱정을 더는 것"이다. "먹을 걱정 덜기"에서는 안전하게 먹을 수 있고 배불리 먹을 수 있는 주식이 있어야 한다고 요구할 뿐만 아니라 빈곤인구가 단백질을 충분히 섭취할 수 있어야 한다고 요구하고 있다. 2020년까지 전국의 주요 농산물 품질 안전 모니터링 합격률이 97.8%에 달하고, 1인당 식량 섭취량이 474Kg을 초과하였다. 동시에 중국정부는 식수 안전, 취수 편리에 대해 상응하는 엄격한 요구를 제기하였다. 이에 따라 각 지역은 식수 안전 프로젝트를 전개하여 농촌 집중 급수율과 수도 보급률을 크게 향상시켜 빈곤인구의 식수 안전을 전면적으로 보장하였다. 이는 유엔 지속가능 발전목표 중 기아퇴치, 영양개선, 식수청결 관련 목표에 부합되는 것이었다.

  양호한 건강과 복지는 지속가능한 발전을 위한 필수 내용이다. 중국의 "한 가지 기준 도달, 두 가지 걱정 덜기, 세 가지 보장"이라는 빈곤퇴치기준 중 "세 가지 보장" 중의 하나가 바로 기본 의료보장으로서 빈곤인구가 기본 의료보험과 중대 질병보험에 반드시 가입할 것을 요구하고 있으며, 동시에 가정 의사 계약체결 서비스, 만성질병카드 제도의 수립 등의 방식으로 만성질병에 대한 관리를 강화하여 만성질병환자의 의료지출 부담을 덜어줌으로써 빈곤인구들이 모두 질병을 치료 받을 수 있도록 확보하였다. 이와 동시에 3등급 공공위생서비스체계의 건설을 강화하여 의료 공공서비스의 접근성을 높임으로써 빈곤인구가 진료를 받을 수 있도록 확보하였다.

생태와 환경은 지속가능한 발전을 실현하는 중요한 보장이다. 지속가능 발전 목표 중에서 저렴하고 깨끗한 에너지, 기후행동, 수중생물과 육지생물의 보호, 지속가능한 생산과 소비 등은 모두 생태와 환경 보호와 관련된 것들이다. 빈곤퇴치 난관돌파단계에서 중국은 녹색 빈곤경감 조치를 대대적으로 실시하여 산업의 녹색화와 녹색산업화를 통해 빈곤지역의 발전을 촉진시키고, 빈곤인구의 빈곤퇴치를 실현하였다. 실천과정에서 중국의 각급 정부는 녹색발전의 새로운 이념을 견지하고 농업과 산업의 융합을 강화하였으며, 생태 빈곤구제를 전개하고, 관광 빈곤구제와 관광농업의 새로운 방식을 혁신하였으며, 이익을 연결시키는 새로운 메커니즘을 구축하고, 빈곤지역과 빈곤인구의 내적 원동력을 촉진시켜 지속가능한 발전을 실현하였다. 이는 유엔의 지속가능 발전목표 중의 생태와 환경 관련 목표와 서로 맞물리는 것이었다.

교육을 보장하는 것은 인민의 생활을 개선하고 지속가능한 발전을 실현하는 중요한 내용이다. 빈곤퇴치 난관돌파 초기에 중국은 100%에 근접하는 소학교 학령아동 순 입학률을 실현하였지만, 일부 극빈지역은 교육 보급률이 여전히 낮고 중퇴현상도 존재했다. 빈곤구제 정밀화 실시 이후, 중국의 "한 가지 기준 도달, 두 가지 걱정 덜기, 세 가지 보장"이라는 빈곤퇴치기준 중 "세 가지 보장" 기준은 의무교육 보장을 실현할 것을 명확히 제시하였다. 즉 의무교육단계에서 학령아동은 신체적 원인을 제외하고는 중퇴할 수 없으며, 공부에 싫증을 느끼는 일부 학생들에 대해서는 조기 직업교육을 진행할 수 있게 했다. 중국정부는 중앙에서 지방에 이르기까지 "학생의 학교중퇴를 통제하고 학생취학을 보장하는 의무교육단계"를 교육 빈곤구제의 최우선 요무로 삼고, "두 가지 면제, 한 가지 보조", "세 가지 면제, 한 가지 보조", "우로(雨露) 계획" 등 보조금정책을 실행하였으며, 농촌교육 인프라와 교사대오의 건설을 강화하여 농촌교육에 대한 운영의 질을 전면적으로 향상시켰다. 2020년까지 국내 의무교육단계 학교가 21만 800개에 달하고, 일반 소학교가 15만800개에 달했으며, 재학생이 1억 5,600만 명이고 전문직 교원 수가 10,294,900명에 이르러 의무교육에 대한 보장을 전면적으로 실현했다.

위험 방어능력을 갖춘 인프라를 구축하고 포용성 있는 산업의 지속가능한 발전을 촉진시키며 혁신을 추진하는 것은 유엔의 지속가능 발전목표 중의 하나이다. 중국은 "기본 공공서비스 주요 지표를 전국 평균수준에 근접시키는 것"을 빈곤퇴치 난관돌파시기의 중요한 목표 중의 하나로 삼고 있다. 그 목표는 인프라시설의 보완을 포함하고 있을 뿐만 아니라 기본 공공서비스의 균등화도 포함하고 있다. 빈곤퇴치 난관돌파를 실시한 이래 빈곤지역에 소재한 자연촌에서 도로가 개통된 농가의 비중이 2015년의 99.7%에서 2020년의 100%로 상승하였고, 빈곤지역에 소재한 자연촌에서 케이블텔레비전방송신호를 받을 수 있는 농가의 비중은 2015년의 92.2%에서 2020년의 99.9%로 상승하였으며, 빈곤지역에 소재한 자연촌에서 광대역 네트워크에 접속할 수 있는 농가의 비중은 2015년의 71.8%에서 2020년의 99.6%로 상승하였다. 이는 유엔의 지속가능발전목표 중 교통과 정보기술 등 인프라 건설의 목표와 연결되는 것이었다.

3. 중국 빈곤경감 모델이 국제 빈곤경감에 대한 참고적 의미

중국의 빈곤경감 모델은 중국의 것일 뿐만 아니라 세계의 것이기도 하다. 중국 빈곤경감의 성공적인 실천은 기타 개발도상국에 자국의 빈곤문제를 해결할 수 있는 새로운 길을 제공하였고, 새로운 모델, 새로운 시범, 새로운 경험을 제공하였다.

첫째, 빈곤경감사업을 전개함에 있어서 반드시 체계적인 이론사상의 지도하에 전개해야 한다. 빈곤경감과 관련한 범위가 넓고 영향 범위가 크므로 각 기능부서는 서로 협력해야 한다. 지역별 빈곤 상황에도 현저한 차이가 있으므로 빈곤구제 사업은 체계적인 이론사상의 지도가 필요하다. 중국의 빈곤경감사업은 지금까지 발전해오면서 당과 정부의 수십 년간의 꾸준한 노력에 힘입어 뚜렷한 성과를 거두었으며 매 단계마다 당시의 국정에 알맞은 체계적인 이론적 지도가 있었다. 마오쩌동(毛澤東) 동지를 주요 대표로 하는 중국공산주의자들은 마르크스주의의 지도아래 제도적 빈곤 해소를 문제해결의 정치적 전제로 하였으며, 공동부유를 목표로 하여 빈곤해결과 사회주의건설을 긴밀히 연결시켰다. 덩샤오핑(鄧小平) 동지를 주요 대표로 하는 중국공산주의자들은 경제건설을 중심으로 하는 발전사상을 확립하고, 네 가지 기본 원칙과 개혁개방의 기본 노선을 견지하였으며, 먼저 부유해진 사람이 가난한 사람을 부유의 길로 이끄는 점진적 빈곤구제의 길을 모색하여 체제개혁을 주도로 하는 빈곤경감이론을 형성하였다. 장쩌민(江澤民) 동지를 주요 대표로 하는 중국공산주의자들은 정치적 포지션을 한층 더 확고히 잡고 빈곤구제와 빈곤경감을 정치적 차원으로 끌어올려 빈곤구제 개발의 발전이념을 제기하여 구제식 빈곤구제를 개발식 빈곤구제로 전환하였다. 후진타오(胡錦濤) 동지를 주요 대표로 하는 중국공산주의자들은 "인간중심(以人爲本, 인간을 모든 것의 근본으로 삼다)"의 빈곤구제 사고방식을 제기하고 지속가능한 발전을 견지하는 것을 중점적으로 강조하면서 지속가능한 발전을 사람과 사물 두 방면으로 구현시킬 것을 요구하였다. 새 시대에 들어서면서 빈곤구제 실천은 빈곤구제 사업의 정밀성에 대한 새로운 요구를 제기하였다. 이 시대적 배경에서 시진핑 동지를 핵심으로 하는 당 중앙은 빈곤구제 정밀화라는 새로운 빈곤구제 이념과 실천 요구를 제기하였고, 누구를 도울 것인지, 누가 도와야 하는지, 어떻게 도울 것인지 등의 가장 현실적인 빈곤구제 문제에 대해 체계적으로 대답하였으며, 빈곤퇴치 난관돌파전에서 승리를 거두고 절대적 빈곤을 전면적으로 제거해야 한다는 요구를 확실히 제시하였다. 중국의 빈곤구제 실천이 증명하였다시피 체계적인 사상지도와 완전한 제도적 보장은 빈곤경감 빈곤구제 사업을 추진하는 전제와 토대이다.

둘째, 빈곤경감 전략은 실천의 변화와 함께 꾸준히 발전시켜야 한다. 나라별 빈곤의 특징과 빈곤 발생의 원인이 각기 다르며, 한 나라에서도 시기별 빈곤상황에 변화가 나타나게 되므로 빈곤경감 전략과 빈곤경감 관리이론도 빈곤구제 실천의 변화에 따라 꾸준히 발전시켜 자국의 국정에 어울리도록 해야 한다. 중국은 "경제적으로 가난하고 문화과학 수준이 형편없이 낮던 데로부터" 세계 2위의 경제체로 발전하였고, 빈곤경감사업은 실천적으로 여러 단계의 변화를 겪었다. 중국의 빈곤경감은 잇달아 "구제식 빈곤구제", "체제 개혁 추진식 빈곤구제", 현(縣)을 대상으로 한 "지역적 빈곤구제", 촌(村)을 대상으로 한 "마을 전체 개발 추진 빈곤구제", 사람을 대상으로 한 "빈곤구제의 정밀화" 등 여러 단계를 거쳤으며, 매 단계별 빈곤경감전략은 모두 실천의 변화에 따라 꾸준히 발전해왔다. 구체적으로 볼 때 "구제식 빈곤구제" 단계에서는 "1화 3개혁(一化三改, 나라의 사회주의 공업화를 점차 실현하고, 나라의 농업·수공업·자본주의 상공업에 대한 사회주의 개조를 점차 실현하는 총체적 노선을 가리킴)" 운동을 중점적으로 전개하여 사회주의제도를 확립하였으며 "응급구제"를 주요 방향으로 빈곤경감사업을 전개하였다. "체제 개혁의 추진 빈곤구제" 단계에서는 경제건설을 중심으로 개혁개방 전략을 실행하였는데 먼저 부유해진 사람이 가난한 사람들을 부유의 길로 이끄는 빈곤경감 실천 수단을 통해 중국의 빈곤경감 효과를 확대하여 중국의 빈곤경감 행정을 크게 촉진시켰다. 현(縣)을 대상으로 한 "지역적 빈곤구제" 단계에서는 개발식 빈곤구제 전략을 실행하였고, "구제식 빈곤구제"를 "개발식 빈곤구제"로 바꾸어 내적 원동력을 자극하였다. 빈곤구제와 빈곤경감의 대상을 현으로 정하고 빈곤지역을 중점적으로 지원하여 빈곤지역 경제의 도약식 발전을 실현하였다. 촌을 대상으로 한 "마을 전체 개발 추진 빈곤구제" 단계에서는 재배업과 양식업의 발전에 중점을 두고 생태환경의 개선에 유리하도록 하는 것을 원칙으로 삼아 경제발전과 생태보호를 서로 결합시키는 것을 중시하는 동시에, 마을 전체 개발 추진의 빈곤구제 전략을 실시하여 빈곤지역의 발전을 대대적으로 추진하였으며, 빈곤한 농민들의 주체의식을 증강시키고, 대중의 빈곤퇴치 실천의 적극성과 참여성·능동성을 진작시켰으며, 빈곤경감의 행정을 가속 추진하였다. 중국 경제총량의 꾸준한 성장에 따라 보편적 빈곤문제가 해결되었지만, 사회의 빈부격차가 날이 갈수록 커지고 빈곤인구가 여전히 농촌지역에 널리 분포되어 있었다. 이에 따라 사람을 대상으로 하는 빈곤구제 정밀화 전략을 실시하여 "5가지 일부 전략"을 통해 빈곤인구의 복지를 개선하고 빈곤구제 사업에서 "6가지 정밀화"를 실행하였으며, 지역을 대상으로 하던 기존의 방식을 바꿔 가정과 사람에 구체적으로 초점이 맞춰지면서 여러 가지 빈곤구제 자원으로 가정을 직접 지원하기 시작함으로써 이전에 빈곤구제 자원이 현과 촌에 이르기까지 자원 사용효율이 낮고 정밀화되지 못하였던 등의 현실적인 문제를 피하였다. 이상의 여러 단계를 통해 빈곤구제 빈곤경감 전략이 줄곧 빈곤구제 실천의 변화에 따라 끊임없이 발전하였음을 충분히 보여주고 있다.

셋째, 빈곤구제 전략과 국가발전 전략의 유기적인 통일을 유지해야 한다. 빈곤구제 전략은 국가발전 전략의 구성부분으로서 국가의 총체적 발전전략과 유기적인 통일을 유지해야 한다. 중국은 시종일관 문제해결을 선도하는 방향을 견지하면서 각기 다른 단계에서 각기 다른 중점문제를 해결해오고 있다. 신(新)중국 창건 초기에는 국가발전이 심각하게 낙후한 상태에 처하여 있고 사회질서를 안정시킬 필요가 있었다. 그래서 사회제도를 수립하고, 생산관계를 개혁 변화시키며, 생존 경계에 머물러 있는 빈곤인구를 중점적으로 구제하는 것이 국가의 전략적 발전 수요에 부합한다. 개혁개방 이전에는 국가의 경제발전이 더디고 평균주의로는 중국의 정상적인 발전을 실현할 수가 없었다. 그래서 반드시 그러한 국면을 바꿔 경제건설을 중심으로 개혁개방을 실행하여 먼저 부유해진 사람이 가난한 사람을 부유의 길로 이끄는 점진적인 빈곤경감을 실현하는 것으로서 발전문제를 해결하는 것이 좋은 대책이었다. 1980년대에 들어서면서 "구제식 빈곤구제"의 폐단이 드러나기 시작하였다. 이에 따라 "지역개발식의 빈곤구제"를 통해 빈곤지역과 빈곤인구의 내적 발전 동력을 자극하는 것이 한 단계의 도약을 모색하는 관건이 되었다. 현재 중국 국가발전의 전략적 목표는 "두 가지 100년"을 위해 분투하는 것이다. 2020년에 이르러 즉 중국공산당 창당 100주년이 되는 해에 이르러 국내총생산과 도시·농촌 주민 1인당 소득을 2010년의 토대 위에서 2배로 늘리고, 14억 인구에게 혜택이 돌아가는 샤오캉사회(중등생활수준의 사회)를 전면적으로 실현한다는 것이며, 21세기 중엽에 이르러 즉 중화인민공화국 창건 100주년이 되는 해에 이르러 중국을 부강하고 민주적이며 문명되고 조화로우며 아름다운 사회주의 현대화 강국으로 건설하는 것이다. "두 가지 100년"을 위해 분투해야 하는 목표의 아래 빈곤퇴치 난관돌파전략을 실시하여 빈곤인구와 빈곤지역이 전국 인민과 함께 전면적인 샤오캉사회에 들어설 수 있도록 보장하고, 지역 간 발전격차와 사회의 빈부격차를 줄이는 것이 국가 발전전략 목표를 실현하는 필연적인 요구가 되었다. 빈곤구제 전략의 설계와 포지션은 국가의 총체적 발전전략과 유기적인 통일을 유지해야 하며, 빈곤구제전략을 실시하는 과정에서는 국가의 장기적 발전목표의 실현을 위해 힘을 이바지해야 한다.

넷째, 발전을 통해 빈곤문제를 해결해야 한다. 발전은 모든 문제를 해결하는 기반이자 관건이다. 빈곤문제는 발전과정에 중장기적으로 존재하는 사회문제로서 역시 반드시 발전과정에서 해결해야 한다. 사회경제 발전의 초기단계에서는 빈곤 발생률이 높고 관련 범위가 넓으며 사회적으로 빈곤이 보편적이었다. 그 시기에는 경제발전과 소득의 1차 분배를 통해 많은 빈곤인구가 혜택을 받을 수 있었으며 빈곤 발생률이 대폭 하락하였다. 그러나 경제와 사회가 끊임없이 발전함에 따라 경제발전이 가져다주는 복지가 갈수록 저소득층으로 자발적으로 흘러가지 못하는 상황이 되었다. 그 시기에는 정부 빈곤구제 정책의 개입이 필요하였고, 정부는 빈곤구제자원으로 저소득층을 겨냥하여, 빈곤인구의 복지상황을 꾸준히 개선하였다. 빈곤구제 사업의 본질은 정부가 빈곤인구의 발전능력에 개입하는 것이고, 정부가 빈곤층 인구를 대상으로 여러 가지 자원을 재분배하는 것이며, 또 정부가 사회발전 성과와 이익을 재분배하는 것이기도 하다. 사회발전은 빈곤문제를 해결하는 전제이자 기반이며 관건이다. 사회발전이 어떤 단계에 처하든지 빈곤문제를 해결하려면 반드시 사회의 전면적인 발전을 견지해야 한다. 그렇지 않으면 빈곤구제 사업은 원천이 없는 물이나 뿌리가 없는 나무 격이 되어 지속적이고 효과적으로 전개할 수 없다. 개발도상국은 반드시 발전과 빈곤구제, 효율과 공평 사이의 관계를 잘 처리하여 빠르고도 안정적인 발전을 실현하기 위해 노력해야 할 뿐만 아니라, 발전과정에서 소득분화와 빈부격차가 너무 커지는 현실적인 문제도 방지해야 하며, 발전과정에서 빈곤문제를 해결하는 것을 시종일관 견지해야 한다.

[참고 문헌]

[1] 유엔개발계획(UNDP). "2015년 밀레니엄개발목표 보고서", 유엔개발계획 공식사이트, 2015.

[2] 유엔개발계획. "중국의 밀레니엄개발목표 실시 보고서(2000~2015년)", 유엔개발계획 공식사이트, 2015.

[3] 예장(葉江). 「유엔 "밀레니엄개발목표"와 "지속가능 발전 목표"비교 추이」, 『상하이행정학원 학보』, 2016(6).

[4] 정신예(鄭新業). 「중국 빈곤퇴치가 갖는 세계적 의의」, 『21세기경제보도』, 2020-10-20.

[5] 황청웨이(黃承偉). 「마르크스주의 빈곤퇴치 이론에 대한 중국빈곤 경감이론의 새 발전을 위한 독창적인 기여 및 그 역사적· 세계적 의의」, 『시안(西安)교통대학학보(사회과학면)』, 2020, 40(1).

[6] 쥔원(君文). 「중국의 빈곤구제 경험이 국제 빈곤경감사업에 귀감이 되다.」, 『노동지들의 벗(老同志之友)』, 2019(22).

[7] 저우취안(周全)·둥잔펑(董戰峰)·우위한(吳語晗) 등. 「중국의 2030년 지속가능 발전 목표실현 행정에 대한 분석 및 대책」, 『중국환경관리』, 2019, 11(1).

[8] 위팡동(餘芳東). 「국제 빈곤선과 글로벌 빈곤현황」, 『세계조사연구』, 2016(5).

[9] 왕싼꿰이(汪三貴)·양잉(楊穎). 「세계 빈곤: 현황 및 해결방안」, 『과학적 정책결정』, 2003(11).

제8장

2020년 이후에도 중국은
빈곤구제가 필요한가?

제8장

2020년 이후에도 중국은 빈곤구제가 필요한가?

1. 빈곤에 대한 재인식

  빈곤구제의 정밀화, 빈곤퇴치의 정밀화 전략이라는 지도하에서 중국 빈곤퇴치 난관돌파사업은 세계가 주목할 만한 성과를 거두었다. 현재 중국은 현행의 기준에 따라 9,899만 명의 농촌 빈곤인구가 모두 빈곤에서 벗어났고, 832개 빈곤현(縣)이 모두 빈곤의 딱지를 떼어버렸으며, 12만8천 개의 빈곤촌(村)이 전부 빈곤의 대열에서 퇴출하였고, 지역 별 총체적 빈곤이 해결되었다. 중국은 역사적으로 절대적 빈곤 문제를 해결하여 유엔의 지속가능 발전목표의 첫 번째 목표인 "세계 각지에서 모든 형태의 빈곤을 퇴치한다"는 목표를 실현함으로써 개발도상 대국으로써의 국제 책임을 이행하여 전 세계 빈곤경감 목표의 실현에 뛰어난 기여를 하였다. 그러나 여기서 명확히 해야 할 것은 절대적 빈곤을 해소하였다고 하여 중국에서 빈곤문제가 완전히 해소되었음을 의미하지는 않는다는 것이다. 중국공산당 제19기 중앙위원회 제4차 전원회의(당의 19기 4중전회)는 "빈곤퇴치 난관돌파전을 꿋꿋이 치러 승리하고 빈곤퇴치 난관돌파의 성과를 공고히 다지며, '상대적 빈곤'을 해결하는 장기적인 메커니즘을 구축하자"는 목표와 임무를 제시하였다. 즉 중국의 빈곤퇴치 관리의 중점이 '상대적 빈곤'을 완화시키는 방향으로 바뀌게 된 것이다.

그렇다면 '상대적 빈곤'이란 무엇일까? '절대적 빈곤'에 대해 의·식·주·식수안전·기본교육·기본의료·문화오락 등을 포함한 인간의 기본 생존 욕구가 충족되지 못하는 것을 가리키는 것이라고 정의하였다. 그리고 '상대적 빈곤'에 대해서는 아직까지 공식적인 정의는 없다. 우리는 먼저 외국의 연구를 통해 이해해볼 수 있다. 외국에서 '상대적 빈곤'에 대해 정의를 내린 최초의 인물은 피터 타운센드(Peter Townsend)이다. 그는 "빈곤은 일종의 상대적 박탈"이라며 "사회자원의 부족과 권리의 상실이 빈곤을 초래한다"고 주장하였다. 또 "만약 개체와 가정 또는 특정 그룹이 자신이 생활하고 있는 사회습관에 따라 널리 수용되고 널리 권장되는 방식에 따라 생활할 수 없다면 '상대적 빈곤' 상태에 처해 있는 것"이라고 주장하였다. 마르크스는 제도적인 관점에 기반을 두고 자본주의제도가 노동자의 절대적 빈곤과 '상대적 빈곤'을 초래하였다고 주장하면서 "노동자의 절대적인 생활수준은 여전하지만 그의 상대적 임금과 상대적 사회적 지위, 즉 자본가와 비교하였을 때의 노동자의 지위는 오히려 하락한 것"[26]이라고 주장하였다. 중국 국내의 대부분 학자들은 '상대적 빈곤'은 기본 생존욕구가 충족된 후, 사회의 일반 수준과 비교하였을 때 낙후된 상태이며, 동시에 '상대적 빈곤'은 더 고차원적인 정신적 욕구에 대한 고려도 포함한 것으로 어떤 참조 계층과 대조하여 확정한 낙후된 상태와 소득이 저하된 상태라고 주장하였다. 비록 특정된 사회 생산방식과 생활

26) 마르크스·엥겔스, 『마르크스엥겔스문집(제3권)』, 베이징, 인민출판사, 2009, 67쪽.

방식 하에서 개인 또는 가정의 노동력에 의한 소득 또는 기타 합법적 소득에 의지하여 식량 보장을 유지할 수는 있지만 현지의 조건 하에서 기타 생활욕구가 충족된 것으로 인정받는 상태에 도달하지는 못할 수도 있다. 왕궈민(王國敏) 등은 '상대적 빈곤'에는 첫째로, 경제발전 수준의 향상으로 말미암아 빈곤선기준이 높아져 발생한 빈곤, 둘째로, 같은 시기, 서로 다른 지역, 서로 다른 계층, 각 계층 내부 구성원 간의 소득 격차로 인해 형성된 빈곤 등 이 두 가지 빈곤이 포함된다고 주장하였다. 장치(張琦) 등은 '상대적 빈곤'에는 다음과 같은 세 가지 기본 내용이 포함된다고 주장하였다. 즉 첫째로는 가정에서 생존 필수품 욕구는 충족시킬 수 있지만 사회적 욕구는 충족시킬 수 없고, 생활상태가 특정된 환경에서의 평균 수준보다 낮은 경우이고, 둘째로는 불공평한 대우를 받고 체제적으로 제외되어 사회참여의 기회를 박탈당하고 안전감과 발언권이 결여된 경우이며, 셋째로는 개인 또는 가정의 생계능력이 취약하여 사회 재생산을 효과적으로 진행하기 어려우며 위험의 충격을 쉽게 받을 수 있는 경우이다. 이로부터 '상대적 빈곤' 단계에서는 빈곤의 경제적 측면에 주목해야 할 뿐만 아니라 사회적 측면에 더욱 편중해야 하며, 점차 다차원으로 발전해야 한다는 것을 알 수 있다. '상대적 빈곤'은 사회적 비교를 통하여 발생하는 것으로서 경제수입과 사회구조 차원의 객관적 요소가 있을 뿐만 아니라 사회심리 차원의 주관적 인지 요소도 있다.

'상대적 빈곤'의 기본 내용에 대해 어느 정도 이해한 후에는 '상대적 빈곤' 기준의 확정에 대한 논술이 필요하다. '상대적 빈곤' 기준의 확정과 '상대적 빈곤' 인구의 식별은 '상대적 빈곤' 문제를 해결하는 논리적 출발점이다. 우선 외국의 '상대적 빈곤' 기준에 대해 분석해볼 수가 있다. 유엔개발계획(UNDP)이 영국 옥스퍼드대학 빈곤 및 인간개발센터와 공동으로 다차원 빈곤지수(multidimensional poverty index, MPI)를 개발하여 국제기구의 차원에서 '상대적 빈곤'의 측정을 위한 차원과 참고지표를 제공하였다. 상대적 빈곤선기준을 적용한 선진국들은 모두 경제발전 수준이 매우 높기 때문에 상대적 빈곤선은 또 "부유한 국가들이 빈곤 율을 확정하는 가장 효과적인 방법"으로 인식되기도 한다. 예를 들면 유럽연합(EU)은 2001년에 이미 1인당 가처분소득 중위수의 60%를 상대적 빈곤선으로 정의하였는데 그 기준은 평균소득의 대략 50%에 해당한다. 왕샤오린(王小林)은 중국의 다차원 상대적 빈곤선기준은 소득·취업 등 '가난(貧)'을 반영하는 경제차원과 교육·건강·사회보장·정보획득 등 '괴로움(困)'을 반영하는 사회발전 차원 및 생태환경 차원의 관련 지표를 포함하고 있다고 주장하였다. 예싱칭(葉興慶) 등은 중위 소득 비례법에 따라 상대적 빈곤선을 제정하고 도시와 농촌의 빈곤구제 목표와 관리 메커니즘을 통일시켜야 한다고 주장하였다. 싱청쥐(刑成擧)는 상주 농가나 도시 상주인구 중위 소득의 40%를 2020년 이후의 상대적 빈곤선기준으로 삼을 것을 건의하였다. 2020년 이전에 우리는 절대적 빈곤으로 빈곤에 대해 정의하였는데 보통 가장 기본적인 생계를 충족시킬 수 있는 소득 기준으로 가늠하여 소득이 그 기준보다 낮을 경우 빈곤인구로 간주하였다. 그런데 절대적 빈곤의 퇴치와 전면적 샤오캉사회 목표의 실현과 더불어 빈곤기준에 대한 일정한 조정이 필요하였다. '포스트 2020'의 빈곤기준을 확정함에 있어서 기본생계 욕구 또는 최저생계 욕구가 충족된 후 더 풍요로운 생활에 대한 추구로 빈곤기준을 확정할 수 있으며, 사회적으로 공인하는 기본 욕구수준을 과학적이고 합리적으로 확정하고 그것을 그에 상응한 가치의 양으로 전환하며, 그리고 경제사회발전과 생활수준의 향상에 근거하여 사람들의 더 높은 욕구를 충족시키는 빈곤선기준을 채용할 수 있다.

구체적인 상대적 빈곤선기준의 제정에 대한 탐색으로부터 볼 때 대다수 개발도상국은 일반적으로 인간의 기본 욕구기준을 채용한다. 세계 각국과 지역의 경제발전수준과 사회제도 및 정부의 정책결정이 천차만별이지만 모두 상응하는 빈곤선기준 또는 사회구제기준을 확정하였다. 개발도상국은 기본상 모두 인간의 기본 욕구의 충족을 빈곤선기준을 제정하는 의거로 삼으며, 유럽연합 등 소수 국가 또는 지역에서는 상대적 빈곤선기준을 사용하고 있다. 대다수의 개발도상국은 가정 내 식품·주택·의복·교육·의료 등 방면에서 인간의 기본 욕구를 충족시키는 생활수준 기준치로 자국의 빈곤선기준을 확정하고 빈곤인구의 규모를 추산한다. 오직 유럽연합(가정의 가처분소득이 평균 수준의 60%이하)과 오스트레일리아(가정의 가처분소득이 평균 소득 중위수의 절반 이하) 등 소수 국가나 지역에서만 상대적 빈곤선기준으로 자국의 빈곤선기준을 확정하고 빈곤인구의 규모를 추산한다. 이는 구제대상의 범위가 넓고 사회보장제도가 상대적으로 건전한 것과 관련이 있다. 세계은행도 15개 빈곤국가의 빈곤선기준의 단순 평균치를 근거로 빈곤선의 국제기준을 정하고 있는데 이는 국제적으로 비교하기가 편리하다. 개발도상국으로서 중국은 상대적 빈곤선기준의 제정에서 자국의 경제발전 수준과 사회적 수용 가능성의 기본 수요에 부합되어야 하고, 개발도상국의 원칙과 방법에 따라 확정해야 하며, 분류별 시책의 방법으로 각기 다른 유형의 가정에 대해 상응하는 기준을 제정해야 하고, 농촌과 도시 및 지역 생활비용의 격차를 적절하게 반영해야 한다.

지역 간의 발전차이를 고려하여「중국 농촌 빈곤구제 개발요강(2011—2020년)」에서는 각 성(자치구, 직할시)이 현지 실정에 근거하여 국가 빈곤구제선 기준보다 높은 지역 빈곤구제선 기준을 제정할 수 있다고 제기하면서 중국은 각 지방별로 각자 특색이 있는 지역 빈곤구제 개발전략을 실시하였다. 일반적으로 지방 빈곤구제선 기준은 현지 농민 1인당 소득의 30%~50% 범위 내에서 종합적으로 고려하여 확정할 수 있다. 전국 10여 개 성에서 국가기준보다 높은 지방기준을 제정하였는데 일반적으로 4,000위안 좌우이고 최고로 6,000위안을 초과하지 않았다. 2012년 저장성(浙江省)에서 성 빈곤선기준을 4,600위안으로 정하였는데, 이는 그때 당시 전국 빈곤구제선 기준의 2배이다. 2017년에 저장성 민정청, 성 농업판공실, 성 빈곤구제판공실이 공동으로「저소득 농가 인정 기준, 인정 메커니즘 및 동적 관리방법」을 제정하여 '상대적 빈곤' 구제대상을 최저생계 보장대상, 최저생계 보장경계선대상, 4,600위안 저소득 농가 공고화 지원대상(만약 공고화 지원조치가 없을 경우 연평균 수입이 4,600위안 이하로 떨어질 가능성이 높은 농가를 가리킴) 세 부류로 확정하였으며, 그중 앞의 두 부류를 주체로 한다고 명확히 규정하였다. 2015년 말 장쑤성 (江蘇省)이 "2020년에 이르러 빈곤인구 1인당 소득 4,000위안 이상 달성"이라는 전국 빈곤구제 목표를 앞당겨 실현한 후, 2020년 전국 샤오캉 농민 1인당 소득 20,000위안이라는 목표치에 따라 6,000위안의 빈곤선기준을 확정하였다. 이 기준에 따르면 장쑤성의 '상대적 빈곤' 지원대상은 전 성 농촌의 6%정도의 저소득층 인구, 6%정도의 경제 취약 촌, 쑤베이(蘇北, 장쑤성 북부지역) 6개 중점 밀집지역과 황차오 (黃橋)·마오산(茅山) 원 혁명근거지이며 농촌 저소득층 인구 300만 명을 포함하고 있다. 이밖에 또 다른 성들에서도 구역별로 국가기준보다 높은 동적 빈곤구제 기준을 설정하였다. 예를 들면 광동성(廣東省)은 2012년 전 성 농민 1인당 연평균 순소득의 33%의 기준에 따라 2013~2015년 농촌 빈곤구제기준을 확정하였고, 2016~2020년은 2015년을 기점으로 하여 당해의 경제사회발전 상황과 상대적 빈곤인구 규모를 근거로 빈곤구제 기준을 확정하였다.

이상의 내용을 종합해보면, 상대적 빈곤선기준을 확정할 때에는 당면한 사회 주요 모순의 변화와 결부시키고, 도시와 농촌의 격차, 지역 간의 격차를 고려해야만 한다. 19차 당 대회 보고에서는 국민의 날로 늘어나는 풍요로운 생활에 대한 수요와 불균형적이고 불충분한 발전 간의 모순은 이미 중국사회의 주요 모순으로 부상하였다고 지적하였다. 국민의 날로 늘어나는 풍요로운 생활에 대한 수요에는 인류의 기본 생존욕구를 충족시키는 물질적인 욕구가 포함될 뿐만 아니라, 또 사회 안전·사회보장·사회공정 등 사회적인 욕구 그리고 존중 받는 것에 대한 욕구와 자아가치 실현 등 심리적인 욕구도 포함된다. 상대적 빈곤선기준은 빈곤인구의 비교적 높은 차원의 발전수요를 충분히 고려해야 하며, "두 가지 걱정 덜기, 세 가지 보장"의 토대 위에서 생산과 생활을 반영하는 다차원적인 지표를 포함시켜 절대소득 수준에서 비교적 큰 폭으로 향상시켜야 한다. 또 도시와 농촌 간 발전의 불균형, 지역 간 발전의 불균형, 효과적 공급의 불충분 등이 이미 국민의 날로 늘어나는 풍요로운 생활에 대한 욕구를 충족시키는 것을 제약하는 주요 요소가 되었다. 빈곤선기준을 제정함에 있어서 도시와 농촌의 격차, 지역 간 격차 문제를 고려하여 빈곤선기준이 중국의 국정에 부합되도록 하며, 또 소득 분배의 격차를 줄이고, 사회의 불공평 정도를 완화하는데 도움이 되도록 해야 한다. 지역 간 발전 격차의 각도에서 볼 때, '상대적 빈곤' 관리는 계층별·지역별로 빈곤기준을 제정하는 방법을 통해 각 지역이 사회경제 발전수준과 일치하는 '상대적 빈곤' 관리 모델을 형성하도록 추진할 수 있다.

2. '상대적 빈곤'의 정의 하에서 볼 때, 빈곤은 영원한 주제이다

'상대적 빈곤' 단계에서 반드시 주의하여 해결해야 할 문제는 주로 상대적 빈곤 인구의 식별과 모니터링이다. 상대적 빈곤 인구의 식별과 모니터링 방면에서, 이미 빈곤에서 벗어난 인구 중에서 빈곤으로 되돌아가기 쉬운 계층과 경계에 처한 계층은 상대적 빈곤 인구 식별의 중점 대상이다. 이 부분 인구의 빈곤 발생 위험은 매우 크다. 절대적 빈곤단계에 처하였던 빈곤퇴치인구는 돌발적 자연재해나 중대한 사고로 인해 다시 빈곤으로 되돌아갈 수 있다. 약한 노동력이거나 노동력이 없는 빈곤퇴치 인구에 대해서는 비록 정부의 이전성 수입 또는 소량의 이익배당금으로 절대적 빈곤을 해결하였지만, 생계의 지속가능성이 취약하고 고정된 수입원이 없어 빈곤으로 되돌아갈 수가 있다. 빈곤퇴치 난관돌파 시기에 지원 대상에 포함되지 못한 경계인구의 경우, 등록된 빈곤인구와 별로 큰 차이가 없지만 정책의 경직성으로 인해 등록된 빈곤인구에서 배제되었는데 '상대적 빈곤' 해결단계에서는 이 부분의 인구도 마찬가지로 관심을 받아야 한다.

절대적 빈곤과 비교하였을 때 '상대적 빈곤'은 인구의 기본량이 크고 빈곤의 범위가 넓으며 빈곤발생의 위험이 크다는 등의 특징을 가지고 있으며, 또 지속적인 소득증대의 어려움, 다차원적 빈곤, 내적 원동력 부족, 체제와 메커니즘의 장애 등 난제에 직면하여 있다. 절대적 빈곤은 빈곤인구가 기본생계의 욕구를 충족시킬 수 없는 상태인 반면에 '상대적 빈곤'은 주로 소득 불평등과 분배의 불균형으로 인하여 초래된 일종의 상대적 부족상태이다. 절대적 빈곤에서 '상대적 빈곤'에 이르기까지 그 빈곤의 주체·공간·형태 등이 바뀌지만, '상대적 빈곤' 단계에서도 여전히 해결해야 할 빈곤 발생 요소들이 많다. 2020년 이전의 절대적 빈곤이란 물질적 부족, 생존을 유지하는 데 필요한 의식주 등 생활필수품의 부족을 가리키며, 단순 재생산을 진행할 수 없고 생명의 연장에 직접적인 위협이 되는 것을 가리킨다. '상대적 빈곤'은 주로 빈곤하지 않은 사회 구성원의 생활수준과의 비교를 통해 생기는 사회적 불평등·불공평 국면이며, 사회 전반의 소득·공공서비스·사회보장 등 면에서의 분배 차이를 반영한다. 절대적 빈곤단계에서는 소득과 기본생계의 빈곤에 중점적으로 주목하고, '상대적 빈곤' 단계에서는 소득격차에 주목하는 것 외에도 다차원적 빈곤에 주목해야 하며, 소득·교육·의료·주택·식량 및 개인보호 관리 등 여러 가지 지표를 포함한 다차원적 빈곤의 측정기준을 제정해야 한다. 절대적 빈곤단계와 비교할 때 '상대적 빈곤'의 주체는 단일 계층에서 다차원적 계층으로 바뀐다. 절대적 빈곤퇴치 단계에서 빈곤퇴치의 주체는 주로 광범위한 농민층이었다. 특히 14곳의 극빈 밀집지역의 농민이었는데, 그들은 자연조건과 환경 등 요소의 제한으로 수입원이 단일하고 발전이 뒤처진 상황이다. '상대적 빈곤' 단계에서는 빈곤선의 기준이 절대적 빈곤 단계의 기준보다 높아지게 되고, 빈곤선 기준도 더욱 다양해지게 되며, 빈곤인구의 기본량도 확대되고, 빈곤인구의 유형도 더욱 다원화된다. 빈곤 경계에 처한 가구와 저소득층의 보장수준이 취약한 도시와 농촌의 유동인구가 '상대적 빈곤' 중점 관심대상으로 전환될 수 있다. 빈곤의 경계에 처한 가구의 경우, 14곳의 극빈 밀집지역과 592개 국가 빈곤구제 개발 중점 현에서 절대적 빈곤과 '상대적 빈곤' 발생률이 비교적 높은 상황이다. 그런데 빈곤가구를 식별할 때 설정된 빈곤선기준에 따라 빈곤가구와 비(非)빈곤가구를 엄격하게 구분하였기 때문에, 양자의 소득격차와 생활수준의 차이가 크지 않음에도 불구하고 이 부분의 비(非)빈곤가구 중의 경계에 처한 가구는 빈곤구제 정밀화 정책의 혜택을 누릴 수 없었고, 심지어 빈곤가구의 처지가 역전될 수 있어 심리적 불균형과 상대적 박탈감을 느끼게 되었다. 또 빈곤의 경계에 있는 가구는 극도로 취약한 발전능력으로 인해 자연재해나 교육 미비, 질병 등의 원인으로 빈곤에 빠질 수 있다. 도시와 농촌의 유동인구에서 볼 때, 2019년 외지로 돈을 벌러나간 농민공(農民工, 농민 출신으로, 자신이 살던 지역을 떠나 도시에 진출하여 노무에 종사하는 사람을 이르는 말—역자 주)의 월수입은 4,427위안이었고, 현지에서 일하는 농민공의 월수입은 3,500위안이었다. 농민공의 평균 임금이 현 단계의 빈곤기준을 훨씬 웃돌고 있지만, 그들은 질병·교육비 등으로 빈곤에 이르기 쉬우며, 동시에 사회 융합의 어려움과 권리적인 부분에서의 빈곤 등 문제에도 직면하게 된다.

절대적 빈곤단계에 비해 '상대적 빈곤' 인구의 분포 공간은 농촌에 집중되어 있던 데서 도시와 농촌으로 분산되었다. 절대적 빈곤단계에서 빈곤지역은 노소변궁(老少邊窮, 원 혁명근거지, 소수민족지역, 국경지역, 빈곤지역을 통틀어 이르는 말—역자 주)지역에 주로 집중되어 뚜렷한 지연적 특징을 띠었다. 이들 지역은 주로 자원과 환경의 제약을 받고 있고 중서부의 산간지대와 고원지역에 분포되어 있으며 자연조건이 열악하다. '상대적 빈곤' 단계에 들어선 뒤 농촌의 빈곤퇴치 불안정 가구와 빈곤 경계에 있는 가구 외에도 도시의 빈곤인구도 대폭 증가되어 분포 현상이 산재해 있는 양상을 보였다. 2015년에 중국 도시와 진(鎭, 한국의 읍에 해당함—역자 주)의 '상대적 빈곤' 발생률은 11.8%였지만, 농민공의 '상대적 빈곤' 발생률은 26.3%에나 달하였다. 이는 농민공이 미래의 '상대적 빈곤'의 중점계층이 될 것임을 표명한다. 그렇기 때문에 '상대적 빈곤' 단계에서는 빈곤인구가 도시와 농촌에 공존하며 집중적 분포와 산재적 분포가 서로 결합한 상태로 나타난다.

절대적 빈곤 단계와 비교하면 '상대적 빈곤' 단계는 다차원적인 빈곤상태로 나타난다. 절대적 빈곤문제를 해결하는 단계에서는 물질적 빈곤이 위주인데, 절대적 빈곤의 판단 기준은 수입을 위주로 하고 다차원의 기준을 보조수단으로 한다. 2020년 후 중국은 농촌 빈곤인구의 물질적 빈곤을 해결하였으며, 기타 방면에서 빈곤인구의 취약한 부분을 해결하는데 힘쓰고 있다. 농촌 빈곤인구에 대해서는 주로 발전적 빈곤과 정신적 빈곤을 해결해야 한다. 도시 빈곤인구에 대해서는, 특히 도시에 진출한 농민공과 도시 저소득층, '3무 인구층'(생계원이 없고, 노동능력이 없으며, 법정부양의무자가 없거나 또는 법정의무자가 노동능력을 상실하여 부양 능력이 없는 공민—역자 주)의 경우 교육·건강·주택·도시생활 융합 등의 문제가 더 심각하다. 만약 2020년 이전에 물질적 빈곤이 중국 빈곤의 주요 내용이었다면, 2020년 이후에는 건강적 빈곤, 사회적 빈곤, 정신적 빈곤이 '상대적 빈곤'을 해결하는 중점이 되었다. 그러므로 절대적 빈곤에서 '상대적 빈곤'으로의 전환은 빈곤의 다차원으로의 전환을 의미하며 생존으로부터 발전으로의 전환을 의미한다.

개혁개방 이래 농촌지역의 불평등 정도가 더 커졌다. 신 중국 창건 초기, 국가는 소유제 개조, 토지제도개혁 등의 조치를 통해 빈부격차나 양극분화의 경제적 근원을 철저히 차단하여 공업과 농업 간, 도시와 농촌 간, 육체노동과 정신노동 간의 3대 차별을 소멸시킬 수 있는 상대적으로 평면화한 제도적 토대를 마련하였다. 이 시기에는 전반 사회의 상대적 평면화로 인해 전체 경제의 차이가 뚜렷하지 않았고, 빈부격차, 계층분화, 상대적 박탈감이 강하게 드러나지 않아 '상대적 빈곤' 문제가 겉으로 그리 뚜렷하게 드러나지 않았다. 개혁개방 이후 시장화경제개혁의 추진과 체제개혁으로 인한 소득분배의 다원화에 따라 농촌의 불평등 정도가 점차 커졌다. 소득분배 격차의 정도를 보면 농촌의 지니계수가 1978년의 0.21에서 2011년의 0.39로 0.18 높아졌다. 그룹별 농촌 주민가구 1인당 소득 증가 상황으로 볼 때, 2000년부터 2013년까지 저소득층 가구, 중등하위 소득층 가구, 중등소득층 가구, 중등상위 소득층 가구, 고소득층 가구의 1인당 소득 증가율은 각각 9.57%, 11%, 11.28%, 11.57%, 11.52%였다. 이로부터 저소득층 가구와 기타 그룹별 가구 간의 소득격차가 갈수록 뚜렷해지고 있어 농촌주민의 소득격차가 점차 벌어지고 농촌지역의 '상대적 빈곤' 현상이 점차 뚜렷해지고 있음을 볼 수 있다.

'상대적 빈곤'은 객관적인 물질적 차원에서 구현될 뿐만 아니라 주관적인 정신적 차원에서도 구현된다. 사회심리학에서 빈곤 심리는 기억되고 유전되는 정신적 유전자를 가지고 있다고 본다. 빈곤상태에 장기간 처해 있던 사람은 가난한 심리상태와 빈곤습관을 더 쉽게 갖게 된다. 개체심리의 차원에서 빈곤에 대한 인식과 사회심리의 차원에서 빈곤에 대한 인식은 서로 겉과 속처럼 이원화 되어 있다라 할 수 있다. "가난한 자의 심리상태"는 중국 전통문화 중의 "안빈낙도(安貧樂道, 가난한 생활을 하면서도 편안한 마음으로 도를 즐겨 지킴.)" "불환과이환불균"(不患寡而患不均, 적음을 근심하는 것이 아니라 고르지 못함을 걱정함) 등 빈곤에 대한 관념에서 기원하였을 뿐만 아니라, 중국사회주의 초급단계라는 '영역'에서 직접 돈과 물건을 나누어주고 정책적 혜택을 주는 절대적 빈곤 관리방식에서 기원하였다. 사회심리 차원에서의 '상대적 빈곤'은 보통 상대적 빈곤층의 상대적 박탈감으로 표현된다. 예를 들어 빈곤구제 정밀화에서 특혜성 정책의 실시로 특수 계층이 효과적인 지원을 받을 수 있지만 정책의 특혜를 받지 못한 계층은 상대적 박탈감을 느낄 수 있다. 사회심리 차원에서의 '상대적 빈곤'에 대한 인식은 빈곤구제 정책에 대한 농민의 만족도와 인정 도를 떨어뜨릴 수 있을 뿐만 아니라 "빈곤가구 되기 경쟁", "빈곤의 대물림", "문화적 빈곤" 등의 불량현상을 초래할 수도 있다.

3. '상대적 빈곤'은 완화할 수만 있을 뿐 퇴치할 수는 없다

현재 현행 기준 하에서 농촌 빈곤인구의 빈곤퇴치를 실현하였고, 빈곤현이 전부 빈곤의 딱지를 떼어버렸으며, 지역적 전체 빈곤을 해결하였다. 중국 농촌의 절대 소득성 빈곤과 기본생계성 빈곤은 통계에서 사라졌다. 그러나 절대적 빈곤의 퇴치가 중국 농촌 빈곤의 종말을 의미하는 것은 아니다.

이론적으로 볼 때 '상대적 빈곤' 문제는 계층분화로 인해 존재할 것이며 그것도 장기간 존재할 수 있다. 인류사회의 분화가 사라지지 않는 한 빈곤은 사라지기 어렵다. 사회 분화와 계층 분화가 사라지기 매우 어렵기 때문에 빈곤문제도 사라지기가 매우 어려운 것이다. 이 또한 서양의 선진국들에서도 빈곤인구가 여전히 존재하는 이유이다. 다만 빈곤비례가 일정한 범위 내로 통제되고 있을 뿐이다. 절대적 빈곤의 퇴치, 지역적 전체 빈곤의 해결이 빈곤의 소멸을 의미하지는 않는다. 지역발전이 불균형적이기 때문에 '상대적 빈곤' 인구는 여전히 장기적으로 존재하게 될 것이다. 절대적 빈곤은 특정한 역사시기, 특정한 지역, 특정한 인구계층에 존재하는데 기준이 객관성을 띠고 물질의 부족으로 집중 표현되며, 절대적 빈곤은 경제발전과 일정한 빈곤구제 사업을 통해 해소될 수 있다. '상대적 빈곤'은 인류사회의 모든 발전단계에 존재한다. 계급과 재부가 존재하는 한 절대적 평균과 공평은 없으며 따라서 불평등과 불균형 현상이 나타나게 된다. '상대적 빈곤'은 기준으로 보면 계층 사이의 '비교성'으로 표현되고 실질적으로는 일정한 사회구조성으로 구현되며, 정치경제 활동 속에서 꾸준히 해체와 재구성을 반복한다. 나라별 사회경제 정책이 각기 다르기에 '상대적 빈곤' 정도도 각기 다르다.

　'상대적 빈곤'은 그 위험성과 불확정성 때문에 해소될 수가 없다. 첫째, '상대적 빈곤'이 어느 정도로 악화되면 '상대적 빈곤' 인구의 인적자본 투자의 부족과 시장 소비능력의 부족을 초래하게 되며, 나아가 인적자원 공급과 시장의 수요 두 가지 방면으로부터 사회경제 발전에 영향을 주게 된다. 둘째, '상대적 빈곤'은 '상대적 빈곤' 인구에 의해 인식차원의 상대적 박탈감으로 느껴질 수 있고, 공평과 정의를 추구하는 사회 구성원들에 의해 사회 불공평으로 간주될 수 있으며, 나아가 사회적 불만의 근원이 되어 사회 모순과 마찰을 유발하는 위험요소가 될 수 있다. 셋째, 절대적 빈곤을 이제 막 퇴치한 한 시기 동안에는 '상대적 빈곤'에 '절대적 빈곤'의 씨앗이 포함되어 있어 상당수의 '상대적 빈곤' 인구가 여전히 취약하며, 시장의 변화, 자연재해, 질병 등으로 인해 다시 절대적 빈곤에 빠져들 수 있는 위험에 직면하게 된다.

'상대적 빈곤'은 장기성을 띤다. '상대적 빈곤'은 사회의 중위소득 또는 평균소득의 어떤 비율을 평가기준으로 삼기에 계층별 소득이 절대적인 균형을 이룰 수 없기 때문에 '상대적 빈곤'은 장기적으로 존재하게 된다. '상대적 빈곤'의 발생을 거슬러 올라가보면 잉여생산물이 생겨난 이후부터 '상대적 빈곤'은 줄곧 보편적으로 존재하여 왔음을 발견할 수 있다. 역사적으로 볼 때 '상대적 빈곤'은 생산력 발전과정에서 자원의 최적화 배치에 따른 필연적인 결과이다. 중국이 여전히 사회주의 초급단계에 처해있고 또 앞으로도 장기간 사회주의 초급단계에 처해 있을 것이라는 기본 국정에 변함이 없으며, '상대적 빈곤'도 장기적으로 존재할 것이다.

'상대적 빈곤'은 서로 다른 계층 간의 주관적 비교를 통해 생겨나는 것으로서 비교가 존재하는 한 '상대적 빈곤'은 사라지지 않을 것이다. '상대적 빈곤'의 여러 차원의 비교는 물질적·사회적·정서적·상대적 부족을 포함한다. 그중에서 가처분소득은 '상대적 빈곤'을 판단하는 중요한 기준이다. 선진국에서는 보통 1인당 가처분소득 중위수의

50%, 60%(대체로 평균소득의 40%, 50%에 해당함)를 상대적 빈곤선의 설정기준으로 삼고 있다. '상대적 빈곤'은 어느 정도에서 사회적 심리문제로 볼 수 있다. 상대적 빈곤층의 호소 메커니즘, 사회적 공감대가 표현하는 가치취향은 '상대적 빈곤'의 기준을 결정할 뿐만 아니라 공공관리 정책의 방향과 강도를 결정한다.

'상대적 빈곤'은 다차원적이다. '상대적 빈곤'은 교육을 받을 수 있는 능력, 정치적 권리를 누릴 수 있는 능력, 사회 공동체 생활에 참여할 수 있는 능력 등의 결여로 이해할 수 있다. 빈곤 주체능력의 부족을 초래하는 주요 요소에는 자원부족(빈곤층이 지배할 수 있는 자원은 그 참조 계층보다 엄청나게 적은 수준임), 사회적 배척(빈곤층은 사회적으로 인정받는 생활 패턴과 관습 및 활동에서 제외됨), 상대적 박탈(빈곤층은 존엄 있는 생활조건과 편의시설 및 시장진입, 교육과 건강 획득 등 경제적, 사회적 권리를 얻을 수 없음) 등이 있다. 따라서 '상대적 빈곤'의 주체와 특징은 다차원 성을 띠는 것이다.

'상대적 빈곤'의 비교성과 다차원성은 '상대적 빈곤'퇴치의 장기성을 결정한다. 자원 우세로부터 보면 이용 가능한 자연자원이 지리적 지역분포에서 차별화되어 있을 뿐만 아니라 선천적인 부족함으로 인해 지역 간의 불균형과 계층 간의 상대적 격차가 생긴다. 경제적 기회의 측면에서 볼 때 각기 다른 사회 네트워크, 각기 다른 분업 네트워크에 처한 개체나 그룹은 네트워크 위치, 네트워크 분할, 사회적 고착화 및 전도 메커니즘의 차이로 인해 얻게 되는 기회가 필연적으로 불평등하게 되므로 내적 경제 권리와 생활 질의 상대적 격차가 생긴다.

개인의 능력으로 볼 때 한 사람의 행위능력에는 의·식·주·행(衣食住行) 획득 및 사회 참여 등 다양한 기능성 활동을 보유할 수 있는 능력이 포함된다. 그러나 개인의 능력이 각기 다름으로 인해 자원의 획득, 기회의 획득, 권리의 행사 등 방면에서 차이가 나타나게 되며, 나아가 소득빈곤에서 벗어나 삶의 질을 개선하는 방면에서 충분한 선택공간이 주어지지 않게 된다. 자원우세, 기회, 능력의 차이는 '상대적 빈곤' 완화의 어려움을 결정할 뿐만 아니라, 시장 경쟁 메커니즘과 우열승패로 인해 장기성과 역사성을 갖추게 됨을 결정한다.

도시와 농촌 간 격차 및 지역 간 격차에 따른 발전 불균형문제도 '상대적 빈곤'의 완화를 제약하고 있다. 중국의 도시와 농촌 이원화의 발전구도 및 도시와 농촌 인구유동의 특징으로 말미암아 '상대적 빈곤'은 도시와 농촌에서 동시에 존재할 것일 뿐만 아니라 차별화 및 유동성의 특징을 띠게 될 것임이 결정되었다. 예를 들면 유동인구 중의 농민공 계층에는 빈곤의 대물림문제가 존재한다. 이는 '상대적 빈곤' 퇴치의 관리에서 빈곤인구 식별, 기준 제정 및 개입정책의 설계 면에서 모두 거대한 도전에 직면하게 된다. 이밖에 지리환경, 자원우세 및 사회문화 등 여러 가지 요소로 인한 지역경제 발전의 불균형 현상은 '상대적 빈곤'의 식별과 관리에 대해서도 더욱 높은 요구를 제기하였다. 그중 동서부의 격차, 연해지역과 내륙지역의 격차로 인해 '상대적 빈곤' 관리의 어려움이 더 커졌다.

절대적 빈곤에 비해 '상대적 빈곤'의 발생 원인은 더욱 복잡하다. 빈곤은 소득 외에 또 주택·교육·의료·사회보장·사회융합 등 일련의 요소도 포함하고 있다. 만약 단일하게 경제적 측면에서만 빈곤층을 돕는다면 '상대적 빈곤' 문제를 철저히 해결할 수 없다. 2013년부터 실시하기 시작한 빈곤구제 정밀화 정책의 목적은 절대적 빈곤인구의 소득 부족으로 인한 기본 생계의 어려움 문제를 해결하여 "두 가지 걱정 덜기, 세 가지 보장"을 실현하는 것이다. 그래서 절대적 빈곤 단계에서는 주로 외부 경제물품과 사회적 구조를 제공하는 것을 통해 삶의 질을 개선한다. '상대적 빈곤' 단계로 접어들면 문제의 복잡성이 드러난다. '상대적 빈곤'층이 사회적 곤경에 처하여 있고 인프라, 공공서비스, 사회보장의 결여 그리고 발언권의 부재, 사회적 배척감 등 사회적 차원의 상대적 박탈감이 가져다주는 "심리적 충격" 때문에 새로운 라운드의 빈곤경감사업이 더욱 어려워졌다. 그래서 '상대적 빈곤' 완화 단계에 들어선 후 단지 물질적 지원만으로는 진정으로 빈곤에서 벗어날 수는 없다. 근원을 따져보면 '상대적 빈곤'은 발전과 분배의 불균형으로 조성된 것으로서 절대적 빈곤문제에서 '상대적 빈곤'문제로의 전환은 바로 사회의 주요 모순 전환의 축소판인 것이다.

참고 문헌

[1] TOWNSEND P. "Measuring poverty", British journal of sociology, 1954, 5 (2).

[2] 마르크스·엥겔스. 『마르크스엥겔스전집: 제46권』: 상권. 베이징, 인민출판사, 1979.

[3] 마르크스·엥겔스. 『마르크스엥겔스문집: 제3권』, 베이징, 인민출판사, 2009.

[4] 왕궈민(王國敏), 허리충(何莉瓊), 「우리나라 '상대적 빈곤'의 식별기준과 협동관리」, 『신장(新疆)사범대학학보(철학사회과학면)』, 2020(3).

[5] 장치(張琦)·양밍위(楊銘宇)·쿵메이(孔梅), 「2020년 후 상대적 빈곤층 발생 메커니즘에 대한 탐색과 사고」, 『신시야(新視野)』, 2020(2).

[6] 펑이린(馮怡琳), 「중국 도시의 다차원 빈곤상황과 영향 요소에 대한 연구」, 『세계조사연구』, 2019(4).

[7] 왕샤오린(王小林), 「빈곤의 측정: 이론과 방법」, 『경제학동향』, 2016(12).

[8] 예싱칭(葉興慶)·인하오둥(殷浩棟), 「절대적 빈곤퇴치에서 '상대적 빈곤' 완화에 이르기까지: 중국 빈곤경감 역사와 2020년 이후의 빈곤경감 전략」, 『개혁』, 2019(12).

[9] 왕사오광(王紹光), 「방향을 고수하고 길을 탐색하다. 중국사회주의 실천 60년」, 『중국사회과학』, 2009(5).

[10] 샹더핑(向德平), 샹카이(向凱), 「다원과 발전: '상대적 빈곤'의 내용 및 관리」, 『화중(華中)과학기술대학학보(사회과학면)』, 2020, 34(2).

[11] 탕핑(唐平), 「농촌 주민 소득격차의 변동 및 그 영향 요소에 대한 분석」, 『관리세계』, 2006(5).

[12] 왕싼꿰이(汪三貴)·류밍웨(劉明月), 「절대적 빈곤에서 '상대적 빈곤'에 이르기까지: 이론관계와 전략적 전환 및 정책 중점」, 『화남(華南)사범대학 학보(사회과학면)』, 2020(6).

제9장

'상대적 빈곤'의 완화:
더욱 평등한 사회의 건설

제9장
'상대적 빈곤'의 완화:
더욱 평등한 사회의 건설

1. '상대적 빈곤'의 실질은 격차문제이다

2020년은 빈곤퇴치 난관돌파사업을 마무리하는 해로서 중국은 이미 현행 기준 하의 절대적 빈곤을 철저히 퇴치하였다. 그러나 절대적 빈곤의 퇴치가 완전한 빈곤퇴치를 의미하지는 않으며, 또 국가 빈곤구제 임무의 종결을 의미하지도 않는다. 단지 절대적 빈곤을 해결하던 것에서 '상대적 빈곤'을 완화하는 방향으로 전환하였을 뿐이다. 개혁개방 이후 중국은 줄곧 절대적 빈곤을 해결하는 것을 기준으로 빈곤구제 사업을 지도하여 왔으며, 오로지 빈곤층의 소득증대와 기본 생계문제, 빈곤 발생률 감소시키는 문제 등만을 중점적으로 중시해 왔다. 그렇기 때문에 '상대적 빈곤'이 현재 우리에게 있어서는 비교적 새로운 개념이다.

왜 '상대적 빈곤'에 대해 이해해야만 하는 것을 제기해야 하는가? 이 질문에 대답하기 위해서는 우선 '상대적 빈곤'이 제기된 근본적 전제부터 알아봐야 한다. 현재 중국사회의 주요 모순은 풍요로운 생활에 대한 인민들의 날로 늘어나는 요구와 불균형적이고 불충분한 발전 간의 모순으로 바뀌었고, 불균형과 불충분이 이미 중국의 경제발전을 제약하는 주요 요소로 되었으며, '상대적 빈곤' 문제도 결국은 불균형과 불충분의 문제이기 때문이다. 따라서 '상대적 빈곤'을 제기한 근본적인 전제는 바로 중국사회 주요 모순의 변화라고 할 수 있다.

'상대적 빈곤'의 실제는 무엇인가? '상대적 빈곤'이 제기된 근본 전제로부터 알 수 있다시피 '상대적 빈곤'이 해결해야 할 문제는 불충분이라는 문제만이 아니라 불균형이라는 문제도 있다. 다시 말하면 발전의 불균형이 초래한 소득분배의 격차, 도시와 농촌의 격차 및 지역간의 격차 문제를 해결해야 한다는 말이다. 발전의 격차와 '상대적 빈곤'은 천연적인 연계가 있다. 격차가 존재하기만 하면 '상대적 빈곤'이 존재하게 되기 때문이다. 즉 '상대적 빈곤'의 실질은 격차문제라고 할 수 있는 것이다.

왜 '상대적 빈곤'의 실제가 격차문제라고 하는 것일까? 이 질문에 대답하려면 무엇보다 먼저 왜 격차가 존재하면 '상대적 빈곤'이 존재하는지에 대해 알아야 한다. 첫째는 도시와 농촌 간의 격차이다. 현단계에서 중국의 도시와 농촌 간의 발전 격차는 비록 지속적으로 축소되어 가는 추세에 있지만, 다년간의 누적으로 인해 도시와 농촌 간의 격차는 여전히 매우 크다. 이런 격차는 소득에서 나타날 뿐만이 아니라 인프라시설·공공서비스·의료·위생·교육 등 제 방면에서 나타난다. 둘째는 도시와 농촌 내부의 발전 격차이다. 중국의 도시와 농촌 내부의 발전격차가 지속적으로 확대되고 있다. 현재 우리는 도시와 농촌 간의 발전 격차에 대해서는 깊은 관심을 돌리는 반면에 도시와 농촌 내부의 발전 격차에 대해서는 경시하고 있다. 이 격차의 확대도 역시 도시와 농촌 간의 발전 격차와 마찬가지로 심각한 문제를 가져오므로 충분한 관심을 불러일으켜야 한다. 셋째는 지역발전의 격차이다. 여기에는 지역 간의 격차와 지역 내부의 격차가 포함된다. 지역 간의 격차를 예로 들면 동부지역과 서부지역은 1인당 가처분소득·취업기회·인프라시설과 공공서비스 등에서 모두 큰 격차가 존재한다. 설령 빈곤선기준의 설정방식이 바뀌었어도 서부지역은 여전히 빈곤구제 개발의 중점이다. 넷째는 도시와 진(鎭)에 일부의 빈곤층이 존재한다. 일부는 도시와 진에 원래부터 있던 빈곤한 계층이고, 다른 일부는 농촌에서 도시와 진으로 이주한 빈곤층이다. 비록 이들 빈곤층의 비중이 농촌만큼 크지는 않지만 그들의 존재도 경시할 수는 없다. 바로 이런 격차들이 존재하기 때문에 개인과 가정 또는 계층이 사회적으로 공인하는, 모두가 누릴 수 있는 생활조건, 취업기회 및 의료·교육·금융 등의 공공서비스를 받을 수 없게 되며, 이에 따라 '상대적 빈곤'이 자연스럽게 생기게 된다. 그러므로 '상대적 빈곤'의 실질은 격차 문제이며, '상대적 빈곤'을 완화시키려면 우선 격차를 좁히는 데서부터 착수해야 한다.

2. '상대적 빈곤' 완화의 여러 방면

빈곤퇴치를 위한 투쟁은 장기성과 지구성 등의 특징을 띤다. 2020년 이후, 중국의 빈곤구제 사업은 전반적으로 3가지 전환을 가져오게 될 것이다. 첫째는 2020년 전에 절대적 빈곤을 해결하던 데서부터

2020년 이후 '상대적 빈곤'을 완화하는 방향으로의 전환이다. 둘째, 농촌 빈곤퇴치 난관돌파에서 농촌진흥전략 하의 도시와 농촌의 빈곤 경감을 함께 추진하는 것으로의 전환이다. 셋째, "두 가지 걱정 덜기, 세 가지 보장" 목표를 실현하는 데서부터 발전의 불균형과 불충분 및 다차원적인 '상대적 빈곤'에 대응하고 완화하는 데로의 전환이다. 그러므로 '상대적 빈곤'을 완화하려면 '상대적 빈곤'이 발생하는 원인에 대해 깊이 인식하고, 구체적 원인에 비추어 해결 조치를 찾아야만 적은 노력으로 큰 효과를 볼 수 있다.

(1) 도시와 농촌의 발전 격차를 점차 줄인다.

도시와 농촌의 발전 격차가 큰 것은 중국에의 '상대적 빈곤'이 장기적으로 존재하는 중요한 원인인 동시에 빈부격차와 불합리적인 소비구조를 초래하고 도시화 진척을 저해하는 중요한 요소이기도 하다. 도시와 농촌의 발전 격차를 줄이는 것은 '상대적 빈곤'을 완화시키는 데 중요한 역할을 할 뿐만 아니라, 중국 경제발전의 질을 향상시켜야 하는 필연적 지름길이기도 하다. 현대경제학에서는 경제구조의 최적화, 도시와 농촌발전의 격차를 축소시켜야 하는 점을 강조한다. 한편으로는 도시의 더 많은 생산요소가 농촌지역으로 흘러갈 수 있도록 촉진케 하여 농촌지역의 발전을 가져올 수 있는 활력과 발전기회를 향상시켜 '상대적 빈곤'을 완화시키는 방법이다. 다른 한편으로는 도시의 발전방식 전환과정에서 농촌지역이 도시의 산업을 이전시키기 위해 토지·노동력·인적자원 등의 조건을 제공하여 도시지역의 경제구조를 개선할 수가 있다. 그렇기 때문에 도시에 대해서든 아니면 농촌에 대해서든 도시와 농촌의 발전 격차를 좁히는 것은 모두 서로 에게 이롭고 서로에게 혜택이 되는 조치이다. 도시와 농촌의 발전 격 차를 줄이는 것은 단번에 완성되는 것은 아니다. 따라서 반드시 여러 주체, 여러 방면을 통해 점차적으로 추진해야 한다. 이를 위해서는 다음과 같은 조치가 필요하다.

첫째, 재정지출정책을 보완하여 농촌지역에 대한 재정의 지원강도 를 높이는 것은 농촌지역의 발전을 지원하고, 도시와 농촌의 발전 격 차를 줄이는 필연적인 조치이다. 이러한 조치로는 ① 재정투입을 통 해 농촌지역의 기계화 경작도로와 관개시스템 등 인프라시설을 개선 하여 농민의 생산과 투입원가를 낮춰야 한다. ② 농촌지역의 산업구 조를 최적화할 수 있도록 지원하고, 농촌관광·관광농업 등 농업과 관광을 융합시키는 프로젝트를 발전시켜 농민의 소득증대를 위한 경 로를 넓혀야 한다. ③ 재정과 세수의 차원에서 농산물 수매 보조금 을 늘려야 한다. 정부는 기업과의 합작을 통해 농산물의 수매절차를 줄이고, 농산물의 판매경로를 늘리며, 이와 동시에 세수우대정책을 통해 더 많은 기업이 농민 제품을 수매하도록 격려함으로써 농민의 판매난 문제를 해결해주어야 한다.

둘째, 농촌지역의 발전은 정부의 인도에 의거해야 할 뿐만 아니라 사회 주체의 견인에도 의거해야 한다. 각 주체는 강도를 높여 농촌의 특색 산업을 발전시키고, 농촌의 산업발전을 촉진시켜 산업발전으로 농촌지역의 경제발전과 농가의 소득을 이끌어야 한다. 이와 동시에 산업발전 과정에서 기업과 농가의 다양한 이익 연결방식을 계속 모색해야 한다. 그러려면, ① 생산으로 직접 이끌어야 한다. 기업은 자체 발전과 동시에 각기 다른 발전모델을 통해 농가들이 기업의 생산발전에 참여하도록 이끌 수 있다. 이로써 한편으로는 산업의 발전과 규모를 촉진시켜 더 많은 '상대적 빈곤' 층에 혜택이 돌아가게 하고, 다른 한편으로는 농민을 생산발전사슬에 편입시켜 그들이 발전하려는 적극성을 불러일으킴으로써 '상대적 빈곤' 층의 발전 동력을 향상시켜 산업발전을 통해 수입을 늘린다. ② 취업의 장으로 이끌어야 한다. 산업이 발전하면 인력에 대한 수요가 커지게 되고, 따라서 농촌의 많은 유휴 노동력의 일자리를 해결할 수 있어 임금수입을 늘릴 수가 있다. ③ 자산수익으로 이끌어야 한다. 기업은 농가가 토지·노동력·농산물 등으로 출자할 수 있도록 하는 형식으로 '상대적 빈곤' 층을 이끌어 기업의 발전에 필수인 생산수단과 노동력 등을 제공할 수 있을 뿐만 아니라 농가의 자산 수익도 늘릴 수 있는 것이다. ④ 간접적으로 이끌어야 한다. 기업의 발전은 한편으로는 현지의 세수를 늘리고, 다른 한편으로는 현지의 인프라 건설을 간접적으로 이끌어 더 많은 기업을 유치하고, 입주시킴으로써 지역경제를 활성화시켜 도시와의 발전 격차를 줄일 수 있게 해야 한다.

셋째, 금융수단을 통해 현대농업의 발전을 촉진시킨다. 농촌 금융대출자금의 효율이 높지 못한 것이 농민소득의 향상을 크게 제약하고 있다. 농민들은 금융대출자금이 부족한 전제 하에서 농촌에서 규모화 경영을 발전시키기 어려우므로 농민의 생산 적극성과 소득의 증대를 제약한다. 그래서 농업발전을 위한 자금을 지원하여 농민의 창업과 생산 발전의 적극성을 불러일으켜 도시와 농촌의 발전 격차를 좁히고, '상대적 빈곤'을 완화시키는데 중요한 조건을 제공해야 한다. 농업대출 금리의 적절한 보조, 농업위험보상메커니즘의 구축, 농민의 대출에 대한 우려 해소 등의 조치를 통해 농민의 금융대출자금의 필요성을 보장할 수 있어야 한다.

(2) 중서부지역의 발전을 추진하는 정책을 실시하여 지역의 '상대적 빈곤'을 완화시킨다.

개혁개방 이후 중국은 지역 간 발전 격차가 지속적으로 확대되었다. 동부의 발달한 지역은 경제총량·재정수입·인프라시설·공공서비스·산업구조·취업기회 등 다방면에서 중서부 미발달지역보다 우월하다. 그렇다면 동서부의 발전 격차를 초래한 원인은 도대체 무엇일까?

국가정책이 지역경제 발전에 중요한 영향을 미친다. 개혁개방 이후 중국은 동부지역을 우선적으로 발전시켰고, 동부지역이 발전한 다음 중서부지역의 발전을 이끌었다. 그래서 각종 우대정책은 모두 동부지역을 먼저 고려함으로써 동부지역의 발전을 위한 양호한 조건을 마련해주었다. 동부 연해지역이 가장 먼저 개혁개방을 실행하였다. 이 정책으로 동부지역은 대량의 외국인 투자를 유치할 수 있었고, 이는 동부지역의 산업발전에 풍부한 재력과 기술 및 관리 방면의 지원을 제공하였다. 자연지리조건이 지역의 경제발전에 영향을 준다. 중국 동부지역은 평원이 위주이고 수상·육지교통이 발달하여 경제발전에 양호한 전제조건을 마련하였다. 중부지역은 지형의 기복이 크고 자연조건이 동부지역보다 뒤처진다. 그리고 서부지역은 황량한 사막과 지세가 높은 한랭한 환경이 현지의 경제발전을 제약하였다. 이와 동시에 동부지역은 온도가 적합하고 강수량이 충족하며 농작물의 종류가 많고 다모작 지수가 높다. 중서부지역은 기온차가 크고 일부 지역은 심지어 가물어 물이 부족하며, 공·농업 발전이 뒤처져 있으며 나아가 지역의 경제발전에 영향을 주고 있다.

문화와 역사적 배경이 다르면 지역의 경제발전 상황도 다소 다르게 된다. 어떤 지역이나 경제토대가 경제발전에 주는 영향은 주로 초기의 격차 효과에서 나타난다. 동부지역은 원래 중공업이 위주였고 서부지역은 농업이 위주였다. 경제구조의 차이로 말미암아 경제 토대의 격차가 생겼으며 개혁개방의 심화와 더불어 그 격차가 점차 확대되었다. 교육경비의 투입에 있어서도 동중서부의 차이가 매우 크다. 동부지역의 교육경비는 중부와 서부의 교육경비를 합산한 것과 거의 맞먹는다. 그래서 동부지역의 교육자원은 중서부지역보다 뚜렷이 우월하며 육성한 본토 인재와 외부 도입 우수인재도 중서부지역보다 많다. 산업구조도 지역경제 발전에 영향을 주게 된다. 개혁개방 이후 중국 동부지역은 꾸준히 외자를 유치하고 산업구조의 최적화와 업그레이드를 촉진하여 경제 효과와 수익이 높고 부가가치가 높은 산업을 발전시킨 반면에, 서부지역은 경제적 효과와 수익이 낮고 위험이 크며 투자 수익률이 낮은 농업과 중공업을 받아들임으로써 동·서부지역 간 격차가 점차 확대되었다.

동·서부지역 간의 격차가 크고 지속 시간이 길기 때문에 동·서부 지역 간의 소득격차가 커지게 되었고 누릴 수 있는 인프라시설·공공 서비스 및 발전기회 제 분야에 큰 격차가 생기게 되었다. 따라서 '상대적 빈곤'이 불가피해진 것이다. '상대적 빈곤'을 완화하기 위해서는 동·서부지역 간의 발전격차를 줄이는 것이 더욱 필요하다.

그러려면, 첫째, 중서부지역의 자원 측면에서의 우세를 충분히 살려 종합적 개발 강도를 높이는 것이다. 중서부지역의 산업에 대한 지원강도를 높이고, 현지의 자원 상황에 입각하여 현지 특색이 있는 산업을 발전시킴으로써 동질화 경쟁을 피한다. 중서부지역의 인프라시설과 공공서비스 부설 건설을 가속화하고, 교통·수리·전기·정보·네트워크·금융 등 방면에 대한 투입을 늘려 중서부지역의 취약점을 보완함으로써 산업발전을 위한 양호한 토대를 마련한다. 현지의 발전에 알맞은 산업 이전 프로젝트를 받아들이는 것을 격려한다. 둘째는 타지로의 이주에 의한 빈곤구제 대상 농가에 대해 정책적 지원 강도를 높이는 것이다. 타지 이주에 의한 빈곤구제는 이주도 가능해야 하고, 안착도 가능해야 할 뿐 아니라 또 발전도 이룰 수 있어야 한다. 이주한 가구에 대한 산업지원·취업지원을 강화하여 타지 이주 농가의 소득문제를 해결해야 한다. 안치지역의 인프라시설과 공공서비스에 대한 투입강도를 적절히 높여 발달지역과의 격차를 줄여야 한다. 셋째는 '상대적 빈곤'을 완화하기 위한 빈곤퇴치에 이로운 경제성장메커니즘을 구축하는 것이다. 중서부지역의 자연자원에 대한 개발 이용과 보호제도를 수립하여 중서부지역의 토지·자원·자연환경을 합리적으로 이용하면서 과도한 채굴도 피하고 자원의 낭비도 피해야 한다. 빈곤퇴치에 이로운 성격을 띤 농업산업과 비농업산업을 발전시켜 농촌의 유휴노동력의 이전 취업을 격려한다.

창업취업을 위한 교육 강도를 높여 중서부지역의 자체 발전동력을 증강시킨다. 정보화와 네트워크화 건설을 강화하여 디지털기술로 지역의 '상대적 빈곤'을 완화시킨다.

(3) 취약 계층을 겨냥한 정밀화 시책에 대한 지원조치를 구축한다.

2020년 이후 '상대적 빈곤'에 빠지기 쉬운 인구 층은 주로 노인·장애인·어린이·유동인구이다. 때문에 특수 빈곤층을 겨냥하여 합리적인 지원정책을 제정해야만 빈곤경감 효과를 향상시키고 '상대적 빈곤'을 완화시킬 수 있다. 고령화 문제의 지속적인 격화에 따라 전국 60세 이상 노인인구가 점차 늘어나고 있어 독거노인·빈 둥지 노인(空巢老人, 자식들이 분가하거나 외지에서 생활하여 혼자 사는 독거노인을 이르는 말—역자 주) 인구계층의 물질적 및 정신적 생활에 더 많은 관심 기울여야 한다. 특히 농촌의 빈곤지역은 노인들의 기본생활에 대한 보살핌이 부족하여 빈곤한 나 홀로(留守)노인과 독거(獨居)노인들은 '상대적 빈곤' 단계의 특수 곤란계층이 되었다. 그러므로 국가는 농촌지역의 양로금 기준을 인상하여 그들의 기본생계에 충분한 보장을 마련해 주어야 한다. 동시에 노인들의 정신건강에도 관심을 기울여야 한다. 노인들을 위한 행사·문화예술 공연·역사이야기 들려주기 등 활동을 정기적으로 마련하여 노인들의 정신생활을 풍요롭게 해야 한다. 이밖에도 정기적으로 노인들을 조직하여 단체 건강검진을 진행하여 질병을 일찍 발견하고 일찍 치료해줌으로써 노인들의 신체 건강과 행복지수를 제고시켜야 한다.

2020년 이후 미발달지역의 아동은 교육·건강·영양 등 3대 도전에 직면하게 되었다. 교학 조건이 낙후하고, 영양이 불량하며, 건강문제가 불거진 것 등은 아이의 인지능력과 건강한 발육에 모두 나쁜 영향을 끼친다. 빈곤이 대물림되는 것을 피하기 위해서는 반드시 이런 문제에 큰 관심을 돌려야 한다. 먼저 2020년 이후에는 학령 전 교육을 보급하고 유치원 입학률을 높여야 한다. 의무교육의 질을 향상시키고, 미발달지역의 교육에 대한 투입을 강화해야 한다. 여기에는 하드웨어시설, 교사 역량 등이 포함된다. 다음으로 재학생의 영양식을 합리적으로 배치하여 영양식 표준을 높여야 한다. 마지막으로 반드시 아동의 신체와 심리 건강을 중시하여 나 홀로 아동(留守兒童)의 심리건강문제에 중점을 두고 관심을 가져야 하며, 임시 학부모를 배치하고, 정기적으로 부모와 화상통화를 하도록 배치하는 등의 방식을 통해 부모의 부재에 따른 나쁜 영향의 습득을 줄여야 한다.

저소득층을 대상으로 하는 발전형 구조정책을 실시하고, 노동능력이 있는 유동인구와 노동능력이 있는 일부 장애인에 대해서는 구조정책을 실시함과 동시에, 그들을 도와 자체발전능력을 향상시켜 "(자력갱생을 하지 않고 국가로부터의 원조를) 기다리고 의지하고 요구하는 생각"을 확실히 방지해야 한다. 그러려면, ① 도시와 농촌의 최저 생계보장 제도를 총괄 계획하고, 장애인·노인 등 특수계층을 중점적으로 배려하여 그들에게 자금보조금을 제공할 뿐만 아니라 그들의 심리건강에도 관심을 기울여야 한다. ② 노동능력이 있는 구조대상자에 대해서는 그들을 노동 강도가 약한 공익활동·문화활동·선전활동·모순중재 등과 관련된 간단한 공공사무 활동에 참여시켜 그들이 자신의 노동으로 수입을 얻도록 함으로써 사회에 더 잘 융합되도록 협조해야 한다. ③ 유동인구의 안정적인 취업을 계속 추진해야 한다.

(4) 합리적인 소득분배메커니즘을 제정한다.

'상대적 빈곤'은 '절대적 빈곤'과 다르다. '절대적 빈곤'은 소득의 어느한 고정치를 빈곤의 판단 기준으로 삼으며, 소득이 그 고정치 이하일 경우 빈곤상태에 처한 것으로 간주한다. 반면에 '상대적 빈곤'은 '상대적' 개념으로서 빈곤인구의 소득이 사회 총소득에서 차지하는 위치를 더욱 중시한다. 소득 증가가 반드시 빈곤상황의 개선을 대표하지는 않는다. 그렇기 때문에 덮어놓고 경제총량의 성장만을 추구하면서 공평하고 합리적인 소득분배메커니즘을 경시해서는 안 된다.

중국발전의 불균형성과 불충분성이 소득분배의 불균형을 초래하였다. 동부 발달지역의 소득이 서부 미발달지역보다 현저히 높고, 도시주민의 1인당 가처분소득이 농촌주민의 1인당 가처분소득보다 현저히 높다. 그래서 경제총량을 꾸준히 증가한다는 전제 하에 지역 간, 도시와 농촌 간의 소득 격차를 줄여야만, 국민소득 중에서 빈곤인구의 소득이 처한 상대적 위치를 개선할 수 있어 '상대적 빈곤'을 완화시킬 수 있다. 합리적인 소득분배메커니즘의 구축은 다음과 같은 몇 가지 방면부터 착수해야 한다. 첫째, 1차 분배에서 정부의 사회관리 기능을 잘 살려 상대적 소득이 낮은 계층의 합법적 권익을 보호하는 데 중시를 돌려야 하며, 입법·규정제도 등의 조치를 통해 임금을 체불하거나 악의적으로 임금을 낮추는 등의 현상을 금지시켜야 한다. 이밖에 최저 임금인상메커니즘을 보완하여 저소득층 임금의 합리적인 성장속도를 확보해야 한다. 둘째, 개인소득세와 사회보험비용 납입을 보완하여 상대적 빈곤선에 근접한 인구 층의 세수와 사회보험 부담을 낮추어 도시와 진(鎭)의 '상대적 빈곤'현상을 완화시켜야 한다. 셋째, 양로보험제도를 보완하고 양로보험기준을 높여 노인인구가 저소득으로 인해 빈곤해지는 것을 막아야 한다. 넷째, 최저 생계보장, 다섯 가지 보장 가구, 극빈가구에 대한 보조기준을 규범화시켜 조준편차를 줄이고, 가구별 각기 다른 빈곤상황에 비추어 각기 다른 보조기준을 설정하여 소득의 재분배에서 이전지급의 역할을 발휘토록 해야 한다.

(5) 인프라를 보완하고 기본공공서비스의 균등화를 구축한다.

인프라시설과 기본공공서비스의 발전이 불균형한 것은 소득과 생활수준의 격차를 초래하는 중요한 원인이다. 이로 인해 형성된 발전 격차를 해결하려면 인프라시설을 개선하고 완벽한 기본 공공서비스 체계를 구축해야 한다. 그래야만 저소득층의 생활비용을 낮추어 그들의 발전기회를 증가시킬 수 있다. 주로 다음과 같은 몇 가지 방면으로부터 착수할 수 있다. 첫째, 미발달지역의 경제발전에서 인프라시설과 기본공공서비스건설의 역할을 중시해야 한다. 왜 미개발지역은 저임금 노동력, 풍부한 자연자원, 광활한 토지, 우대정책 등 여러 가지 장점을 갖추고 있음에도 불구하고 여전히 기업과 투자 유치가 어렵고 우수 인력이 부족한 것일까? 그 중요한 원인 중의 하나가 바로 미발달지역은 인프라시설과 기본공공서비스가 제대로 갖추어져 있지 않기 때문에, 기업 투자원가가 높고 위험이 크며, 우수 인재가 이들 미발달지역에 진출할 경우 심리적 격차가 크고 발전 기회가 적기 때문이다. 이른바 "부를 이루고 싶으면 길부터 닦으라"라는 말도 있다. 길조차 제대로 닦여있지 않은데 기업이 어떻게 생산 운영을 할 것이며 제품은 어떻게 가져다 팔겠는가? 그 지역이 아무리 우월한 자원 면에서의 장점을 갖추고 있더라도 기본 공공서비스가 기업운영의 수요를 충족시키지 못한다면, 또 가장 기본적인 교통 등 인프라 수요도 충족시키지 못한다면, 기업들은 차라리 원가가 높고 누릴 수 있는 정책적 혜택이 적더라도 정상적으로 운영할 수 있고, 제품을 순조롭게 판매할 수 있는 지역을 선택하게 될 것이다. 그러므로 각급 정부는 무턱대고 경제발전만 추구하는 반면에 중요한 부분을 경시할 것이 아니라 인프라시설과 기본공공서비스 발전이 현지 경제발전에 대해 일으키는 역할을 중시해야 한다. 둘째, 미발달지역과 농촌지역의 기본공공서비스에 대한 투입을 강화해야 한다. 주로 미발달지역의 학교·병원 등 하드웨어와 소프트웨어 시설에 대한 투입이 포함되며 그 지역의 교육과 의료수준을 향상시켜야 한다. 미발달지역의 학령 전 교육을 보급시키고 의무교육의 질을 높이며, 고급중학교와 직업교육의 발전을 촉진시켜야 한다. 농촌과 미발달지역의 양로시설건설을 확대하고, 양로금 보조기준을 인상하며, 의료비 정산절차를 최적화하고, 정산비례를 인상하며, 현지 주민의 양로비용과 의료비용을 낮춰야 한다. 셋째, 미발달지역과 농촌의 공공서비스 인재대오의 건설을 강화해야 한다. 현재 중국의 우세 자원은 주로 발달한 지역에 집중되어 있다. 예를 들면 양질의 교육자원과 의료자원 등이 그것이다. 미발달지역의 아이들이 발달지역의 아이들과 동등한 교육자원을 얻고자 한다면 더 높은 비용과 투입을 지급해야 한다. 게다가 많은 지역에서는 호적의 제한 때문에 동등한 교육자원을 얻을 수 없다. 이에 따라 미발달지역과 발달지역 아이들의 교육수준의 격차가 어느 정도 벌어지기 마련이다. 의료자원도 마찬가지이다. 미발달지역과 발달지역 간의 격차는 하드웨어시설에서뿐만 아니라 더욱 중요한 것은 공공서비스 인재가 부족한데서 나타난다. 그렇기 때문에 인재대오의 건설을 강화해야 한다. 우선 본토의 인재대오를 육성하여 안정성을 높여야 한다. 다음에는 우수한 인재를 적극 유치해야 한다. 중앙과 지방정부는 여러 방면으로 우수한 인재가 미발달지역에 가도록 격려하고 지원해야 한다. 여기에는 임금대우를 높여주고, 지위 면에서 우선권을 주며, 미발달지역에 인재를 위한 양호한 생활 및 작업환경을 마련해 주고, 그들 자녀의 취학과 진료 등을 위한 우대정책을 제공하는 것 등이 포함된다. 마지막으로, 정보기술을 이용하여 미발달지역과 발달지역의 자원 공유를 실현할 수 있도록 촉진하여 미발달지역의 인재부족, 하드웨어 시설 미비 등의 취약점을 보완해 준다. 정부가 주도하고 사회 각계가 공동으로 참여하며, 정보공유서비스 플랫폼을 구축하여 미발달지역에 원격교육, 원격의료 등 서비스를 제공한다면, 기본 공공서비스의 격차를 어느 정도는 줄일 수 있다.

(6) 모니터링 조기경보 및 응급지원 메커니즘을 구축하고 보완한다.

빈곤을 퇴치하였다고 하여 빈곤이 다시 되돌아오지 않을 것임을 대표하는 것은 아니다. '상대적 빈곤' 인구 자체가 취약성과 위험 대처 능력이 약하다는 등의 특징을 가지고 있다. 짧은 시간 동안 빈곤에서 벗어나 있어도 한차례의 자연재해·돌발사고·큰 병으로 인해 재차 빈곤상태에 빠져들 가능성이 큰 것이다. 샤오캉사회로 가는 길에서 "한 사람도 빠지지 않고 한 가구도 빠지지 않도록" 확보하기 위해 한편으로는 '상대적 빈곤' 모니터링 및 조기경보 메커니즘을 구축하고 보완하며, 다른 한편으로는 빈곤으로 되돌아가고 빈곤이 발생하는 것을 방지하기 위한 보험보장방안을 보완해야 한다.

'상대적 빈곤' 모니터링 조기경보 메커니즘을 구축하고 보완함에 있어서 첫째로, '상대적 빈곤' 인구의 파악하여 기록부를 만들고 보완해야 한다. 먼저 소득이 상대적으로 낮고 빈곤으로 되돌아가기 쉬운 농가에 대해 전문적인 기록부를 만들어 상세한 정보와 빈곤 초래 원인 등을 입력한다. 다음에는 '상대적 빈곤' 인구를 기록한 서류에 대해 동적 관리를 진행하면서 제때에 갱신하고 조정하여 전면적인 동적 모니터링을 확보한다. 둘째로는 보고 및 처리 업무체계를 구축하고 보완해야 한다. 구조가 필요한 농가를 발견하면 제때에 상급에 보고하고 피드백하여 되도록 빨리 구조정책을 실시해야 한다. 은행·의료보험 등 여러 빅 데이터 플랫폼 대조를 통해 소득이 지출보다 적은 가구에 중점적으로 관심을 기울여 질병·재해·돌발사고 등에 의해 빈곤으로 되돌아가는 것을 방지해야 한다.

빈곤으로 되돌아가거나 빈곤의 발생을 방지하기 위한 보험 보장 방안을 보완해야 한다. 빈곤으로 되돌아가거나 빈곤의 발생을 방지하기 위한 보험보장 방안을 보완하는 과정에서 다음과 같은 원칙을 견지해야 한다. 첫째, 책임의 주체를 명확히 해야 한다. 현(縣)과 구(區) 당위원회·정부가 책임의 주체이다. 둘째, 사회의 역량을 동원 조직하여 정부를 주도로 사회역량을 보충하여 빈곤으로 되돌아가거나 빈곤의 발생을 방지하기 위한 보험보장 구도를 형성토록 해야 한다. 셋째, 정부는 서비스를 구매하는 형식으로 하나 또는 여러 개의 보험회사와 합작하여 빈곤방지 대상을 위한 빈곤방지보험을 구매해야 한다.

3. 농촌진흥과 '상대적 빈곤'이 완화된 인구

2020년은 중국이 '절대적 빈곤'을 해결하고 '상대적 빈곤' 완화로 전향한 첫 해이다. 빈곤퇴치 난관돌파 임무를 완수할 때 중국은 단시일 내에 대량의 사회 역량을 동원하였다. 각급 정부는 빈곤구제 사업을 중심 업무로 정하였으며, 각 부문은 모두 인력·물력 자원을 조달하여 빈곤구제 사업을 지원하였다. 이런 방식은 빈곤인구가 상대적으로 집중되고 절대적 빈곤문제가 상대적으로 두드러진 중국의 특정 배경

하에서 합리적인 방식이었다. 또한 실천을 통해서 이런 방식이 효과적인 방식이었음이 증명되었다. 그러나 중국 빈곤퇴치 난관돌파 임무가 완성됨에 따라 중국의 빈곤문제에도 이에 상응하는 변화가 일어났다. 빈곤인구의 "두 가지 걱정 덜기, 세 가지 보장" 문제는 철저히 해결되었지만, 동·서부지역 발전의 불균형 및 도시와 농촌 간 격차로 인해 '상대적 빈곤' 인구가 여전히 장기적으로 존재할 것이라는 점이었다. 그렇기 때문에 '상대적 빈곤'을 단순히 경제지표로써만 판단해서는 안 된다. '상대적 빈곤'이 반영하는 것은 일종의 다차원적인 빈곤이므로, 단순히 경제정책과 경제자원의 지원에만 의지해서는 '상대적 빈곤' 문제를 철저히 해결할 수가 없는 것이다.

때문에 '상대적 빈곤'의 관리와 절대적 빈곤의 관리는 방식과 경로에서 아주 큰 차이가 있다. '상대적 빈곤'은 장기적으로 존재할 수 있는 문제이다. 기존의 빈곤구제 방식으로 절대적 빈곤문제를 빠르고 효과적으로 해결할 수는 있었지만, 지속성이 떨어지기 때문에 기나긴 "줄다리기"와도 같은 '상대적 빈곤' 퇴치에는 적합하지 않다는 말이다. 따라서 '상대적 빈곤'은 다차원적인 빈곤의 일종이므로 농촌 진흥단계에서 '상대적 빈곤' 퇴치는 경제지표를 달성하는 데만 지나치게 치중할 것이 아니라 경제·사회·생태·문화 등 여러 방면으로부터 착수해야 한다. '상대적 빈곤' 퇴치의 전문적인 경로를 찾지 못한 현 단계의 상황에서 농촌 진흥전략의 실시는 '상대적 빈곤' 퇴치의 계기를 가져다주었다. 농촌 진흥전략은 주로 도시와 농촌발전의 불균형으로 인한 도시와 농촌 간의 격차문제를 해결하기 위한 조치이며, 그 목표는 인민의 공동 부유를 실현하여 광범위한 농촌지역의 농가들이 도시주민과 마찬가지로 사회주의 시장경제의 발전이 가져다준 혜택을 누릴 수 있도록 하는 것이다. 이 점에서 볼 때 농촌 진흥전략과 '상대적 빈곤' 퇴치의 목표는 일치한다고 할 수 있다. 농촌 진흥의 주전장은 농촌이고, 농촌의 주체는 바로 농민이다. 농촌 진흥에서 실현해야 하는 것은 농민소득의 증가, 생활환경의 개선, 정신생활의 풍성함이며, 농민의 내적 원동력을 불러일으켜 농민들이 자신의 노력에 의지하여 부유해질 수 있는 길로 나아가도록 도와주는 것을 강조해야 한다. 중국의 '상대적 빈곤' 인구도 마찬가지로 주로 농촌지역에 분포되어 있으며, 농민들이 주된 대상이다. '상대적 빈곤' 퇴치는 '상대적 빈곤' 인구가 경제·사회·생태·문화 등 여러 차원에서 빈곤상태를 벗어날 수 있도록 하는 것이 추구해야 할 방향이다. 정부는 '상대적 빈곤' 문제를 해결함에 있어서 '상대적 빈곤' 인구의 내생 원동력과 주관적 능동성을 불러일으켜 '상대적 빈곤' 인구가 더 자주적, 장기적, 효과적으로 빈곤상태에서 벗어날 수 있도록 도와야 한다. 빈곤퇴치 난관돌파가 오랜 가뭄으로 메마른 땅에 쏟아진 큰비와 같은 조치라면, '상대적 빈곤'의 퇴치는 그칠 줄 모르고 내리는 이슬비와 같아 큰비처럼 즉각적인 효과는 낼 수 없겠지만, 더 오래, 더 부드럽게 대지를 촉촉하게 적실 수 있도록 할 수 있을 것이며, 사람들의 주의를 불러일으키기가 쉽지 않은 구석구석까지 돌볼 수 있을 것이다. 농촌진흥전략은 농촌의 발전을 위한 웅대한 청사진을 그려주었으며, 중화민족의 위대한 부흥을 실현하는 중요한 절차가 되었다. 그러므로 농촌의 진흥을 실현시키려면 기나긴 과정을 거쳐야 하므로 조급해하거나 너무 급진적으로 추진해서는 안 되는 것이다. 시간범위에서 볼 때, 농촌의 진흥과 '상대적 빈곤'의 퇴치는 일치한다고 할 수 있다.

농촌 진흥은 "산업의 흥성, 생태의 진흥, 문명한 향풍(鄕風), 효과적인 관리, 생활의 부유"로 요약할 수 있다. '상대적 빈곤'의 퇴치도 마찬가지로 산업의 발전, 생태환경의 개선, 농촌문화의 건설, 농촌 관리체제의 보완 및 '상대적 빈곤' 인구의 소득 인상을 필요로 하는 것이다.

(1) 산업의 흥성과 '상대적 빈곤' 퇴치

빈곤퇴치에 도움이 되는 경제성장 이론에 따르면 빈곤경감의 가장 큰 원동력은 경제성장에서 오며, 산업발전은 바로 경제성장을 실현하는 중요한 방식이라고 주장한다. 산업에 의한 빈곤구제는 빈곤인구가 빈곤에서 벗어나는 근본적인 대책으로 간주되고 있으며, 산업의 흥성이 농촌진흥 전략의 우선 자리를 차지하고 있다. 이로부터 산업의 발전은 양자 모두에게 지극히 중대한 의의를 가지고 있음을 알 수 있다. '절대적 빈곤'의 퇴치와 '상대적 빈곤'의 퇴치는 차이성도 있고 유사성과 연속성도 있다. 산업에 의한 빈곤구제가 빈곤퇴치의 난관돌파에서 일으키는 역할과 적극적인 의의는 '상대적 빈곤'의 퇴치에도 마찬가지로 적용된다. 산업에 의한 빈곤구제는 일종의 조혈식(造血式) 빈곤구제로서 수혈식 빈곤구제에 비해 더욱 효과적이고 지속적이며 '상대적 빈곤'의 퇴치와도 더 잘 어울린다.

절대적 빈곤은 의·식·주·교육·의료와 같은 기본적인 문제를 해결해야 하지만, '상대적 빈곤'은 아름다운 삶을 실현해야 한다. 소득의 증대는 아름다운 삶을 실현하기 위한 중요한 조건이다. 전통적인 소농 생산은 효율이 낮아 가정의 생활수요만 충족시킬 수 있을 뿐, 소득 향상에는 별 도움이 되지 못한다. 현대 공업·서비스업·농업의 산업화는 비교적 큰 이윤 공간이 있어 농촌지역의 공업·서비스업·농업의 산업화 발전에 참여하고 지원하는 것을 통해 '상대적 빈곤' 인구의 현지 취업과 자주적 발전을 이끌어 그들의 소득증대에 뚜렷한 촉진 역할을 한다.

일상적인 생계의 유동성과 위험성 및 불확실성은 '상대적 빈곤'을 초래하는 중요한 요소 중의 하나이다. 개혁 개방 이후 동부 연해지역과 내륙 대도시의 빠른 발전에 따라 동중서부의 격차, 도시와 농촌의 격차가 지속적으로 확대되었다. 수억 명을 헤아리는 농민이 더 나은 삶을 도모하기 위해 연해지역과 내륙의 대도시로 몰려들어 농민에서 농민공으로 변신하였다. 그들은 도시에서 초라한 집에 살며 값싼 음식을 먹고, 값싼 옷을 입으면서 좀 더 많은 임금을 모으려고 애쓴다. 그들은 돈을 더 많이 벌기 위해 필사적으로 일하는 동시에 자신의 건강 면에서 잠재적 위험들을 조성하게 된다. 농민공들은 문화 수준이 보편적으로 낮은 편이므로 주로 수준이 낮은 노동 집약형 산업에 종사하게 되는데, 그들의 취업 상황은 안정적이지 못하다. 그리고 도시와 농촌 이원체제의 제한으로 인해 농민공은 도시에서 의료·실업 등 방면의 사회보장을 받을 수 없다. 따라서 농민공은 줄곧 비교적 큰 생존 위험에 노출되어 있다. 농민공은 도시에서 농촌에 비해 더 높은 수입을 얻을 수 있지만 생활형편이 어떤 면에서는 농촌보다 더욱 나빠 빈곤문제가 나타나기가 쉽다. 이상의 문제를 해결하려면 주로 농민공에 대한 사회보장을 강화하고, 도시와 농촌의 이원구조를 타파하는데 의거해야 한다. 그리고 농촌지역의 산업발전도 하나의 해결 경로로써 간주할 수 있다. 농촌지역의 산업이 흥성하면 현지에 대량의 취업기회를 제공할 수가 있어 농민공의 역류를 이끌 수 있다. 농민들이 현지에서 취업하게 되면 그들의 유동성문제, 주택문제, 사회보장문제를 크게 해결할 수 있어 이를 통해 농민공의 '상대적 빈곤' 문제를 완화시킬 수 있는 것이다. 농민공의 '상대적 빈곤' 문제와 함께 빈 둥지 노인과 나 홀로 아동의 '상대적 빈곤' 문제도 동반되고 있다. 농촌의 청장년인구가 도시로 돈벌이를 떠날 경우 한편으로는 부모와 자식을 떠나 정신생활이 다소 단일할 수 있고, 다른 한편으로는 노인과 아동이 생활자립 능력이 약하여 질병이나 재난에 봉착하면 그들의 생활이 보살핌을 받기가 어렵다. 농촌 산업발전에 따른 농민공의 역류도 이 문제를 어느 정도는 해결할 수 있는 것이다.

새로운 시대적 배경에서 산업에 의한 빈곤구제는 마찬가지로 '상대적 빈곤'의 퇴치와 어울리지 않는 부분이 있다. 대량의 빈곤구제 산업은 시장의 수요에 의해 생겨난 것이 아니라 정부가 대량의 자원을 집중적으로 조달하여 지원하는 것이다. 빈곤퇴치 난관돌파는 시간이 촉박하고 임무가 막중하기 때문에 빈곤구제 산업은 대부분 기술함량이 낮고, 시장위험에 대처할 수 있는 능력이 약한 산업들이다. 일부 빈곤지역의 산업은 천편일률적이어서 그 제품들이 시장에 집중적으로 쏟아져 나오면 심각한 수급 불균형을 초래하여 빈곤구제 산업의 후속발전에 영향을 줄 수 있으며, 심지어 일부 빈곤구제 산업의 실패를 초래할 수도 있다. 특히 빈곤퇴치 난관돌파 임무가 끝난 후 정부가 빈곤구제 산업에 투입하는 자원이 필연적으로 줄어들게 마련인데 이에 따라 빈곤구제 산업이 직면하게 될 위험이 더 한층 확대될 것이다. 농촌진흥전략, 특히 그중에서도 산업의 흥성은 상기의 문제들을 아주 크게 완화시킬 수가 있다. 한편으로 농촌진흥 전략과 빈곤퇴치 난관돌파전은 목표와 주체의 일치성을 띠기 때문에 농촌진흥 전략은 대량의 자원을 농촌으로 끌어들여 빈곤지역의 산업발전을 위한 후속 지원을 마련함으로써 이들 산업이 자원의 부족으로 인해 파산으로 향하는 것을 피할 수 있다. 다른 한편 농촌진흥 전략은 비교적 긴 시간을 경과해야 하므로 산업의 흥성은 더욱 많은 인내심이 필요하며, 지속가능성을 더욱 추구하기 때문에 '상대적 빈곤' 퇴치라는 이 기나긴 과정에 더욱 좋은 효과가 있다. 이런 각도에서 볼 때 산업의 흥성과 '상대적 빈곤'의 퇴치는 고도의 통일성과 조화성을 갖추고 있어 산업의 흥성은 '상대적 빈곤'의 완화에 중요한 버팀목이 될 것이다.

(2) 생태진흥과 '상대적 빈곤' 퇴치

빈곤지역은 흔히 생태환경이 열악하고 농업발전 조건이 비교적 뒤처진다. 생태환경을 다스리고 보호하는 것이 농업생산조건을 개선할 수 있고, 생태관광산업의 발전을 위한 토대를 마련할 수 있어 현지의 빈곤상황을 효과적으로 개선할 수 있다. 생태환경에 의한 빈곤구제 정책이 실행됨에 따라 생태환경이 열악한 지역이 거의 모두 효과적으로 다스려지고 보호되었다.

생태진흥과 생태환경에 의한 빈곤구제는 연속성을 띠므로 생태진흥은 생태환경의 정비와 보호에 대한 투입을 이어나가 생태환경에 의한 빈곤구제의 성과를 공고히 하게 된다. 생태진흥은 또 생태환경에 의한 빈곤구제를 더 한층 발전시키는 것으로서 생태농업과 생태관광의 발전을 통해 '상대적 빈곤' 인구들을 위한 새로운 소득경로를 마련해줄 수 있다.

생태진흥은 인구 주거환경에 대한 정비를 강조한다. 즉 농촌지역의 쓰레기 처리, 오수 처리, 화장실 개조, 농촌 건설을 통해 농촌지역의 환경 면모를 개선하여 농촌 주민들에게 아름답고 정갈한 주거환경을 마련하는 것이다. 한편으로는 수원오염으로 인한 질병을 줄여 농민들의 의료지출을 줄일 수 있고, 다른 한편으로는 농민들의 만족감과 행복감을 크게 향상시켜 '상대적 빈곤' 인구가 사회 심리적 '상대적 빈곤'에서 벗어날 수 있도록 도와준다.

(3) 문명된 향풍(鄕風)과 '상대적 빈곤' 퇴치

내적 요인은 사물의 발전을 결정하는 주요 요인이다. 따라서 '상대적 빈곤' 문제를 해결하기 위해서는 '상대적 빈곤' 인구의 내재된 '사상적 빈곤' 문제와 '정신적 빈곤' 문제를 해결하는 것이 가장 중요하다. 정신상의 풍요로움은 '상대적 빈곤' 인구에게 마를 줄 모르는 원동력을 제공하여 그들이 자신의 부지런한 노동으로 빈곤에서 벗어날 수 있도록 촉진시킨다. 농업 발전에 적합한 지역에서 주민들은 일반적인 재배업과 양식업을 통해 자신의 생활수요를 충족시킬 수 있을 뿐만 아니라 잉여금도 다소 생기게 된다. 외지에 돈벌이를 나가면 더욱 가정에 상당한 수입을 가져다줄 수 있다. 농업발전에 적합하지 않은 빈곤지역에서 '상대적 빈곤' 인구는 또 외지에 나가 노무에 종사하는 것으로 '상대적 빈곤'에서 벗어날 수 있다.

그러나 소수의 '상대적 빈곤' 인구는 "(자력갱생을 하지 않고 국가로부터의 원조를) 기다리고, 의지하고, 요구하는 사상"이 늘 내면에 자리 잡고 있다. 특히 빈곤퇴치 난관돌파를 실시한 이래 빈곤인구에 대한 국가의 지원강도가 꾸준히 확대됨에 따라 "(자력갱생을 하지 않고 국가로부터의 원조를) 기다리고, 의지하고, 요구하는 상황"도 점점 심각해졌으며, 심지어 "게으름뱅이를 키우는" 상황까지 나타났다. "게으름뱅이"에 대한 구제가 많을수록 "게으름뱅이"는 자체 발전의 동력을 더 떨어지게 한다. 현재 국가가 '상대적 빈곤' 퇴치를 위주로 하는 단계로 접어듦에 따라 지방정부가 빈곤퇴치 난관돌파 임무를 완수하기 위해 한꺼번에 빈곤에서 퇴출시키는 상황은 크게 줄어들 것이다.

종종 정부의 보조에만 의존하는 '게으름뱅이'는 반드시 자력갱생토록 해야 한다. 그리고 '게으름뱅이'를 자력갱생하게 하는 수단 중의 하나가 바로 문명된 향풍의 건설을 통해 '게으름뱅이'의 내적 원동력을 육성하고 불러일으키는 것이다. "(자력갱생을 하지 않고 국가로부터의 원조를) 기다리고, 의지하고, 요구하는 것"을 수치로 여기고, 부지런하게 일하여 부유해지는 것을 영광으로 여기는 문화적 분위기를 육성하고, "차라리 고생스레 일할지언정 고통스레 버티지는 않을 것"이라는 마음가짐을 소리높이 외치며 놀기 좋아하고 일하기 싫어하는 부정적 현상에 대해 책략적으로 비판함으로써 빈곤퇴치 과정에서 수치심의 역할을 살리도록 해야 한다.

　인민들의 날로 늘어나는 풍요로운 생활에 대한 욕구는 다차원적인 것으로서 물질생활과 정신생활 두 가지가 모두 풍부해야만 풍요로운 생활이라고 할 수 있다. 앞에서 언급한 '상대적 빈곤'은 일종의 다차원적 빈곤이며, 그중에는 정신적 빈곤도 포함되어 있다. 빈곤퇴치 난관돌파의 실시는 '상대적 빈곤' 인구의 물질생활문제를 상당 부분 해결하였고, 문명된 향풍건설은 '상대적 빈곤' 인구의 정신생활문제를 해결할 수 있는 계기를 마련해 주었다. 낡은 풍속습관을 고치는 활동을 전개하는 것은 '상대적 빈곤' 인구가 낙후한 봉건사상에서 벗어나 현대사회에 더욱 잘 적응하도록 도울 수가 있다. 사회주의 핵심가치관을 지침으로 하여 '상대적 빈곤' 인구가 정확한 세계관·인생관·가치관을 수립하도록 도와주어 그들이 더욱 객관적으로 국가와 사회를 대할 수 있게 하며, 국가로부터 인정받는 느낌을 증강시키고, 그들의 분투정신을 양성시킨다. 농촌지역에서 전통희곡·광장무(공원 등지에서 여러 사람이 어울려 추는 춤—역자 주)·게임오락실·체육활동 등 풍부하고 다채로운 문화 활동을 전개하여 '상대적 빈곤' 인구의 농한기 정신생활을 풍부하게 한다. 이런 문화 활동을 통해 이웃 간에 서로 교류할 수 있고, 또 조화로운 농촌을 만드는 데도 도움이 된다.

농촌지역의 주민들은 이러한 환경에서 더욱 행복하고 풍요로운 생활을 할 수 있다.

(4) 효과적인 국정 운영 및 '상대적 빈곤'퇴치

중국 빈곤퇴치 난관돌파 임무의 원만한 완수는 당 조직의 확고한 영도와 갈라놓을 수 없으며, 또 각급 정부가 주관적인 능동성을 충분히 발휘하고 적극적으로 실천한 것과 떼어놓을 수 없다. 빈곤구제 임무가 '상대적 빈곤' 퇴치로 전향하는 새로운 배경에서 당과 정부는 행동 방식에서 상응한 변화가 필요하다. 즉 광범위하고도 강력한 사회적 동원으로부터 빈곤퇴치의 정규화·제도화로 전환해야 한다. 이에 따라 안정적인 빈곤구제 메커니즘을 구축하여 빈곤구제 사업을 국정 운영의 정규화 업무에 포함시켜야 한다.

농촌진흥의 견지에서 볼 때 효과적인 관리에는 주로 다음과 같은 몇 가지 방면의 요구가 포함된다. 농촌지역사회의 범죄율이 지속적으로 하락하고 있고, 농촌지역사회의 민사 분쟁이 날로 줄어들고 있으며, 두드러진 모순과 실의적인 생활로 인해 일어나는 극단적인 사건이 뚜렷이 줄어들고, 농촌지역사회의 민원 신청률이 해마다 하락하고 있으며, 농촌지역사회의 특수계층이 효과적인 관리와 서비스를 받을 수 있게 되었고, 농촌지역사회에서 생활이 어려운 계층이 효과적인 지원과 서비스를 받을 수 있게 되었으며, 농촌지역 나홀로아동·독거노인·독거여성의 권익이 효과적으로 보장되어 농촌지역 주민의 안전감이 해마다 상승하고 있다.

농촌지역사회의 생활이 어려운 계층과 나 홀로 인구들은 바로 빈곤상태에 빠지기 쉬운 인구 층으로 효과적인 관리는 이 두 계층의 빈곤문제에 정면으로 대처할 것을 요구한다. 때문에 효과적인 관리를 실현하려면 이 두 계층이 지속적이고 효과적인 지원을 받도록 해야 하며, 그들이 '상대적 빈곤'의 경지에 빠지지 않도록 보장해야 한다. 그러므로 '상대적 빈곤' 문제의 해결을 효과적인 관리에 포함시키는 것은 농촌진흥의 내적 바탕이며 효과적인 관리의 실현은 또 '상대적 빈곤' 문제의 효과적인 관리를 의미한다.

(5) 부유한 생활과 '상대적 빈곤'퇴치

부유한 생활은 부유한 물질생활과 풍부한 정신생활의 통일체로서 빈곤가구의 획득감을 높이는 근본적 보장이다. 부유한 생활은 농촌진흥의 근본이며 전체 인민의 공동 부유를 실현하기 위한 필연적 밑바탕이기도 하다. 이와 동시에 전체 인민의 공동 부유를 실현하는 것은 또 '상대적 빈곤'의 완화에 중요한 촉진역할을 하게 된다. 농촌진흥 전략의 성공 여부는 근본적으로 말해서 부유한 농촌생활을 실현하겠다는 근본적 목표를 이룰 수 있느냐 없느냐에 달려 있고, '상대적 빈곤'을 완화시킬 수 있는지의 여부는 실질적으로 격차를 줄일 수 있느냐 없느냐 하는 문제에 달려 있다. 그래서 농촌진흥 단계에서 부유한 생활을 실현하고 격차를 줄이는 것은 농촌진흥전략을 실현하기 위한 웅대한 청사진이자 '상대적 빈곤'을 완화시키기 위한 현실적인 필요성이기도 하다.

2020년 이후 중국은 비록 '절대적 빈곤'을 퇴치하였지만 무시할 수 없는 일부 현실적인 문제들이 여전히 존재한다. 예를 들면 농민의 지속적인 소득증대가 비안정적이고, 농촌 인프라시설이 미흡하며, 기본 공공서비스 기준이 높지 않고, 소득 격차가 비교적 크다는 것 등이다. 그렇기 때문에 구체적인 실천과정에서 농촌산업의 흥성, 취업 경로의 확대, 저소득층의 소득 증대, 사회보장의 강화를 시종일관 촉진시키는 것을 농촌진흥 전략의 핵심으로 삼아야 한다. 이와 동시에 농촌 인프라의 업그레이드를 추진하고, 기본 공공서비스 기준을 향상시켜 최종적으로 공동 부유를 실현하고 격차를 줄이며, '상대적 빈곤' 문제를 효과적으로 완화시켜야 한다.

이상의 내용은 모두 농촌의 빈곤문제에 대하여 전개한 토론으로 빈곤퇴치 난관돌파 단계에서 국가의 빈곤구제 사업의 중심은 농촌에 있다는 점을 강조한 것이다. 그러나 도시화의 추진에 따라 대량의 농촌인구가 도시로 들어왔으며 일부 사람들은 비록 절대적 빈곤에서 벗어나기는 했지만 다시 '상대적 빈곤'에 빠져 있음으로 2020년 이후의 도시와 농촌은 또한 모두 빈곤퇴치의 중요한 대상이 되고 있는 것이다.

4. 도시화와 '상대적 빈곤'의 완화

개혁개방 이후 중국 동부 연해지역의 도시와 내륙의 많은 도시들이 큰 발전을 이루었으며 광범위한 농촌지역의 주민들은 더욱 풍요로운 생활을 추구하기 위해 잇달아 이들 도시로 몰려들어 농민공이 되었다. 농민공은 도시건설과 발전을 추진하는 한편 상대적으로 후한 보수도 받았다. 그들은 그렇게 받은 보수로 가정의 의·식·주택·교육·의료 등등을 개선하였다. 수억을 헤아리는 농민공이 도시에 진출하여 노무에 종사함으로써 도시의 면모가 개변되었을 뿐만 아니라 농촌의 면모도 개변되고 농민의 생활도 개선되면서 농촌지역의 빈곤문제가 완화되었다. 농민공은 대다수가 춘제(春節·음력설) 기간에만 농촌으로 돌아가며 그 이외의 시간은 도시에서 보낸다. 또 일부는 소득이 늘어남에 따라 도시에 집을 사서 정착하는 경우도 있다. 그렇기 때문에 농민공이 도시에 진출하여 노무에 종사하는 과정 또한 도시화의 과정이다. 이로부터 볼 때 도시화는 중국 농촌지역의 빈곤문제를 해결하는데 상당 부분 도움이 된다.

그러나 도시화의 진척은 절대적 빈곤을 퇴치하는 동시에 '상대적 빈곤' 문제도 가져올 수도 있다. 이는 주로 농촌에 남은 인구에 비해 도시에 진출하여 노무에 종사하는 농민들이 수입은 더 높지만 도시에서 그들은 고액의 집세를 지불해야 할 뿐만 아니라 안정적인 취업 보장이 없다는 것으로 표현된다. 궈쥔핑(郭君平) 등의 추산에 따르면 2015년 세계은행의 하루 소비액 3.1달러라는 빈곤선기준에 따라 계산하면 농민의 소득 빈곤 발생률은 2.07%이고, 소비 빈곤 발생률은 12.30%이다. 만약 도시주민 1인당 가처분소득 중간 수자인 50%를 상대적 빈곤선기준으로 계산하면 농민의 빈곤 발생률은 26.33%이다. 이로부터 농민공은 수입이 상대적으로 높지만 그들의 소비능력과 수준은 매우 낮은 수준에 제한되어 있음을 알 수 있다. 농민공들은 주로 육체노동에 종사하는데다 작업환경이 차이가 나고 개인 방호조치도 제대로 취하지 못하여 체력이 장기간 과다 소모상태에 처해있어 직업병에 걸릴 확률도 크다. 이밖에 도시와 농촌 이원체제하에서 농민공 계층은 자신이 일하는 도시에서 흔히 현지 정부가 제공하는 공공서비스에서 배제되어 있으며, 그들은 호적 소재지 정부에서 제공하는 공공서비스만 누릴 수 있을 뿐이다. 특히 농민공 계층은 도시 의료보험과 도시 양로보험의 혜택을 받지 못하고 있기 때문에 그들은 질병에 걸리게 될 경우와 노후생활에 대비하기 위해 가급적 저축을 하면서 소비욕구를 억누르게 되는데, 이것이 바로 소비 빈곤 발생률이 이처럼 높게 되는 원인이다.

농민공 계층 자체의 '상대적 빈곤' 외에도 도시화 과정에 또 농촌지역의 홀로 남겨진 노인들이 '상대적 빈곤'에 빠질 위험도 존재한다. 국가가 발표한 수치에 따르면 2019년 말, 중국 60세 및 그 이상의 인구가 2억5천388만 명으로 총인구의 18.1%를 차지한다. 만 65세 및 그 이상 인구는 1억7천603만 명으로 총인구의 12.6%를 차지한다. 그중 독거노인과 빈 둥지 노인의 수가 많다. 이들 빈 둥지 노인들은 농촌에서 곤경에 직면해 있다. 첫째, 농촌의 양로체계가 미흡하기 때문에, 이들 빈 둥지 노인들은 주로 자신이 농업노동에 종사하며 생활하고 있는데, 그들의 노동생산량과 자신의 소비는 낮은 수준의 균형을 유지하고 있다. 둘째, 빈 둥지 노인들은 나이가 많아 질병으로 인해 자체 부양 능력을 상실할 위험에 처해 있지만 자녀가 도시로 나가 일하고 있어 돌봐줄 사람이 없는 상황에 빠질 수 있다. 이상의 두 가지 상황으로 인해 노인들의 빈곤현상은 갈수록 더 불거지게 될 것이다.

타지 이주에 의한 빈곤구제는 중요한 빈곤구제방식의 하나로 "한 지방의 풍토가 그 지방의 사람을 먹여 살릴 수 없는 문제"를 효과적으로 해결하게 할 수 있다. 그러나 일부 빈곤인구는 도시와 진으로 이주한 뒤 문화수준과 연령의 제한으로 인해 안정적인 일자리와 수입원이 부족한데다가 도시와 진의 생활원가가 농촌보다 높아 많은 이주가구들이 도시와 진에서의 생활에 적응하는 것을 어려워하였다. 그리하여 일부 빈곤가구는 도시와 진에 살면서도 가끔 고향에 돌아가 농사를 지었으며, 심지어 일부 빈곤가구는 도시나 진에서 살기 어려워 이주지에서 살기를 꺼려하는 현상까지 나타났다. 다시 말하면 빈곤가구는 도시나 진으로 이주한 뒤 새로운 빈곤상태에 빠지게 되었으며, 바로 이러한 새로운 빈곤으로 인해 그들은 산출과 소비가 낮은 수준에서 균형을 이루는 농촌에서의 상태로 되돌아가게 되는 것이다. 그러므로 우리는 반드시 타지 이주에 의한 빈곤구제가 가져다준 '상대적 빈곤' 문제에 충분한 관심을 돌려야 한다.

중국의 절대적 빈곤인구는 주로 농촌지역에 분포되어있으므로 국가의 빈곤구제 사업도 농촌을 중심으로 전개하는 것은 합리적이다. 그러나 절대적 빈곤문제의 해결과 더불어 '상대적 빈곤'이 중국 빈곤구제 사업의 중심으로 점차 자리를 잡게 되었다. 2020년 이후 우리는 농촌 빈곤문제에 관심을 돌려야 할 뿐만 아니라 도시 빈곤문제도 중시하여 도시와 농촌의 빈곤문제를 총괄적으로 고려해야 한다. 도시와 농촌 일체화의 빈곤퇴치 관리체계를 점차 구축하여 정부가 여러 방면의 자원을 총괄 계획하고, 도시와 농촌의 '상대적 빈곤' 퇴치를 총괄 추진하며, 특히 유동인구의 '상대적 빈곤' 문제를 중점적으로 해결해야 한다. 여러 부서는 협동하여 빈곤을 퇴치하는 시스템을 구축해야 한다. '상대적 빈곤'은 다차원적인 특징을 띠고 있으므로 빈곤구제(농촌진흥)·교육·의료·산업·환경 등 관련 부서가 전부의 힘을 합쳐 빈곤구제 업무가 '파편화'되는 곤경은 타파해야 한다.

빈곤퇴치 관리체계를 구축하는 것 외에도 우리는 또 반드시 적절한 '상대적 빈곤' 식별 기준을 세워야 한다. 기준을 정해야만 우리는 도대체 어떤 사람들이 지원이 필요한 '상대적 빈곤' 인구인지를 확정할 수가 있다. '상대적 빈곤'은 뚜렷한 지역성과 도시·농촌 간 차이성의 특징을 띠고 있기 때문에, 빈곤선기준의 설정에서 지역별 경제발전 수준의 격차 및 도시와 농촌 간의 격차를 구현해야 한다. 이밖에 '상대적 빈곤'은 '절대적 빈곤'에 비해 더욱 다차원적이고 더욱 복잡하므로 '상대적 빈곤'의 관리권이 지나치게 집중되면 지방의 실제를 이탈할 가능성이 크기 때문에, 중앙은 지방에 '상대적 빈곤'을 다스릴 수 있는 더 큰 권력을 부여하여 지방정부의 주관적인 능동성을 충분히 발휘할 수 있도록 해야 할 것이다.

참고 문헌

[1] "'제13차 5개년계획'기간 국가 고령자 사업의 발전과 양로체계 건설계획을 인쇄 발부하는 데에 관한 국무원의 통지", (2017-03-06).
   http://www.gov.cn/zhengce/content/2017- 03/06/content_5173930.htm.

[2] SONG Y. "What should economists know about the current Chinese Hukou system?", China economic review, 2014(3).

[3] 바이용슈(白永秀), 우양천하오(吳楊辰浩), 「'상대적 빈곤' 해결을 위한 장기효과 메커니즘을 구축할하는 것에 대하여」, 『福建論壇 (인문사회과학면)』, 2020(3).

[4] 「'상대적 빈곤' 퇴치의 목표성 향상」, 『廣州日報』, 2020-08-24.

[5] 선양양(沈揚揚), 리스(李實), 「'상대적 빈곤' 기준을 어떻게 확정할 것인가?: "도시와 농촌 총괄" '상대적 빈곤'의 실행 가능한 방안에 대하여」, 『화난(華南)사범대학학보(사회과학면)』, 2020(2).

[6] 천청원(陳成文), 천징(陳靜), 「기층사회에 대한 관리 혁신과 농촌진흥 전략의 추진에 대하여」, 『산동(山東)사회과학』, 2019(7).

[7] 동솨이빙(董帥兵)·하오야광(郝亞光), 「포스트 빈곤구제 시대의 '상대적 빈곤' 및 퇴치」, 『서북농림과학기술대학학보(사회과학면)』, 220, 20(6).

[8] 가오쏭(高松), 「'상대적 빈곤' 완화의 장기적인 효과적 퇴치」, 『군중(群衆)』, 2020(10).

[9] 궈쥔핑(郭君平)·탄칭샹(譚清香)·취쏭(曲頌), 「도시 진출 농민공가구의 빈곤에 대한 측정과 분석: "수입—소비—다차원"의 시각을 바탕으로」, 『중국농촌경제』, 2018(9).

[10] 셰어(解堊)·리민(李敏), 「'상대적 빈곤'에 대한 재분배와 재정적 수혜: 세수와 이전지불의 역할은 어떠한가?」, 『상하이재경대학(上海財經大學)학보』, 2010(6).

[11] 리펑페이(李鵬飛)·황리쥔(黃麗君), 「샤오캉사회의 전면 실현 후 농촌의 '상대적 빈곤'을 해결하기 위한 대책과 건의」, 『영도과학(領導科學)』, 2020(16).

[12] 류츠(劉翅), 「도시와 농촌 균형발전의 배경 아래 도시와 농촌 소득격차의 축소 대책 연구」, 『智庫時代』, 2019(8).

[13] 류원빈(劉文斌)·우리(武力), 「농촌진흥 과정에서 빈곤퇴치 난관돌파 성과의 이용과 경험의 전파」, 『허난(河南)사범대학학보(철학사회과학면)』, 2020, 47(5).

[14] 왕샤오린(王小林), 「신 중국 창건 70년 빈곤경감 경험 및 2020년 이후의 '상대적 빈곤' 완화에 대한 가치」, 『노동경제연구』, 2009, 7(6).

[15] 웨이허우카이(魏後凱), 「2020년 후 중국 빈곤경감의 새 전략」, 『중쩌우학간(中州學刊)』, 2018(9).

[16] 싱청쥐(邢成擧), 「정책 연결, 빈곤구제의 전환과 '상대적 빈곤'의 장기적 효과관리 메커니즘의 정책방향」, 『난징(南京)농업대학학보(사회과학면)』, 2020, 20(4).

[17] 예싱칭(葉興慶)·인하오동(殷浩棟), 「절대적 빈곤퇴치에서 '상대적 빈곤' 완화까지: 중국의 빈곤경감의 역사와 2020년 후의 빈곤경감 전략」, 『개혁』, 2019(12).

[18] 장지저(張繼哲), 「중국 지역경제 발전격차의 형성원인」, 『시대금융』, 2016(6).

[19] 쭤팅(左停)·쑤우정(蘇武崢), 「농촌진흥 배경 하 중국의 '상대적 빈곤' 퇴치 전략 방향과 정책선택」, 『신장(新疆)사범대학학보(철학사회과학면)』, 2020, 41(4).

[20] 선윈(申雲)·리징룽(李京蓉), 「우리나라 농촌주민 생활 부유 평가지표 체계 연구: 샤오캉사회의 전면 실현 시각을 바탕으로」, 『조사연구의 세계(調研世界)』, 2020(1).

[21] 딩리장(丁立江), 「농촌진흥에서 생활의 부유라는 근본 목표를 실현해야」, 『중국경제시보(中國經濟時報)』, 2020-07-02.